从0到1：
From Zero to One:

基础教育国际化特色办学的实践与创新
International Education in Action

第一卷
Volume 1

曹文　范晓虹　|　主编

外语教学与研究出版社
FOREIGN LANGUAGE TEACHING AND RESEARCH PRESS
北京 BEIJING

图书在版编目（CIP）数据

从0到1：基础教育国际化特色办学的实践与创新．第一卷 = From Zero to One: International Education in Action (Volume 1) ／ 曹文，范晓虹主编．—— 北京：外语教学与研究出版社，2019.4
（UNIPLUS 基础教育国际化特色办学系列丛书）
ISBN 978-7-5213-0839-6

Ⅰ．①从… Ⅱ．①曹… ②范… Ⅲ．①基础教育－国际化－办学模式－研究－中国 Ⅳ．①G639.2

中国版本图书馆 CIP 数据核字 (2019) 第 073038 号

出版人　徐建忠
项目策划　姚　虹
责任编辑　周渝毅
责任校对　徐　宁
装帧设计　范晔文
出版发行　外语教学与研究出版社
社　　址　北京市西三环北路 19 号（100089）
网　　址　http://www.fltrp.com
印　　刷　三河市北燕印装有限公司
开　　本　650×980　1/16
印　　张　30
版　　次　2019 年 5 月第 1 版　2019 年 5 月第 1 次印刷
书　　号　ISBN 978-7-5213-0839-6
定　　价　66.00 元

购书咨询：(010) 88819926　电子邮箱：club@fltrp.com
外研书店：https://waiyants.tmall.com
凡印刷、装订质量问题，请联系我社印制部
联系电话：(010) 61207896　电子邮箱：zhijian@fltrp.com
凡侵权、盗版书籍线索，请联系我社法律事务部
举报电话：(010) 88817519　电子邮箱：banquan@fltrp.com
物料号：308390001

系列丛书专家委员会（按姓氏首字母排序）

卢慧文　上海协和双语学校总校长，上海市政协常委，上海市民办中小学协会副会长

陆云泉　北京一零一中学校长，中学特级教师，原北京市海淀区教育委员会主任

孙霄兵　北京外国语大学国际教育研究院院长，国家督学，教育部原政策法规司司长

吴颖民　原华南师范大学副校长、华南师范大学附属中学校长，广州中学校长

叶翠微　海亮教育集团总校长，原杭州第二中学校长

Mr. Barnaby Lenon　英国私立学校协会主席，原英国哈罗公学校长

Mr. Chris Whittle（魏克礼）　荟同学校主席、总裁，美国教育改革委员会理事

本书编委会（按姓氏首字母排序）

曹　文　北京外国语大学国际教育集团首席学术官
范晓虹　北京外国语大学国际教育集团总经理
黄燕明　北外附属橄榄树外国语学校总校长
张　昕　北外附属龙游湖外国语学校校长
周长安　北外附属宁波外国语学校校长

Advisory Board of the Book Series (In Alphabetical Order)

Mr. Barnaby Leonon, Chairman of Independent Schools Council, UK; former Head Master of Harrow School.

Ms. Huiwen LU, Principal General, Shanghai United International School; member of Shanghai CPPCC Standing Committee; Vice President of Shanghai Association of Non-government Elementary and Middle Schools.

Mr. Yunquan LU, Principal of Beijing 101 Middle School; Master Teacher; former Director of Education Bureau of Haidian District, Beijing.

Prof. Xiaobing SUN, Dean of School of International Education Research, Beijing Foreign Studies University; National Education Inspector; former Director of Department of Policies and Regulations of Ministry of Education, China.

Mr. Chris Whittle, Chairman and CEO, Whittle School & Studios; member of Board at Center for Education Reform, US.

Mr. Yingmin WU, former Pro-vice-chancellor of South China Normal University and Principal of its Affiliated School; Principal of Guangzhou Middle School.

Mr. Cuiwei YE, Principal General, Hailiang Education; former Principal of Hangzhou No. 2 High School of Zhejiang Province.

Editorial Board of the Book (In Alphabetical Order)

Prof. Wen CAO, Chief Academic Officer of International Education Group, Beijing Foreign Studies University.

Ms. Xiaohong FAN, CEO of International Education Group, Beijing Foreign Studies University.

Mr. Yanming HUANG, Principal General of Olive Tree International Academy, BFSU.

Mr. Xin ZHANG, Principal of Rugao International Academy, BFSU.

Mr. Chang'an ZHOU, Principal of Ningbo Foreign Language School, BFSU.

序

谨以本书致敬所有在中国基础教育国际化特色办学领域勇敢创新尝试的专家、学者、校长、老师、学生和家长们!

中国基础教育的对外开放,始于1983年邓小平为北京景山学校题词中教育的"三个面向":面向现代化,面向世界,面向未来。2010年中共中央、国务院印发的《国家中长期教育改革和发展规划纲要(2010—2020年)》,2016年中共中央办公厅、国务院办公厅印发的《关于做好新时期教育对外开放工作的若干意见》等纲领性和指导性文件都在不断提升基础教育对外开放的重要性。

在这一进程中,国际化特色学校成为基础教育对外开放最前沿和最典型的窗口。但直到今天,这一领域仍然缺乏理论体系、概念共识和权威标准,尚未实现从0到1的突破。我们仍然在社会对多元教育需求的飞速增长中探索,将重点放在海外课程的引进、海外机构的认证以及海外大学的申请上,亟待在彰显中国特色、提炼自有优势、融合中外精粹、传递价值主张等方面发力,因为这些对于这一领域健康、有序和持续发展至关重要。

本系列丛书致力于聚集行业智慧,将国际化特色办学的探索与实践,提升到系统化的层面,围绕质量保障、课程特色、教师发展、学生发展、运营模式、领导管理等主题,展开思想的交流与碰撞,出概念、定标准、创文化,共同实现中国基础教育国际化特色办学的从0到1。

曹文、范晓虹

2019年5月

目录

001 专栏一 办学质量篇：国际化特色学校的质量保障标准体系

002　中国中小学校教育质量保障体系初探
025　美国学校认证制度研究
044　英国教育质量监管与保障体系
063　欧洲基础教育质量保障框架调研报告
084　亚洲国际学校教育质量保障标准研究
100　国际组织学校认证制度研究
127　基础教育国际化内涵的实证性研究
146　中国基础教育国际化特色学校质量保障标准的体系框架

161 专栏二 课程教学篇：国际化特色学校的课程与教师发展

162　构建"和而不同，美美与共"的课程体系——北京外国语大学附属杭州橄榄树学校
173　中国特色的大学先修课初探
191　基于国际教育的英语课程研发管理初探
206　剑桥校园英语测试对基础教育国际化的促进
227　用数字资源提升国际化特色学校的英语教学互动性
246　国际课程中的科学教学实践——聚焦高中物理课程

277 国际课程中的语文教学实践

292 国际教育视野下国际高中升学指导课的探索与反思

312 国际课程教师发展框架研究及应用

342 国际课程教师发展模式研究

360 国际化特色学校教师专业发展培训需求的调查报告

387 专栏三 创新探索篇：国际化特色学校的挑战和解决方案

388 奔跑在理想的道路上——宁波外国语学校国际部办学的实践与思考

399 问渠那得清如许，为有源头活水来——福田区基础教育国际化的思考及探索

404 国际化特色办学五宗难

409 国际化特色办学自主权问题的思考

413 以格言谚语指引我们对中国国际教育的思考

438 克服全球化教育领域的障碍

447 国际化特色学校管理中所面临的挑战和解决方法

457 探索国际教育集团化办学的集团优势

Contents

001 I. Quality Assurance

002 A Review of Quality Inspection Systems in China
025 A Review of School Accreditation Systems in the United States
044 A Review of School Inspection Systems in the United Kingdom
063 Research Report on the School Education Quality Assurance Framework in Europe
084 A Review of School Quality Assurance Schemes of Asian Countries
100 A Review of School Quality Assurance Schemes of International Organizations
127 A Survey of the Understanding of Internationalization of Different Stakeholders from Chinese High Schools
146 A Proposed Framework of Quality Assurance System of International Education Schools in China

161 II. Curriculum and Teaching

162 Constructing a Curriculum of Harmony and Diversity
173 A Case Study of Delivering University-level Courses to High School Students
191 Management of Curriculum Design and Development in the International Education Context
206 The Role of Cambridge English Qualifications at International Education Schools
227 Promoting Interaction by Using Digital Resources in English Courses

246   Teaching Science Courses in International Programs - A Focus on High School Physics Courses
277   Approaches to Teaching Chinese Literature in International Programs
292   Reflection on Counseling Service at International Education Schools
312   Research of Teacher Development Framework in the International Education Context
342   Models of Teacher Development in the International Education Context
360   Needs Analysis of Teacher Development Training at International Education Schools

387   III. Thoughts and Reflections

388   Reflection of the Development of the International Division of Ningbo Foreign Language School
399   Reaching High by Enriching Ourselves
404   Five Challenges of Practicing International Education at Schools
409   Issues of School Autonomy in International Education Collaboration
413   Maxims to Guide Our Thinking about International Education in China
438   Overcoming Obstacles in the Global Education Landscape
447   Challenges and Solutions in Managing an International College
457   Strengths of Education Groups in Managing International Education Schools

专栏一
办学质量篇

国际化特色学校的质量保障标准体系

主持人

曹　文
北京外国语大学教授，北京外国语大学国际教育集团首席学术官

沈忆文
北京外国语大学副教授，北京外国语大学国际教育集团教学顾问

本篇章对中国、美国、英国等国家，欧洲（不含英国）、亚洲（不含中国）等大洲以及国际教育组织在学校认证、督导、评价等方面的标准体系进行了研究，从理念、内容与评价指标，认证的组织和流程，认证与政府的关系，认证结果的应用等方面深入分析了这些体系的特点，以及它们对建立中国基础教育国际化特色学校质量保障体系的启发。基于这些报告，以及一项针对公立普通高中、公立外语特色高中、公立国际课程高中和民办国际课程高中的学生、家长、中外教、中高层管理人员对"国际化"内涵的认识的实证性调研，本篇章提出了中国基础教育国际化特色学校质量保障标准体系的框架。目前，无论是国际还是国内，都没有一套权威的专门针对国际化特色办学的标准体系，更不要说代表中国立场的成果。我们希望通过本篇章中的文献和实证调研数据，促成这一标准体系的最终形成，让国际化特色学校未来的发展更有方向感，在国际交流上更有中国特色和主张。

中国中小学校教育质量保障体系初探

孙迪奥[1]

【摘要】本文主要列举了中华人民共和国教育部、中国内地各省市教育督导部门、中国香港特别行政区政府教育局和包括中国教育国际交流协会在内的社会组织制定的教育质量评价标准,并从这些标准的理念、内容、流程、团队及组织、成果及应用等五个方面对其进行分析,以期对中国国际化特色学校教育质量保障体系的建立提供参考。

1. 中国中小学教育质量保障体系的背景

中国中小学校教育质量评估和认证体系的建立经历了一个过程。1994年,国家教委发布《普及义务教育评估验收暂行办法》,针对普及九年或初等义务教育的地区,建立了以县(市、区)为单位的评估验收制度。2002年,《教育部关于积极推进中小学评价与考试制度改革的通知》明确提出"建立有利于提高学校教育质量的评价体系"(中华人民共和国中央人民政府,2002)。2010年,国家教育部发布《国家中长期教育改革和发展规划纲要(2010—2020年)》,提出要"建立国家义务教育质量基本标准和监测制度"(中华人民共和国教育部,2010)。2011年,教育部教育督导团办公室根据此纲要的精神,颁布

---

1. 北京外国语大学国际教育集团学术部教师发展中心培训专员。

了《中小学校素质教育督导评估办法（试行）》及其附件《中小学校素质教育督导评估指标体系框架》（以下简称"国标"），并要求各地根据该办法制定实施细则。各省、自治区、直辖市教育厅（教委）、教育督导部门及新疆生产建设兵团教育局、教育督导部门分别根据此办法，结合当地情况制定了相应的评估办法和指标体系框架。根据该办法和框架的指引，中国内地普遍采用了自上而下的政府督导体系。除国标外，本文选取了北京、上海、辽宁、山东、江苏、浙江、广东、四川等八个省级标准进行探讨。这些省市涵盖东西南北不同区域，包含了以北京、上海为代表的一线城市，以山东、广东为代表的高考考生人数相对较多的省份[2]，也包含了目前国际（化）教育较为兴盛的省份。

教育部和各省级行政单位教育督导机构的上述评价标准多是针对普通中小学校（含民办学校）制定的，其中鲜有专门针对国际化特色学校的内容。2014年起，为规范对外籍人员子女学校的认证工作，教育部基础教育课程教材发展中心（National Center for School Curriculum and Textbook Development, Ministry of Education，以下称NCCT）开展了"外籍人员子女学校认证项目"，并发布了《外籍人员子女学校认证工作章程》和《外籍人员子女学校认证标准》。该标准借鉴了CIS（Council of International Schools，国际学校协会）、NEASC（New England Association of Schools and Colleges，美国新英格兰院校协会）、WASC（Western Association of Schools and Colleges，美国西部院校协会）等国际上权威的教育认证机构，并加入了"体现学校在中国发展实际的元素"（莫景祺，2011）。该标准无疑对即将建立的国际

---

2. http://edu.sina.com.cn/zt_d/gkbm/.

化特色学校质量保障体系有重要参考价值。

与中国内地相比，中国香港的教育质量评估体系可以追溯到教育统筹委员会于1997年发布的《教育统筹委员会第七号报告书——优质学校教育》，该报告书明确了教育质量的概念，并建立了更为完善的质量评估保障体系。2003年，香港特别行政区政府教育局推行了"学校发展与问责架构"，建立起自评与外评相结合的评估机制。配合该架构发布的《香港学校表现指标》是进行教育评估的重要工具。2015年，香港教育局发布《下一阶段学校发展与问责架构的推行》，更新了质量评估的目标及程序。香港教育局网站（www.edb.gov.hk）每年都会公布适用于当前学年的指标体系。

除政府制定评价标准以外，一些以协会、学会和教育集团为代表的社会组织也执行着认证、评估和保障教育质量的职能。本文选取了中国教育国际交流协会（China Education Association for International Exchange，以下称CEAIE）的评价体系进行探讨。CEAIE成立于1981年7月，是中国教育界开展民间对外教育合作与交流的全国性组织。该协会针对中外合作办学的学校开展了"中外合作办学质量认证"项目，以保障中外合作办学质量和可持续发展为目的，在机构自愿提出申请的基础上，由该协会中外合作办学专业委员会对其进行质量认可和证明[3]。

表1列出了上述认证、评估与质量保障体系的基本信息。其中，大多数质量保障体系包括实施办法和指标体系两个部分。

---

3. http://www.ceaie.edu.cn/zlrz/3.html。

表1：中国教育质量保障体系概况

	文件名称及来源	适用地区	发布机构/组织	适用学校	发布时间	简称
1	《中小学校素质教育督导评估办法（试行）》附《中小学校素质教育督导评估指标体系框架》 http://www.gsedu.gov.cn/dayin-11975.htm	中国内地	教育部教育督导团办公室	全国所有学校	2011	国标
2	《北京市区县政府、教委、学校（教育机构）全面实施素质教育评价方案》附《北京市普通中小学校全面实施素质教育评价指标体系》《北京市普通中小学校综合督导评价实施办法》 http://jw.beijing.gov.cn/xxgk/zxxxgk/201602/t20160225_7439.html	北京	北京市教育委员会 北京市人民政府教育督导室	全市幼儿园、普通中小学、职业院校、特殊教育学校、校外教育机构	2014	京标
3	《辽宁省中小学校素质教育督导评估实施办法》附《辽宁省小学素质教育督导评估细则》《辽宁省初中素质教育督导评估细则》《辽宁省普通高中素质教育督导评估细则》 http://old.moe.gov.cn//publicfiles/business/htmlfiles/moe/e_929/201303/148662.html	辽宁	辽宁省人民政府教育督导室	全省普通中小学校（公办、民办）	2013	辽标
4	《山东省普通中小学校素质教育督导评估实施方案》附《山东省普通中小学校素质教育督导评估指标体系》 http://www.shandong.gov.cn/art/2013/1/24/art_2522_7554.html	山东	山东省教育厅	全省普通中小学校	2013	鲁标

续表

	文件名称及来源	适用地区	发布机构/组织	适用学校	发布时间	简称
5	《江苏省中小学校素质教育督导考核标准》《江苏省中小学校素质教育督导考核实施细则》 http://jyt.jiangsu.gov.cn/art/2012/6/11/art_58415_7512833.html	江苏	江苏省教育厅 江苏省政府教育督导团	全省普通中小学校（公办、民办）	2012	苏标
6	《上海市人民政府教育督导室关于对本市各级各类学校实施教育督导的意见》 http://www.shanghai.gov.cn/nw2/nw2314/nw2319/nw12344/u26aw45156.html	上海	上海市人民政府教育督导室	全市普通中小学校（公办、民办）、普通高等学校、职业教育学校、特殊教育学校和教育机构、实施继续教育及少年儿童校外教育的学校和教育机构	2015	沪标
7	《浙江省中小学教育质量综合评价实施方案》 附《浙江省中小学教育质量综合评价指标一览表》 http://edu.wenzhou.gov.cn/art/2014/7/4/art_1329703_7565466.html	浙江	浙江省教育厅	全省普通中小学校	2013	浙标
8	《广东省义务教育标准化学校督导评估方案》 http://www.gzedu.gov.cn/gzsjyj/jypg/201711/a56e052a9edf488f8ec97327ddf97236.shtml	广东	广东省人民政府教育督导室	全省普通中小学校（机构）（公办、民办）	2014	粤标

续表

	文件名称及来源	适用地区	发布机构/组织	适用学校	发布时间	简称
9	《四川省中小学校素质教育督导评估实施办法》附《四川省中小学校素质教育督导评估指标体系》 http://ddb.scedu.net/p/13/?StId=st_app_news_i_x4003_12110	四川	四川省教育厅 四川省人民政府教育督导团	全省普通中小学校	2012	川标
10	"学校教育质素保证体系" https://www.edb.gov.hk/tc/sch-admin/sch-quality-assurance/about-sch-quality-assurance/index.html 《香港学校表现指标》 https://www.edb.gov.hk/attachment/sc/sch-admin/sch-quality-assurance/performance-indicators/PI-2016_Chi.pdf	香港	香港特别行政区政府教育局	全地区小学、中学及特殊学校	2016	港标
11	《外籍人员子女学校认证工作章程》 http://ncct.moe.edu.cn/2014/relateFileWJRY_1116/3006.html 《外籍人员子女学校认证标准》 http://ncct.moe.edu.cn/2014/relateFileWJRY_1115/3015.html	中国内地	NCCT	经国务院教育主管部门审批的以招收在华外籍人员子女为对象的、实施中等(含普通中学)及其以下教育,具有中国法人地位的教育机构	2014	NCCT标
12	CEAIE"中外合作办学质量认证"网站 http://www.ceaie.edu.cn/zlrz/3.html		CEAIE	中外合作办学机构	2017	CEAIE标

从名称上看,"质量保障体系"可以拆分为评价的客体或内容

("质量")、对学校进行评估这一行为("保障")和整套标准的名称("体系")三个部分。不同的质量保障体系命名不一。对于评价的客体或内容，有"素质教育""教育""教育质素""义务教育""教育标准化""学校"等多个名词。对于质量保障这一动作本身，有"督导评估""综合评价""评价""督导考核""质素保证"等词。而"标准"的近义词则有"(实施)办法""(实施)方案""体系""工作章程"和"实施细则""指标体系""表现指标""细则"等。各个体系所评估的学段分为从小学到高中的全学段统一标准（如鲁标、NCCT标）和分学段不同标准（如辽标、京标）两种情况。

2. 各质量保障体系的基本内容

2.1 理念

表2列举了各个质量保障体系的理念。中国内地方面，各省级标准以国标为蓝本，差别不大。国标和大部分省级标准强调学生发展、学校发展和标准的客观公正和实事求是。北京、上海和浙江的标准与其余省份略有不同，单独列出。香港、NCCT和CEAIE则各有标准。具体表述见表2。

表2：各质量保障体系的理念

体系名称	理念
国标(辽标、苏标、川标与此相同，鲁标、粤标与此类似)	(1) 坚持学生发展为本。以提高教学质量为核心，把全体学生发展和每一个学生全面发展作为衡量教育教学质量的主要标准。 (2) 坚持以促进学校发展为目标。既重视学校发展的结果，也注重学校发展的过程，既要规范学校办学行为，又要鼓励学校办出特色。 (3) 坚持实事求是、客观公正。以学校教育教学实际情况为依据；督导过程和结果要公开、透明。

续表

体系名称	理念
京标	高举中国特色社会主义伟大旗帜，以邓小平理论、"三个代表"重要思想和科学发展观为指导，坚持教育优先发展，全面贯彻党的教育方针，坚持立德树人，全面实施素质教育，努力办好人民满意教育。坚持依法治教，维护教育公平，规范教育行为，提高教育质量，坚持导向性、发展性、科学性与可行性相结合，运用现代教育管理和现代教育评价的理论、方法，尊重被评价者的主体地位，发挥教育督导导向、激励、调控、诊断和服务功能，保障素质教育全面实施和教育发展目标的实现。坚持统一方案、统一领导、统一组织、统一实施的原则。
沪标	(1) 坚持依法监督。要按照政府依法管理、学校依法自主办学、社会各界依法参与和监督的要求，改革教育督导方式，促进教育行政管理职能转变，提升学校规范办学的水平。 (2) 注重分类指导。要遵循各级各类教育发展规律，采用多种方式对学校实施教育督导。要坚持监督、指导并重，为学校发展提供服务，引导各级各类学校合理定位、办出特色。 (3) 促进多方参与。要探索建立符合现代教育治理要求的教育督导组织体系，建立完善社会参与学校评估制度。实施教育督导，可以委托专业机构对学校办学和教育质量实施评估、监测。 (4) 保障自主办学。要按照政校分开、管办分离的原则理顺政府和学校关系，保障学校依据教育法律法规和本校章程自主办学。实施教育督导，要有利于推动现代学校制度建设，促进学校内涵发展和教育质量全面提升。
浙标	(1) 育人为本。遵循学生身心发展规律和教育教学规律，综合考察学生全面发展情况，既要关注学业水平，又要关注品德发展和身心健康；既要关注共同基础，又要关注个性特长；既要关注学习结果，又要关注学习过程和效率。 (2) 科学规范。评价内容和方法科学合理，评价过程严谨有序，综合评价结果真实有效，反馈改进落到实处。质量综合评价的整个过程都要保持高度的规范性和科学性。 (3) 全面可行。注重发展性、增值性评价，满足学生、学校多方面的发展需要，鼓励中小学办出特色。各地和学校结合实际，针对存在的突出问题和薄弱环节，完善质量综合评价指标，积极探索适宜的质量评价方式，逐步形成各具特色的质量评价模式。
NCCT标	(1) 坚持客观、公正、诚信。 (2) 尊重学校的办学理念与办学目标。 (3) 促进学校发展。

续表

体系名称	理念
港标	强调以学校自我评估(自评)为优化教育工作的核心,辅以视学和校外评核(外评),推动学校有系统地借"策划—推行—评估"的自评循环,促进自我完善。外评队伍核实学校自评的表现,以及为学校的进一步发展提供意见。教育局期望学校通过自评及外评,促进学校持续发展及加强问责,以改善学生学习。
CEAIE标	(1)自律性:在自愿申请的基础上,由同行专家进行认证,体现自我约束、自我规范。 (2)过程性:通过双方互动,持续改进和提高质量;已通过认证的机构或项目进行周期性复核和随机检查。 (3)权威性:认证专家由教育行政管理者、同行专家、学科专家、国内外评估或认证专家、社会代表等组成,代表了各方利益相关者。 (4)国际化:认证程序、办法与国际接轨,认证标准与国际衔接,已与美、英、法、荷等国的6个高水平质量保障机构签订合作意向书。

总体而言,各个标准均将评估教育质量的落脚点首先放在学生发展和学校发展上。其中,国标及各省标更加体现其服务于政府督导考核的特点,教育评估的理念是围绕着指引学校达成教育均等化的法定义务而制定的,因此各标准都强调了"依法监督"的重要性。在此基础上,各标准尊重地区、学校的主体性。港标更加强调学校发展和学校进行"自我完善"的能动性,以促进学校持续发展为目标,在理念层面对学生发展的提及较少。这一点,NCCT标也与其类似。CEAIE标则更加突显了其"行业认证"的属性,提到了与国际标准接轨和国际合作。

2.2 内容

质量保障体系的内容主要是指各个标准所评估的指标。中国内地的国标规定了需要考察的指标和内容要点,要求各省市根据自身需求扩充二级指标和三级指标。因此，各省级标准具有较高的一致性。港标、NCCT标和CEAIE标则自成体系。各指标文件的结构及部分有代表性的结构举例如下。

2.2.1 中国内地督导机构标准

国标包括一级指标和要点描述，省级标准主要以三级指标为主，各级名称略有不同，部分省级标准附有要点描述。其中，浙江省以"维度＋监测指标＋分项指标"的模式，与其他省市不同。总结如下：

（1）国标：6项一级指标（附权重）＋内容要点

	一级指标	内容要点
例	1.办学思想(10%)	树立德育为先，能力为重，全面发展的育人理念。遵循教育教学规律，办学思路清晰，工作目标明确。

（2）京标：5项一级指标＋11项二级指标＋39项三级指标（附分值）

	一级指标	二级指标	三级指标	分值
例	一、发展规划4	（一）办学思想与学校规划4	1.依据教育法律法规、方针政策和素质教育的要求，立足本校实际，制定学校发展规划；办学理念科学，办学目标明确，工作思路清晰；制定实施方案及年度目标，并经教代会审议通过。	2

（3）辽标（以高中标准为例）：6项一级指标＋22项二级指标＋78项三级指标（附分值）＋核查办法

（4）苏标：7项一级指标＋17项二级指标＋40项三级指标（附分值）

（5）沪标：6项一级指标

（6）鲁标：7项一级指标+20项二级指标+42项三级指标（附分值）+各学段评估要点

（7）川标：6项一级指标+29项二级指标+各学段评估要点

（8）粤标：6项一级指标+28项二级指标+评定要点

（9）浙标：3个维度+12项监测指标+分项指标

	维度	监测指标	分项指标描述
例	学生学习状况	学业水平	包括学业成绩达成度、高层次思维能力、学业成绩均衡度等方面

2.2.2 香港标准

港标的内容模式为：4项范畴+8项范围+23项表现指标+要点问题。

范畴	范围	表现指标	要点问题
I.管理与组织	1.学校管理	1.1策划	·学校是否已建立自评机制？自评机制能否有效运作？ ·学校管理是否具透明度及问责性？ ·学校能否按办学宗旨、学生需要及参考学校自评结果，制定适切的发展优次？ ·学校如何因应发展优次，制定清晰具体的推行策略，包括人力及资源调配等，以促进学校的发展？

2.2.3 针对国际学校的组织机构标准

NCCT标的内容模式为：6章+36项描述+153个观测点。

例	第一章 办学理念和培养目标 1.学校在利益相关者的共同努力下，确立了清晰的办学理念和培养目标，此目标能够反映学校的核心价值观以及对于较高教育质量的期待。 （1）应让校长、管理层、重要的职员、学生和家长等人积极参与办学理念和培养目标的起草制定。 ……

CEAIE标的内容模式是：5项标准+12项一级指标+49项二级指标+151项观测点。

例	标准一：有切合实际的办学定位和办学目的，能正确引导教育目标的达成。项目能正确认识自身的性质、价值、特色以及在同类项目中的地位和作用，能根据自身特点和实际确定办学目的、设立教学目标。项目的日常运行遵循教育规律，遵守职业操守。		
	一级指标	二级指标	观测点
	1.办学宗旨与目标	(1)项目有明确的办学宗旨和目标，办学目标和人才培养标准符合我国教育方针，不低于国内同等教育的质量基准，并得到中外合作双方、项目教职人员、学生及家长的理解和认可。	a.项目的宗旨和目标清晰地界定了项目的教育意图、教育服务对象，描述了项目的发展方向和学生培养目标。

此外，各指标体系的一级指标（或相当于一级指标的"维度""范畴"等）也展现出不同指标体系关注点的侧重。表3列出了各指标体系的一级指标。可以看出，中国内地的国标、省标以及NCCT标，在一级指标层面对于学生发展和教师发展的关注较少，更多的是从学校建设的层面关注队伍建设和办学成效等，这与各标准强调"以学生发展为本"的理念略有出入。较为突出的是浙标，在表述上围绕学生展开，采用"学生成长环境""学生学习情况""学生综合素质"等表述确保了学生的利益最大化。港标和CEAIE标除了更加关注学生发展和教师发展以外，还注重强调社区沟通、同行合作、国际合作等。由此体现出，中国内地对普通中小学校的督导和评估仍然处在满足教育均等化、确保教育公平的阶段。一致的标准能够确保质量统一。与之相对，港标和其他着眼于国际学校的评估认证体系则致力于突出学校的个性和特色，以期提高学校在行业内和国际上的认可度。

表3：各指标体系的一级指标列表

体系	一级指标
国标、辽标、苏标	A.办学思想；B.制度建设；C.规范办学；D.德育与活动；E.课堂教学；F.办学成效
京标	A.发展规划；B.队伍建设；C.教育管理；D.发展绩效；E.加分指标
鲁标	A.办学思想；B.制度建设；C.办学行为；D.德育工作；E.教学工作；F.办学成效；G.示范作用（附加项）
沪标	A.依法办学与民主管理；B.课程改革及素质教育实施效果；C.办学质量；D.教育教学管理制度建设与执行；E.学校与家庭、社区合作及资源共享；F.法律、法规和国家教育政策规定的其他事项
浙标	A.学生学习状况；B.学生综合素质；C.学生成长环境
粤标	A.校园、校舍；B.教学及教学辅助用房和仪器设备、图书；C.办学规模、班额；D.校长、教职员队伍建设；E.卫生安全保障、生活设施；F.学校管理与素质教育
川标	A.办学思想；B.制度建设；C.规范办学；D.德育管理；E.教学管理；F.办学效益
港标	A.管理与组织；B.学与教；C.校风及学生支援；D.学生表现
NCCT标	A.办学理念和办学目标；B.组织与管理；C.课程与教学；D.员工；E.资源设施与服务；F.沟通与社区关系
CEAIE标	A.办学宗旨与目标；B.职业操守；C.教职人员；D.设施设备；E.财务资产；F.课程与教学；G.学习与创造性活动；H.招生与学生服务；I.组织与管理；J.内部质量保障；K.同行合作；L.公共关系和社会诚信

2.3 流程

中国内地的各个省级标准在督导流程方面与国标保持一致。认证由省级教育督导部门牵头并对下级部门进行监管，市级、县级督导部门具体实施，向省级汇报。认证周期由三年到五年不等。认证流程主要包括以下几个步骤（以国标为例）：

（1）成立督导组，提前向学校发出书面督导通知并向社会公示。

（2）接受并审核学校自评报告。

（3）采取听课测试、问卷调查、访谈座谈、校园观察、查阅资料等方式，进校全面收集信息。听取教师、学生及家长的意见，征求社会和公众意见。

（4）督导结束时，向学校口头反馈督导评估意见，并听取学校的说明和申辩。

（5）教育督导部门根据督导组报告、学校自评报告和社会公众意见进行综合评估，形成督导意见书发送学校。

（6）督促、指导学校按督导意见书进行整改，必要时进行复查。

作为认证组织的NCCT和CEAIE的程序较为相似，都以学校自愿提出申请为前提，由组织机构派考察团对学校进行资质审查和初步考察，以学校自评和考察团认证为主。具体来说，NCCT的流程包括：申请认证、资格考察、初步考察、学校自评、考察团考察、认证决定和后续程序。认证周期为五年。CEAIE的认证程序包括：提交申请、资质审查、签订协议、初访指导、自评自改、自评审议、现场考察、认证决定和后续复查等。

香港的质素保证体系主要分为内部评估和外部评估两个程序。内部评估为学校自评。学校以三年为一个周期，参考香港教育局为学校提供的自评工具进行自我评估，最后制定出学校发展报告。外部评估包括两个部分：全港层面和国际层面。全港层面，教育局从校外的角度，进行外评和重点视学。国际层面，教育局定期邀请海内外专家和学者探讨香港学校的整体表现及素质保障的程序。外评将不受固定的周期限制。教育局会随机拣选学校进行外评。

总而言之，从质量评估和认证程序上看，中国的教育督导体系是以管理视角发起的自上而下的、强制性的质量保障。而以评估认证为目标的NCCT和CEAIE则强调学校的自发性，方向是自下而上的。香港的教育评估体系虽也是强制性的，但注重了内部评估和外部评估相结合，并引入了国际层面的外部评估，更加注重过程控制和节点控制。

2.4 团队及组织

质量保障体系的团队指的是负责执行教育评估认证工作的具体人员。中国内地大部分省级标准的执行者主要包括学校和县级教育督导部门。其中学校负责根据省级督导部门制定的标准进行自评，县级督导部门则按照周期实施视导和复查指导。各标准要求的具体实施团队见表4。

表4：各质量保障标准的实施团队

体系名称	实施团队
国标	不具体执行督导工作。
辽标、鲁标、京标、川标	县(市、区)人民政府教育督导室。
苏标	不少于8人的督导组。由熟悉教育管理、精通教学业务、能胜任督导工作的督学和有关专家组成，也可邀请教育界人大代表、政协委员以及社区代表参加。
沪标	依法委托具有资质的研究机构、评估机构及社会组织。
浙标	各市、县(市、区)教育行政部门建立的工作领导小组和综合评价工作办公室。
粤标	县(市、区)教育督导室组织的义务教育标准化学校督导评估小组。一般为3人以上，一般由各级督学以及教育督导、基础教育等相关业务部门人员组成。

续表

体系名称	实施团队
NCCT标	聘请认证考察人员。考察队伍具有合理的年龄和专业结构。人员需熟悉学校教学和(或)管理工作,有较强的英语听、说、读、写能力,有一定的学术专长和一定的时间和精力。
港标	由香港教育局组织的外评专家组。包括3—4名专家,来自教育局及学校管理层(专家学者、学校校长、副校长、部门主任、学科主任等)。在职的校长和教师都会担任外间评核人员。外评人员在执行外评工作前,均会接受培训。
CEAIE标	CEAIE中外合作办学专业委员会。

在组织形式上,国标规定,全国各省市的教育督导评价工作由教育部教育督导团办公室牵头,一般督导评估组织架构如下(以鲁标为例):

(1)学校:突出学校实施素质教育的主体地位,建立完善学校自评制度,组建由学校领导、中层干部和教师代表参加的自评工作领导小组,制定自评工作目标和实施方案,每学年对照督导评估的内容和标准进行自评。接受督导评估前要将自评报告报送教育督导部门。接受督导评估以后,根据督导反馈意见,对存在的问题进行整改,并将整改情况报告报教育督导部门,接受复查。

(2)县(市、区)督导评估:县(市、区)人民政府教育督导室按照三年一轮的评估周期,具体安排县(市、区)域内中小学素质教育评估实施细则;组织实施学校开展评估;组织责任区督学对学校进行过程性视导;对学校进行复查验收;组织推荐所辖学校申报市级素质教育示范学校。

(3)市督导评估:市人民政府教育督导室负责制订本辖区实施中

小学素质教育评估工作计划。对县（市、区）督导评估工作提出指导意见；对各地学校督导评估工作进行定期检查和专项抽查，总结推广经验；负责市直属学校的督导评估；对申报市级素质教育示范学校实施评估认定与复查；组织推荐所辖学校申报省级素质教育示范学校。

浙江省的教育评估工作在组织形式上与大多数省市略有出入。省教育督导部门组建了中小学教育质量综合评价专家委员会，负责统筹教育质量综合评价工作；并在省、市各级成立中小学教育质量监测中心，负责具体实施质量监测工作。

香港方面，由香港特别行政区政府教育局组织，区域教育服务处支援，各区学校广泛参与。

NCCT标中，由NCCT设立外籍人员子女学校认证委员会、外籍人员子女学校认证咨询委员会和外籍人员子女学校认证工作办公室，全面组织和统筹认证工作。与之相类似的是CEAIE，认证工作也由协会下属的专业委员会按照政府的有关法规和标准对其进行质量认可和证明。

2.5 成果及应用

各质量保障体系的成果及其应用见表5。

表5：各质量保障体系的成果及其应用

体系名称	成果表现形式	应用
国标和各省级标准(除浙标外)	各地方的年度统计和总结	(1) 作为学校问责、干部考核和实行奖惩的重要依据； (2) 各级教育督导部门向社会公布学校督导评估结果； (3) 国家及省级教育督导部门定期发布中小学校督导评估报告； (4) 评选市级素质教育示范学校、省级素质教育示范学校； (5) 对存在问题较多、经整改仍达不到要求的学校，要撤销称号，重新评估认定； (6) 建立工作档案，宣传、推广素质教育示范学校的经验，定期编印学校素质教育典型经验材料。
浙标	诊断性的教育质量综合评价报告	(1) 改进教育教学； (2) 完善督导评估； (3) 引导社会舆论。
港标	(1) 内评：学校发展计划、学校周年计划、学校报告 (2) 外评：视学周年报告、研究报告	(1) 内部评估：将反思结果及周年发展计划发布到学校网站，增加了透明度，使家长和社会各界人士更加了解学校的质量情况，为家长选择适合子女的学校提供参考； (2) 外部评估：公开发布评测结果和评价报告。
NCCT标	通过认证、有条件通过认证、认证推迟	(1) 为通过认证的学校颁发证书并授牌； (2) 在适当时候派人员对学校进行考察，决定是否给予学校通过认证； (3) 建议学校在适当时候重新提出认证申请。
CEAIE标	认证综合报告	(1) 促进中外合作办学机构或项目的自我改进和提高； (2) 配合政府加强宏观管理和过程监督； (3) 为社会公众鉴别中外合作办学质量提供参考。

可以看出，中国内地的教育督导评估体系的结果多作为政府内部工作成果的体现，以统计数据和报告的形式汇总并公布，该评估结果的最大引用者和参考者是政府。中国香港的认证结果（包含过程性的结果，如自评报告等）均以对外发表为最终目的；评估成果不仅可以作为政府教育部门政绩的参考依据，还特别强调了可以作为家长和社会各界人士在选择和比较时的参考依据，总体上较为多

元化。NCCT和CEAIE两个认证机构的成果则以资质认证的形式体现，学校拥有两个权威机构的认证将对其办学和招生带来方便。

3. 各质量保障体系的特点

通过上述比较，可以大致将12个质量保障体系分为三个类别：中国内地的督导评估标准（包含国标和各省标）、港标、认证机构标准（NCCT标和CEAIE标）。各个类别有不同的侧重点和特色。

与后两类相比，中国内地的督导评估标准有以下特点：

（1）各标准的理念对整个指标体系的指导和牵引作用不明显。例如，国标及部分省标均提到了"坚持学生发展为本"，但具体的评价指标却鲜有专门针对学生发展进行考核的内容。

（2）目前的指标体系建立在满足社会教育均等化的大背景下，其目的在于实现各个学校教育质量的标准化；其内容更加关注学校的建设，而非教师和学生的发展。在上述省市的指标列表中，只有浙标的三个一级指标（"学生学习状况""学生综合素质""学生成长环境"）是站在学生发展的角度评价教学质量的。各个指标对于教师发展的关注也多局限于"队伍建设"层面，对于教师个人职业发展的关注不明显。

（3）中国内地的标准以素质教育为基本准则，强调的是全人教育。

（4）整个督导评估工作由政府牵头，自上而下，具有强制性，因此也更便于行政管理。

（5）督导评估的成果为政府所用，极少引入行业评价，相对来说没有围绕教育市场的需求。

（6）对教育的国际化趋势以及国际教育交流鲜有提及。

此外，专门针对国际学校的NCCT标和CEAIE标的特点对中国国际化特色学校质量保障体系标准具有深刻的借鉴意义。后两类标准的特点总结如下：

（1）在理念方面，突出每个标准的"行业认证"属性，以促进学校发展为目标，强调客观性、公正性和权威性。可以看出，虽然这些理念的内容确实贯穿整个评价体系，但其理念本身的表述及其所传递的信息却不够具体、明确；特别是CEAIE的理念过于细化，与实施流程重复。

（2）在内容方面，港标、NCCT标和CEAIE标这三个指标体系的内容较为丰富，架构比较完善。其中，NCCT标和CEAIE标的各项子指标是以"观测点"的形式呈现出来的，两者均没有设置评估问题或分值。

（3）在流程方面，NCCT标和CEAIE标的评估方向是自下而上、非强制性的。

（4）在团队和组织方面，两类标准以外部评审为主，而非将内外评审有机结合起来。

（5）在成果及运用方面，两个认证机构的成果以资质认证的形式体现。

4. 对中国国际化特色学校质量保障体系的启示

首先，中国国际化特色学校质量保障体系的建立迫在眉睫。教育国际化是当今中国教育发展的一个趋势，但现有的质量保障和评估认证体系对国际化的关注不多。NCCT标针对的是教育行政部门所承认的外籍子女学校，或称"在华国际学校"（莫景祺，2015），而CEAIE主要关注的是中外合作学校。然而，目前在中国内地实行国际化教学的不仅仅包括这些学校，还包括一些民办的国际化特色学校，甚至公立学校的国际部。如何对其国际化特色进行评估和认证，是我们需要思考的问题。

其次，通过对比12个教育质量保障体系，我们认为中国的国际化特色学校教育质量保障体系必须具备以下特点：

（1）标准的理念与指标之间关系紧密，指引明确。

（2）注重内部评审和外部评审相结合。内部评审强调过程管理，外部评审强调行业合作、市场引导和国际交流。

（3）评估成果须多元化运用，应向社会广泛公开，为政府、教育行业、学校利益相关者、家长、学术界、其他教育从业者等提供参考，并接受多方评价，以达到协助社会选择的目的。

（4）关注学生发展。在中国这片土壤上，我们既要关注素质教育所要求的全人教育，同时也要关注学生国际素养的培养，关注教师发展和制度建设。

参考文献：

2018年高考人数[EB/OL]. 新浪教育[2018-05-08]. http://edu.sina.com.cn/zt_d/gkbm/.

北京市教育委员会 北京市人民政府教育督导室关于印发北京市区县政府、教委、学校（教育机构）全面实施素质教育评价方案（修订）的通知[EB/OL]. 北京市教育委员会（2014-

02-28) [2018-07-02]. http://jw.beijing.gov.cn/xxgk/zxxxgk/201602/t20160225_7439. html.

关于转发《中小学校素质教育督导评估办法(试行)》的通知[EB/OL]. 甘肃省教育厅[2018-07-02]. http://www.gsedu.gov.cn/dayin-11975.htm.

广东省人民政府教育督导室关于印发广东省义务教育标准化学校督导评估实施办法和评估方案的通知[EB/OL]. 广州市教育局(2015-05-17) [2018-07-02]. http://www.gzedu.gov.cn/gzsjyj/ddzcwj/201505/e01f30b2ff154ece96ce1707880a1c91.shtml.

广东省义务教育标准化学校督导评估方案[EB/OL]. 广州市教育局(2017-09-09) [2018-07-02]. http://www.gzedu.gov.cn/gzsjyj/jypg/201711/a56e052a9edf488f8ec97327ddf97236.shtml.

国家中长期教育改革和发展规划纲要(2010—2020年) [EB/OL]. 中华人民共和国教育部(2010-07-29) [2018-07-02]. http://old.moe.gov.cn/publicfiles/business/htmlfiles/moe/info_list/201407/xxgk_171904.html.

教育部关于积极推进中小学评价与考试制度改革的通知[EB/OL]. 中华人民共和国中央人民政府(2002-12-27). http://www.gov.cn/gongbao/content/2003/content_62173.htm.

教育统筹委员会第七号报告书——优质学校教育[EB/OL]. 香港特别行政区政府教育局(2010-01-20) [2018-07-02]. https://www.edb.gov.hk/sc/about-edb/publications-stat/major-reports/consultancy-reports/edu-commission-report-7/ch1.html.

辽宁省中小学校素质教育督导评估实施办法(试行) [EB/OL]. 中华人民共和国教育部(2013-03-15) [2018-07-02]. http://old.moe.gov.cn//publicfiles/business/htmlfiles/moe/moe_929/201303/148662.html.

莫景祺. 国际学校认证:理念与方法[M]. 北京:人民教育出版社,2015.

莫景祺. 评估认证:学校教育国际化的有效途径——以NCCT学校评估认证实践为例[J]. 中小学管理,2011,(12):4—6.

普及义务教育评估验收暂行办法[EB/OL]. 中华人民共和国教育部(1994-09-24) [2018-07-02]. http://old.moe.gov.cn//publicfiles/business/htmlfiles/moe/moe_621/201001/81908.html.

山东省教育厅关于印发《山东省普通中小学校素质教育督导评估实施方案》的通知[EB/OL]. 山东省人民政府[2018-07-02]. http://www.shandong.gov.cn/art/2013/1/24/art_2522_7554.html.

省教育厅省政府教育督导团关于印发《江苏省中小学校素质教育督导考核实施细则》和《江苏省中小学校素质教育督导考核标准》的通知[EB/OL]. 江苏省教育厅(2012-06-11)

[2018-07-02]. http://jyt.jiangsu.gov.cn/art/2012/6/11/art_58415_7512833.html.

市政府教育督导室关于对本市各级各类学校实施教育督导的意见[EB/OL]. 上海市人民政府(2015-10-09)[2018-07-02]. http://www.shanghai.gov.cn/nw2/nw2314/nw2319/nw12344/u26aw45156.html.

四川省人民政府教育督导团关于印发《四川省中小学校素质教育督导评估实施办法》的通知[EB/OL]. 四川省教育厅(2015-02-06)[2018-07-02]. http://ddb.scedu.net/p/13/?StId=st_app_news_i_x4003_12110.

外籍人员子女学校认证标准[EB/OL]. 教育部基础教育课程教材发展中心(2014-11-15)[2018-07-02]. http://ncct.moe.edu.cn/2014/relateFileWJRY_1115/3015.html.

外籍人员子女学校认证工作章程[EB/OL]. 教育部基础教育课程教材发展中心(2014-11-16)[2018-07-02]. http://ncct.moe.edu.cn/2014/relateFileWJRY_1116/3006.html.

下一阶段学校发展与问责架构的推行(教育局通告第11/2015号)[R/OL]. 香港特别行政区政府教育局(2015-06-19)[2018-07-02]. https://www.edb.gov.hk/attachment/sc/sch-admin/sch-quality-assurance/circulars-letter/edbc15011_next_phase_sda_sc.pdf.

香港学校表现指标[R/OL]. 香港特别行政区政府教育局(2016)[2018-07-02]. https://www.edb.gov.hk/attachment/sc/sch-admin/sch-quality-assurance/performance-indicators/PI-2016_Chi.pdf.

学校教育质素保证[EB/OL]. 香港特别行政区政府教育局[2018-07-02]. https://www.edb.gov.hk/tc/sch-admin/sch-quality-assurance/about-sch-quality-assurance/index.html.

浙江省教育厅关于推进中小学教育质量综合评价改革的通知[EB/OL]. 温州教育评估网(2014-07-04)[2018-07-02]. http://edu.wenzhou.gov.cn/art/2014/7/4/art_1329703_7565466.html.

中外合作办学质量认证[EB/OL]. 中国教育国际交流协会[2018-07-02]. http://www.ceaie.edu.cn/zlrz/3.html.

美国学校认证制度研究

— 李悦[1] —

【摘要】本文旨在探究美国中小学教育认证体系的背景和现状,剖析其结构、标准、流程和价值倾向,并揭示其对中国国际化特色学校质量保障标准体系的启发。

1. 研究背景

所谓"教育认证"(educational accreditation),是指一套质量保障(quality assurance)的体系和程序,其存在的价值在于确保教育机构的运行和所提供的服务符合一定的标准(Council for Higher Education Accreditation, 2015)。学校和教育机构如果达标,便会得到相应的认证。

传统上,在大多数国家,教育认证都是由国家教育部或教育部指定的全国性机构定标、审核并执行。但在美国,情况却多有不同。历史上,美国一直是一个联邦政府权力受到极大限制的国家,各州政府在事关民生的方方面面都掌握了更直接、更充分的决定权。在教育层面,直到20世纪四五十年代,美国才在联邦层面出台了干预教育的

---

1. 北京外国语大学国际教育集团教育合作事业部国际课程教学总监。

政策(Jolly, 2013)²。但在初期阶段，联邦政府介入的作用，在覆盖范围、影响力等方面都是极其有限的，教育资源的分配和执行大权仍然牢牢掌握在各州政府手里。

1965年，《高等教育法案》(Higher Education Act of 1965)签署，旨在为国民的高等教育提供财政支持(Hegji, 2014)；随后在1980年，教育部作为联邦政府的一个部门成立，并由法律规定，其职责之一，是发布全国范围内被教育部认可的认证机构的名单，这些认证机构作为私立的非营利性第三方组织，对高校办学进行评估和认证(U.S. Department of Education, 2010)。由此，联邦政府开始逐渐深化其在全国范围内对教育的影响。但是值得注意的是，《高等教育法案》仅适用于大专、大学等高等教育学府；美国的中小学历来没有全国范围内统一的课程大纲和教学要求；公立学校只服从于各州政府制定的标准，州与州政府之间的标准又是千差万别的。而即便是在同一州内，非公立学校（私立和特许学校）的办学标准和要求也是五花八门。

当然，学校办学一定会遵循一定标准，中小学亦有获得声誉良好的认证机构认可的需求，从而促使其提供质量得到保障的教育服务。考虑到州政府在中小学教育中的主导性话语权及州与州、州内部不同类型学校间在课程上的差异，美国中小学的认证保障体系历来都具有地域性质。目前，在美国，有四个最具代表性、获得广泛认可的区域性认证机

---

2. 1944年，美国国会通过了历史上著名的《退伍军人权利法案》(Servicemen's Readjustment Act of 1944)，为那些从二战中复员的军人提供教育、住房、就业等生活各个层面的福利(Jolly, 2013)。到1952年，由于朝鲜战争的影响，联邦政府重新授权该法案，使其全面适用于该战争的复员军人。这一系列举动，开启了联邦政府在国家层面对教育的介入。

构,他们作为私立的非营利性组织,为学校提供全面科学的评估、认证和质量保障服务。它们分别是:美国中部各州院校协会中小学委员会(Middle States Association - Commissions on Elementary and Secondary Schools,以下简称MSA-CESS),美国新英格兰院校协会(New England Association of Schools and Colleges,以下简称NEASC),美国西部院校协会(Western Association of Schools and Colleges,以下简称WASC)认证委员会,以及先锋教育(AdvancED[3])。本文将梳理这些认证体系的脉络、理念与价值观,解析它们的评估维度、程序及实际应用。

2. 美国中小学质量认证保障体系框架

2.1 理念

美国中小学质量认证保障体系的核心价值观可以归纳为四个,其中最核心的是"科学"和"质性"两点。首先,MSA-CESS[4]和AdvancED[5]两大认证机构都在自己的机构介绍中强调,其认证标准及所涉的各项指标均是"基于严格的科学论证"并"被实践证明有效

---

3. 美国原有六大地区性认证机构,2006年,原美国中北部协会–认证与院校促进委员会(North Central Association - Commission on Accreditation and School Improvement,简称为NCA-CASI)的幼小初分支与原美国南部校协会–认证与院校促进委员会(Southern Association of Colleges and Schools - Council on Accreditation and School Improvement,简称为SACS-CASI)合并为AdvancED。2012年,AdvancED又通过与原美国西北部认证委员会(Northwest Accreditation Commission,简称为NWAC)联合,实现了扩张。因此,本文选取AdvancED代表原三个区域性认证机构的集合。
4. https://www.msa-cess.org/,下文谈及MSA-CESS认证体系的内容均来自该官方网站。
5. https://www.advanc-ed.org/,下文谈及AdvancED认证体系的内容均来自该官方网站。

的"。这点也体现在了具体指标的评价中，比如在NEASC[6]的"项目"指标中，就特别注明，学校的教育项目的设定要有"合理的研究依据"支撑。第二，这些认证标准并非定量的数据式分析，而是关于质量的描述性评价，即质性评价，如"学校为师生的教学和学习提供充足的资源，包括场地、设备、技术和物料等""全体领导者、董事会成员、教师、职工、学生及家长完全参与到学校的建设和发展中"，等等。

此类评价式标准不仅为学校提供了评估其当前运营状况的依据，更是对学校理想状况的一种预期。而这正是这些认证体系的第三个特点：他们为所服务的学校提供的不光是质量评估和保障服务，还包括如何不断提高和改善学校质量的一整套发展路径。这一点在四大认证体系中均被反复提及。其中，NEASC的声明写道，"质量保障"和"学校改善"是他们的两大核心服务宗旨。而AdvancED也在其机构目标中明确指出："我们远不仅仅是一家普通的认证机构。我们的目标不是认证一所教育机构足够好，而是致力于帮助他们不断改善自己。"

另外，"多样性"也是部分认证体系着重强调的核心理念。MSA-CESS就特别声明，它们的标准和评价并非意图让所有学校都变得一模一样，而是尊重不同学校的特质。这一点也反映在了与他们合作的学校的多样性中。更重要的是，他们认证体系中设定的指标和维度，也明确地反映了对学校独立自主性的尊重。比如，在学校的"管理和领导力""学校改善计划"等重要一级指标中，MSA-CESS都强调这些标准应与学校各自的"使命"相辅相成；也就是说，尽管考量指标

---

6. https://www.neasc.org/，下文谈及NEASC认证体系的内容均来自该官方网站。

都是"管理和领导力"和"学校改善计划",但基于的关键参考因素是学校各自的核心目标和价值,而非MSA-CESS设定的一致愿景。

2.2 内容与评价指标

除WASC[7]之外,本文所探讨的其余三项质量保障认证制度均含有两级指标,一级指标为主要指标,而二级指标则是在一级指标基础上更详细的拆分和说明。由于本文为综述性研究,篇幅有限,而这些认证制度的二级指标都极其详细,本文无法一一进行细节分析,只对一级指标进行解释、对比和分析。对于二级指标,本文会进行适度的归纳性补充总结。

2.2.1 MSA-CESS

MSA-CESS共有12项一级指标(如表1所示),180项二级指标,即平均每项一级指标下都有至少10项二级指标。

表1:MSA-CESS评估指标说明

一级指标	指标描述与说明
1. 使命	学校的使命简明清晰地表达其愿景,即对学校所在社区及所教学生的预期目标。使命要符合所处社区的道德规范,尊重不同种族、信仰不同宗教和来自不同文化背景的人。使命是学校日常运营、决策和规划的基石,需定期接受社区和所有学校建设参与者的评估。
2. 管理与领导力	学校的管理层与领导者言行合一,道德高尚,以此创造一个互相尊重、共同成长的环境。管理组织建立即时开放的沟通机制,为学校的日常运营和规划提供指引,建立政策和程序,为教学的有效、高质量运行提供所需资源,确保学校的声誉和运转流畅。

---

7. https://www.acswasc.org/,下文谈及WASC认证体系的内容均来自该官方网站。

续表

一级指标	指标描述与说明
3. 学校改善计划	学校有策略、有计划、持续地提升学生水平和学业表现。学校的战略规划要与其使命相辅相成。发展规划中要包含由员工主导参与的职业发展活动，并接受监督和定期的评估和更新。
4. 财政	学校要有充足的经济资源以满足其使命和战略规划中为学生提供的教育项目。学校的财政资源和规划要有持续性和稳定性。学校的商业策略要符合道德规范并遵从合理的预算和会计原则。
5. 设施	学校提供的设施要安全、卫生，并及时得到维护，以满足学校设定的使命的需求。学校建立足以满足教育项目、服务和活动实施的物理空间，以帮助学生达到学校对他们能力的期望。学校设施要定期接受检查，确保有效运行且符合学校所在管辖区法律规定的安全和卫生标准。
6. 学校组织和教职工	学校的组织机制要有助于实现其在使命中明确说明的目标和核心价值，且有助于其教育项目、服务和活动的实施。学校行政、督导和学生服务的员工要具备相应资质，有业务能力且数量充足，以使学生获得高质量的受教育体验。教职工要定期接受评估，评估标准要有明确界定；同时，学校为员工提供职业发展机会和经历，以提升员工能力和素养的薄弱环节。学校的管理层、领导者与员工以及学校建设的所有参与者都应保持良好的合作关系。
7. 健康与安全	健康与安全标准要符合所在管辖区、州与联邦政府的法律要求，在政策和程序上设定严格的步骤，同时拥有完善的预防/应急计划与危机管理措施，并定期更新。
8. 教育项目	学校的教学项目要严谨筛选并严格执行，基于合适的素材、标准、教学法及学生评估，以反映当前最新的研究成果和被证实有效的办学实践。学校的教育项目要与其使命相辅相成，被管理层所认可，并得到充分的资金和支持。教育项目的设定要满足学校所在社区居民的预期和需求。
9. 学生学习评估与数据	学校对学生学习表现的评估要符合其办学使命，符合当前最新科学研究成果及被证实有效的办学实践。评估计划使用多重、有效、可靠的方法系统性地收集并缜密地分析可量化、可物理化呈现的数据。学生的学习和表现应处在学校预期的水平上，若达不到要求，应制订相应计划，使达到预期水平。

续表

一级指标	指标描述与说明
10. 学生服务	学生服务应有效、合理并符合学校办学使命。服务既要作好规划,也要作好执行,它是学校教育项目不可分割的内在组成部分。服务的提供应由符合资质的员工执行,拥有充足的资金,并定期接受服务效果评估。服务应符合学校所在辖区的制度要求。
11. 学生生活与活动	学校为学生提供的学习和生活体验不应带有任何偏见和歧视。学校应平衡学生的学业、社交及课外活动,学生的经历和体验应能够培养他们的智力、文化和社交技能,促进身心健康。学生活动应为他们提供培养领导力和参与社交的机会,鼓励学生们开发自己的兴趣,并在可能的情况下,增加家庭在学生学习中的参与。学校应为这些活动提供充足的资金,并定期评估此类项目执行的有效性,及是否符合学校设定的办学使命。
12. 信息资源与技术支持	学校的信息资源与技术支持应在数量和质量上都得到充分保证,以便促进学校使命的实现和教育项目的实施。此类资源应对全体学生和教职工开放,供他们在学习和教学中使用,以扩展知识和技能。学校应指导学生和员工如何适当、有效且符合道德准则地使用这些信息资源,并保证资源的即时性及功能性。

2.2.2 NEASC

NEASC设定了15项一级指标(如表2所示),134项二级指标,平均每项一级指标下设的二级指标也接近10项。

表2: NEASC评估指标说明

一级指标	指标描述与说明
1. 使命	学校所申明的使命与核心价值观应与其实际的教育项目、政策、规划及决策在运营和管理两个层面均保持高度一致。
2. 管理	学校的管理机制应确保学校坚持其使命,并确保有必要的资源以支撑其当前和未来的运作。
3. 录取	录取程序应确保被录取的学生符合学校的要求,且能够从在本校就读的经历中获益。

续表

一级指标	指标描述与说明
4. 项目	学校应提供完善的学习、审美及体育类活动,此类活动应与学校的使命和核心价值观相适应,且能够满足不同学生的多样性需求。此类项目的设定应有合理的研究依据。
5. 学生经历	学校主动思考每一名学生的个性,并设定计划、政策、项目及教学法以培养、鼓励所有学生去实现自己的价值和潜力。
6. 支撑项目的资源	空间、设备、科技、资料及社区。
7. 早教项目	合理的教职工安排、资源及设施。
8. 住宿项目与/或寄宿家庭项目	项目要提供有针对性的课程、相适应的设备,激发学生参与感兴趣的活动,以及充分监督,从而满足每名学生的需求。
9. 师资	师资的数量充足,资质符合要求,以便能够执行学校制定的使命。学校制定并执行完善的教职工职业发展项目,保证员工技能的持续提升。
10. 行政管理	行政管理者从制度层面促进学校的有效运转,并参与教职工的决策。
11. 评估与测评	学校依据其设定的使命和核心价值观进行实操层面的评估,获取的数据应用于未来的决策和规划。
12. 健康与安全	保障学生和教职工的身体、情感和认知层面的健康和发展。
13. 沟通	保持有效的内部和外部沟通机制并留存记录,促进对学校运营和发展的多方参与。
14. 基础设施	充足的人力、财力、设施、设备和物料。
15. 认证过程	学校严肃对待认证过程,并毫无保留地致力于自我改善。

2.2.3 WASC

WASC共有7项一级指标(如表3所示),无二级指标。

表3：WASC评估指标说明

一级指标	指标描述与说明
1. 目标	学校目标（包括核心价值观、愿景和使命）的实现。
2. 成绩	基于课程标准和全校范围内学生的整体表现，全体学生均取得理想的成绩。
3. 数据分析	使用多重工具分析有关学生成绩和表现的数据。
4. 项目	基于全校范围内学生的表现、学校设定的标准以及WASC提出的有科学研究支持的标准和指标，对学校项目进行评估。
5. 行动计划	基于评估发现设定行动计划，包括战略计划、科技计划和员工发展计划。
6. 持续改进	对于学校对学生的持续提升和影响的评估。
7. 合作	全体领导者、董事会成员、教师、职工、学生及家长的完全参与/合作。

2.2.4 AdvancED

AdvancED共设定一级指标3项（如表4所示），二级指标30项，平均每项一级指标下设10项二级指标。

表4：AdvancED评估指标说明

一级指标	指标描述与说明
1. 领导力	领导力的作用是确保机构始终朝着其申明的目标发展，且这种发展是组织日常有效运行的核心元素。机构的领导力包含机构对其目标和方向的坚持、尽责而又完全的投入，有效的管理以达成该目标和方向的能力，激励学校建设的利益相关者以积极有效的方式参与到学校发展中的能力，以及实施有效策略以提升学生和教育者水平的能力。
2. 学习	有效的学习型文化氛围应具备以下特点：积极高效的师生关系，高标准与高要求，具有挑战性且吸引学生参与的课程安排，高质量的督导，能确保所有学生均可成功的完善支持体系，监督并评估学习进展与成果的评估机制（形成性测评与总结性测评相结合）。此外，以上所有工作本身应定期进行评估，适时调整。

续表

一级指标	指标描述与说明
3.资源	资源的使用和分配应用于支持学校申明的使命。资源应平等地被分配和使用，以确保所有学生的需求都得到充分关注。资源利用也应包含对员工职业学习和发展的支持。学校应实时监督资源的分配和使用，确保资金充足，资源的持续性，组织运行的有效性及学生学习水平的提升。

从上述表格中，我们很容易看到，MSA-CESS和NEASC都明确在首要位置提出"使命"这个一级指标，WASC也在其"理念"的陈述中明确提出，学校要有"清晰的目标"。而对其他一级指标和二级指标的进一步研究发现，它们都在某种程度上与"使命"这个摆在第一位的一级指标相互适配。例如，在NEASC的"管理"一级指标下，第一个二级指标就提到"学校的管理方要被明确定义，且其目标是促进学校使命的延续"；在"录取"一级指标下，第五个二级指标指出，奖学金的提供要有明确的政策和程序，且奖项的授予要与学校的使命相一致。在AdvancED的"资源"一级指标中，也有这样的明确说明："资源的使用和分配应用于支持学校申明的使命"。而在指标最为庞杂的MSA-CESS中，几乎所有指标（3、4、5、6、8、9、10、11、12）都明确说明，该指标要与学校的"使命"高度关联；MSA-CESS可谓是体现这一特点最为突出的认证体系。由此，我们也可以看出，美国学校的认证体系的设定，的确是非常严谨的，指标不是孤立的，而是有机地组织在一起，从侧面反映了它声称的"科学性"。

在所有认证体系中，WASC最为简易，也是唯一一个没有明确二级指标的认证体系；而MSA-CESS是所有认证体系中最为复杂的。除此之外，MSA-CESS与其他认证体系相比，最大的特点是，它在几乎每个一级指标的二级指标说明中，都单独强调这一指标一定要与学校及学校所在社区的宗教和文化认同相适应。比如在"使命"一级指标下，二级指标注明"学校的宗教身份认同要融入学校发展的目标中，且通过符号和制品等形式使其在全校范围内可见"；在"管理与领导力"一级指标下，二级指标特别注明了"将对不同宗教和信仰的尊重摆在第一位"；在"学校改善计划"一级指标下，写明"战略决策中要始终考虑到学校所在社区的宗教和精神生活层面"。此类针对宗教身份和文化认同的二级指标描述，几乎出现在了所有指标的说明中，可见MSA-CESS对其重要性的关注。

2.3 认证的组织和流程

2.3.1 MSA-CESS

MSA-CESS的认证流程共分为两个阶段：首先是候选学校筛选过程，接着便是学校的自查和认证过程。具体流程见表5。

表5：MSA-CESS认证流程

阶段一：申请候选人程序			
表明意愿	申请候选人身份	对候选人身份的考察	确认候选人身份
阶段二：自查与认证			
自我检查	检查组考察	委员会决议	通过认证

从初期接触到最终完成认证，整个过程通常持续2—5年时间。整个过程由申请认证的学校按照MSA的要求配合，MSA中小学委员会独立评估，这个评估团队均由其他认证机构的权威同行组成。一旦

获得认证，有效期通常为7年（个别技术与职业学校有效期为5年）。

2.3.2 NEASC

首先，NEASC委员会成员到访学校，评估学校是否作好认证准备。随后，学校提交《认证候选人申请表》（Application for Candidate for Accreditation）；由NEASC组成三人小组，对学校进行一日考察。在取得候选人身份后，学校正式进入认证流程，学校必须在5年内完成认证流程。

该认证流程共分为三个阶段，其中第一阶段又分为准备期和两个自我检查部分，第二阶段为实地考察，第三阶段为跟进。具体流程见表6。

表6：NEASC认证流程

第一阶段			第二+第三阶段
准备自查	自查I	自查II	实地考察与跟进
	审阅标准	反思、建议及未来改进提议	验证自查结果，提出建议，确认认证结果

学校自查流程通常需要18个月到2年的时间，实地考察和评估的时间提前1年确定。在准备阶段，学校需要自己组成项目委员会，对所有涉及项目的指标进行自我评估和审查；同时需为自查阶段安排协调员，协调员负责汇总数据，协调评估步骤的推进。在自查阶段I，学校应针对每个指标成立自查评估委员会；在自查阶段II，成立代表委员会，对自查阶段I的结果进行评估，提出反思、建议和未来改进提议。最后的实地考察与跟进，由NEASC的实地考察委员会执行；委员会评估学校的自查结果，运用访谈、实地考察项目进行情况、评

估学生体验和其他补充材料等方式，验证结果，提出改进意见，最终确认认证。

2.3.3 WASC

WASC的认证流程由其认证委员会（Accrediting Commission for Schools，简称为ACS）负责执行，ACS由在其服务的教育机构中选取的32名权威代表组成。认证共分为三个阶段：首先，由WASC的两人团队进行为期1—2天的实地考察，了解学校实际情况和需求，确认认证是否基于候选人的认证申请；随后，开始自查阶段，其中包含ACS定期的实地考察和评估改进，该阶段持续时间为6年；最后，综合全部年度报告结果，确认认证结果。具体流程见表7。

表7：WASC认证流程

I	II						III
初期访问	第一年	第二年	第三年	第四年	第五年	第六年	跟进
	自查	档案更新、进度考察、更新改进方案	档案更新、进度汇报、中期考察、更新改进方案	档案更新、进度汇报、中期考察、更新改进方案	档案更新、进度考察、更新改进方案		完成报告，确认认证

2.3.4 AdvancED

要想获得AdvancED的认证，学校必须满足AdvancED的一系列要求，5年内至少主持一次由外部审议团队主导的评估（该外部审议团队依赖于一批专业且具有奉献精神的志愿者，包括教育工作者、科研工作者、政策分析师、商界领袖等），持续地对学校进行提升和改进。AdvancED的认证周期为5年。详细认证流程见表8。

表8：AdvancED认证流程

步骤	描述	备注说明
1	学校必须已经运营至少两年，且提供其财政稳定性的证明。	
2	学校必须证明其持有当地或州政府颁发的办学许可。	
3	学校必须在申请认证后的两年之内且在AdvancED运营办公室规定的时间范围内进行"准备评估"。	未在规定时间内进行"准备评估"的学校，必须重新申请。
4	在收到学校完整的申请材料后，对应的AdvancED运营办公室会协调安排一次"准备评估"。	评估决定申请学校是否有资格成为候选人。
5	成为认证候选人之后，学校必须完成自我评估及其他相应文件，并在两年之内且在AdvancED运营办公室规定的时间范围内举行"外部评估"。	未在规定时间内进行"外部评估"的学校，必须重新申请。
6	外部评估团队给出评估意见，AdvancED委员会会参考这一意见，以及运营办公室提供的其他相关文件，作出认证决定。	
7	获得认证后，学校将继续完成所有被认证学校都要执行的任务，以维持其认证状态。	

2.4 认证体系与政府的关系及适用性

MSA-CESS隶属于美国国务院海外学校办公室，其认证范围包含了preK-12阶段的公立学校、私立学校、教会学校、特许学校、非学位职业技术学校、特设学校及远程教育等，分小学和中学两个委员会。该认证体系目前适用于美国特拉华州、马里兰州、新泽西州、纽约州、宾夕法尼亚州、华盛顿哥伦比亚特区及世界范围内85个国家的约3000所会员机构。

NEASC在全球范围内共有超过2000家合作结构，涵盖新英格兰地区6个州（康涅狄格州、缅因州、马萨诸塞州、新罕布什尔州、罗得岛州和佛蒙特州）及世界范围内65个国家的preK-12到高等院校范围内的公立、私立/独立学校，职业技术学校，大专及大学，由公立学校、独立学校、国际教育项目（如剑桥大学国际考评部[Cambridge Assessment International Education]）和高等院校4个委员会分别负责对应类型的学校认证。

  WASC与美国国务院海外学校办公室保持密切的合作关系，主要为位于美国加利福尼亚州和夏威夷州、美属关岛、太平洋地区、中东、非洲及欧洲的超过5000所公立学校、独立学校、教会学校、preK-12学校及成人学校提供独立认证服务，并与18个机构合作提供共同认证体系。

  AdvancED的前身是中北部协会、南部院校协会和西北部认证委员会，故其在美国的服务涵盖了这些地区相应各州的学校，它还与其他70多个国家的学校合作，认证的教育机构总数超过36000个，范围从preK-12一直到高等院校。

2.5 认证结果的影响

  值得注意的是，所有学校与这些认证体系的合作关系都并非强制性的，而是自愿性的；也就是说，不论是联邦政府还是州政府，都没有明确规定哪一类学校必须进行哪一类认证。但四类认证体系无一例外地在其官方声明中指出，除了满足学校自我提升的内部需求，认证体系也是为了确保学校所在社区明确知晓社区内学校的办学宗旨、办学目标和为了达成这些宗旨和目标所进行的具体教学活动。换句话说，这些认证体系的强制性并非体现在法律规定的义务中，而是体现在公众对教育的监督中；得不到高质量的认证，学校无法给社区公民以教育质量保证，久而久之，优质的生源必然流失，整个社区的经济发展将出现恶性循环。

就像新闻媒体在美国被认为是立法、司法与行政三权分立之外的第四大权力分支，是公民监督政府三个权力分支的有效补充一样，教育质量认证体系也被称为公众用来监督政府和私立机构办学的一个重要依靠，在名义上虽非强制，但在实际效应上绝对不容忽视。

3. 美国中小学质量认证保障体系的启示

综上所述，本文认为，美国的学校认证体系具有以下四个具有启发意义的重要特征：

首先，他们都有清晰明确且具有特色的理念。所有评估指标都服务于一个核心理念，这一理念通常是通过第一个核心指标来诠释和体现的，比如"使命"和"目标"，所有其他一级指标都围绕这一指标展开，为这一指标的实现提供支持；而所有的二级指标都从更详尽、更细节的维度诠释其对应的一级指标。

这种层层递进、环环相扣的逻辑结构恰恰也是美国学校认证体系的第二个特点：完整严谨的标准化体系。就像MSA-CESS和AdvancED强调的那样，他们的认证体系是基于严谨的科学研究成果和被实践证明的实操建立起来的，每一项一级指标的设定，都体现了服务于学校发展大方向的一个关键维度；而每一项一级指标又被极其详细地拆分成具体、容易理解、可操作性强的二级指标。上文提到MSA-CESS指标最为庞杂，共有180项二级指标；除此之外，第二详密的NEASC，在其15项一级指标之下,也包含近150项二级指标。即便是仅仅设定了三项非常精简的一级指标的AdvancED,也包含多达30项二级指标。由此我们不难算出,除WASC以外,不论是哪个认证体系,每一项一级指标,都被进一步划分成大约10项二级指标进行评估,可谓详尽。

第三,认证程序明确规范。这一点实际上是更大范围之内美国社会对程序正义、法制和契约尊重的体现。从最初表达希望获得认证的意向开始,这些认证体系均提供了几乎是手把手指导的申请指南,每一步的操作、时间节点、需要完成的任务和需要填写的文件,都在其官方网站上以非常清晰明确的方式呈现了出来;只要申请者按照其要求逐步完成并达到要求,就会获得认证。更重要的是,即便没有获得认证,申请学校也能够明白无误地查清出错环节,因为一切程序都被详细规范地记录了下来,这极大地降低了异议和争议产生的概率;虽然认证周期因此耗时漫长,但实际上,这反而提升了效率。即便异议真的产生,程序完善的设定也让申请学校能够迅速明确地知道接下来该如何操作。比如AdvancED就在认证程序的下面,紧接着非常详尽地陈述了如果认证未通过,申请学校该如何上诉的步骤,其详细程度甚至要高于对申请认证程序的解释。

最后,所有认证体系或者隶属于政府的职能部门,或者与政府部门密切合作,或者得到政府认可。尽管我们在开篇便提到,由于美国政治制度的特殊性,教育认证的区域性明显,联邦政府无权直接参与教育机构的认证,但这些认证机构可以通过官方渠道确立自己认证体系的权威性。MSA-CESS隶属于国务院海外学校办公室,AdvancED与该办公室有着"密切的合作",而AdvancED的前身之一的NWAC

则是被美国教育部直接认可的机构之一。由政府认可的独立非营利性机构进行认证，既保持了官方权威性，也保证了认证的独立自主性和非强制性。认证体系对多样性的尊重同时确保了申请认证学校维持自己的办学特色和创新。

纵观这四个具有启发意义的特征，我们不难看出，它们其实都反映了美国的教育质量保障认证体系，甚至更大范围的美国教育系统、美国社会的一个核心特质：尊重科学，程序严谨。不同于我们熟悉的一些教育认证机构，这一特质从来就不只是以口号的形式流于书面表述的，甚至从这些体系的官方文件中，我们都极少能找到这样的字眼，但它却实实在在地体现在了每一个设计、每一句描述、每一个步骤中。当然，我国的教育和科研整体水平与美国还存在差距，有关教育评估的专业学术研究也相对落后，无法给中小学教育的认证体系提供充足的理论支持和实操经验。但通过本文对美国学校认证制度的研究，我们至少应该明确，我们努力的方向是什么。

参考文献：

Accrediting Commission for Schools, WASC Accreditation Process Overview [R/OL]. WASC [2018-08-30]. http://www.acswasc.org/wp-content/uploads/2014/12/ACS-WASC-Overview-Presentation-2015.pdf.

AdvancED Performance Standards [R/OL]. AdvancED [2018-08-30]. https://www.advanc-ed.org/sites/default/files/documents/APS_Schools.pdf.

AdvancED Policies and Procedures for Accreditation and Certification [R/OL]. AdvancED (2018-06-29)[2018-08-30]. https://www.advanc-ed.org/sites/default/files/documents/AdvancED-Policies-and-Procedures.pdf.

Hegji, A. The Higher Education Act (HEA): A Primer [R]. Washington, D.C.: Congressional

Research Service, 2014.

Jolly, J. Historical Perspectives: The Servicemen's Readjustment Act of 1944 [J]. Gifted Child Today, 2013: 266-268.

An Overview of US Accreditation [R]. Washington, D.C.: Council for Higher Education Accreditation, 2015.

An Overview of the U.S. Department of Education [EB/OL]. U.S. Department of Education (2010-09)[2019-01-25]. https://www2.ed.gov/about/overview/focus/what.html#whatis.

Standards for Accreditation and Indicators [R/OL]. NEASC [2018-08-30]. https://cis.neasc.org/sites/cis.neasc.org/files/Standards_Indicators/Standards_and_Indicators%20-%20new%20website%20link.pdf.

Standards for Accreditation: School Edition 2016 [R/OL]. MSA-CESS [2018-08-30]. http://www.msa-cess.org/Customized/Uploads/ByDate/2016/April_2016/April_27th_2016/Standards%20for%20Accreditation%20201603019.pdf.

英国教育质量监管与保障体系[1]

马迪[2]、赵慧[3]、孙雅文[4]

【摘要】文章通过对英国教育质量监管与保障体系的模式和特点的分析,指出其先进之处,以期对中国教育质量评估与督导有所借鉴。

1. 英国教育质量监管与保障体系的背景

英国教育历史悠久,公立、私立学校各自发展且互为补充,共同繁荣。而体系完善的英国教育督导系统最早可以追溯到20世纪初期——各地教育监管人员分区监督并向教育部汇报,是世界上最早建立的教育督导制度之一。为了能持续保证高水准的教育,英国各级教育质量监管与保障机构在过去一个世纪中不断完善,并逐渐形成了一个有机的教育监管体系。由于英国特殊的政治、文化、地理特色,英国教育质量监管与保障体系呈现两个看似矛盾的特性:"分散"和"集中"。

体系管理的"分散"首先体现在地域上——英格兰、苏格兰、威尔士及北爱尔兰各自有一套教育质量保障体系。它们分别是:英格兰的英国教育标准局(Office for Standards in Education, Children's

---

1. 特别鸣谢马建国先生对于本篇论文中关于教育督导与评价工作相关知识的专业指点。
2. 北京外国语大学国际课程中心助理学术校长。
3. 北京外国语大学国际课程中心语文课程教师。
4. 北京外国语大学国际课程中心英语课程教师。

Services and Skills，以下简称Ofsted），苏格兰女王陛下教育监督局（Her Majesty's Inspectorate of Education [in Scotland]，以下简称HMIe），威尔士教育标准办公室（Estyn），以及北爱尔兰教育培训督查处（Education and Training Inspectorate in Northern Ireland，以下简称ETI）。在学校性质上，Ofsted主要监督英格兰公立学校、部分私立学校、儿童服务中心、教师培训机构等，而大部分英国顶级私立学校多为英国私立学校委员会（Independent Schools Council，以下简称ISC）的成员学校，由私立学校评估督查机构（Independent Schools Inspectorate，以下简称ISI）负责督导和检查。

管理的"集中"体现在，虽然各地方教育监管机构都是非营利性的独立组织，但与政府都有着非常密切的关系。Ofsted、HMIe、Estyn以及ETI分别是英格兰、苏格兰、威尔士及北爱尔兰的官方教育评估机构，是不属于教育部的非内阁政府机构，由法律赋予权力并直接对议会负责，其主要职责是对区域教育质量进行保障与监管。根据官网信息，四个机构都定期向英国国会提交报告并根据检查成果向英国教育部提交改善建议[5]。而ISI虽不是政府机构，但作为一个非营利性的独立机构，它也是由英国教育部授权并接受教育部监督。ISI每年需发表一份公开报告并提交至国务大臣，其督查学校的依据为教育部颁布的法律条例[6]。由此可见，英国的教育质量监管是自上而下，

---

5. Ofsted, https://www.gov.uk/government/organisations/ofsted; Estyn, https://www.estyn.gov.wales/about-us; HMIe, https://education.gov.scot/what-we-do/inspection-and-review/about-inspections-and-reviews/Secondary%20school%20inspections; ETI, https://www.etini.gov.uk/.

6. https://www.isi.net/.

非常"集中"的。

由于英格兰、苏格兰、威尔士及北爱尔兰的官方教育监管机构在各地区扮演的角色非常接近,本文将以管理范围最广、管理学校最多的 Ofsted 为案例分析英国官方的教育督查体系,以最具代表性的 ISI 为例解析非官方非营利性的教育督查机构,并分析两者如何在英国教育界发挥作用。本文将从体系理念、考核标准、督查流程三个方面梳理英国主要教育质量监管与保障体系的特点,以期对中国国际化特色学校质量保障标准体系的研发提供思路。

2. 英国普通中小学质量监管与保障体系框架

2.1 体系理念

梳理英国教育质量监管与保障体系可以发现,其核心理念可归纳为三点:"以学生为中心""独立性""透明性"(Ofsted,2017:11)。

Ofsted 与 ISI 都在其指导纲领和考核标准中反复强调,督查的最根本职责是关注学生发展,提高教育水平。ISI 特别关注学生的声音,在督查开始之前会邀请所有学生填写一份保密调查问卷,并且相较于与校方沟通,它会优先安排与学生的会面,听取学生意见(ISI,2017:3)。《Ofsted 战略报告 2017—2022 年》中进一步强调其为儿童、青少年和成人学习者服务的目标和宗旨,并重点关注弱势群体和有特殊教育需要的儿童,确保他们获得适合的教育。

英国教育监管机构都是独立的非营利组织。独立性是确保教育监管能够公正和中立的根本。从信息提供者的角度,监管机构的独立性保证所有报告真实、准确和客观,提供一个值得大众信赖的信息平台。从质量监督者的角度,独立的外部评估可相对公正地判断各个学校是否达到国家要求的标准,是否遵守相关法律法规,国家财政拨款是否被合理地使用,学生的人身安全是否得到充分的保障等关键问题(Ofsted, 2015: 5)。此外,ISI还负责评估ISC的成员学校是否达到协会的标准,帮助学校改善不足,并提出相应的改进建议和措施(ISI, 2017: 3)。同时,教育评估的独立性确保评价报告可在一定程度上反映国家教育长期存在的问题,刺激自上而下的政府行为,改善国家整体教育水平。

Ofsted与ISI的透明性首先体现在学校评估报告的及时公布,这一行为向所有教育关联人提供权威可信的学校信息,给家长和学生提供宝贵的择校参考意见。与此同时,Ofsted与ISI通过公开学校检查流程,特别是Ofsted在2018年专门出台文件(Ofsted inspections: myths)揭秘检查误区,帮助学校更好地应对检查,也帮助公众了解检查流程,从而更好地解读评级报告。此外,透明性还体现在Ofsted与ISI对自身监管职能相关信息的公开,以及Ofsted对其财政状况的定期发布。

2.2 考核与评估标准

2.2.1 Ofsted考核与评估标准

Ofsted现行的督导纲领《共同检查框架:教育、技能与早教》是由女王陛下首席检察官(Her Majesty's Chief Inspector,以下简称HMCI)编撰,从2015年9月起投入使用的,此指导纲领和其下四本分别针对学前教育、小学教育、中学教育及16—19岁大学预科教育的检查手册共同组成Ofsted督导手册系列。《共同检查框架：教育、技能与早教》确保不同年龄段教育理念的一贯性。其中评估中小学的《学校督查手册》共79页，明确了评价标准，包含"学校整体效能"总体评价，以及对4个一级指标——"领导和管理的有效性""教学、学习和评估质量""学生个人发展、行为和福利""学生学习成果"——的详细解读（Ofsted，2018：38—72）。在4个一级指标下，相应延伸出27项二级指标。"学校整体效能"及一级指标的评价分为4个等级：1级，杰出；2级，良好；3级，需要改进；4级，不足。

表1：翻译和总结的《学校督查手册》考核标准

《学校督查手册》考核标准
学校整体效能 督查员全面利用所观察搜集到的证据进行评估，对学校整体效能作出判断。除了四项一级指标外，考核标准还包含学校对学生的精神文明、社交能力、文化道德等方面的培养；学校提供的教育是否在相应程度上满足在校学生的需求，尤其是残疾学生和有特殊教育需求的学生。
1. 领导和管理的有效性 1.1 对学校发展前景雄心勃勃，对所有学生都抱有高期望，并作出相应努力； 1.2 通过严格的绩效管理和适当的职业发展规划，提高员工的教学实践和学习评估能力； 1.3 通过强有力的自评系统来评估学校整体效能，并利用研究结果来提高学校持续改善自身的能力； 1.4 提供具有广度、深度和相关性以及符合相关法律要求的学习项目或课程体系，满足学习者、雇主、国家和当地社区的需求和利益； 1.5 成功规划和管理学习课程和就业指导，确保所有学习者都有良好的开端，并为下一阶段的教育、培训或就业作出充分准备； 1.6 积极促进教育平等和多元化，反对欺凌和歧视，缩小不同的儿童和学习者群体之间的差距； 1.7 积极宣传英国价值观； 1.8 确保儿童、青少年和学习者的安全保障符合所有法定和其他政府要求，提高他们的教育福利并防止思想激进和极端主义。

续表

《学校督查手册》考核标准
2. 教学、学习和评估质量 2.1 教师、教育从业者及其他工作人员始终对每个学生抱有高期望，包括后进学生和优秀学生； 2.2 教师、教育从业者及其他工作人员对他们所教学的年龄群体有着全面深刻的理解，具有相关的学科知识并就这些知识向儿童和学习者进行详细说明和良好沟通； 2.3 多维度收集信息去考评学生，包括学习者已经了解并熟练运用的知识，并参考父母意见和学生前一阶段的学习状况； 2.4 合理运用学生考评成绩调整教学策略，包括判定后进学生或需要额外支持的学生，帮助学生进步并取得良好成绩； 2.5 基于教师的书面或口头反馈，儿童和学习者（幼儿除外）能够知道如何提高和改进学习状况； 2.6 学校与家长、监护人和雇主沟通，帮助他们更好地了解儿童和学习者目前的达标程度以及相应的改进措施； 2.7 通过教学和学习，促使学生拥有更平等的机会，并使学生加深对多样性的包容程度； 2.8 通过教学和学习，使学生获得英语、数学等社会公民的必备技能。
3. 学生个人发展、行为和福利 3.1 学生对取得的进步感到自豪，并得到整个学校的肯定和支持； 3.2 学生自信、自觉地学习并理解如何成为一个成功的学习者； 3.3 学生获得客观的职业建议和指导，并作出关于下一阶段的教育、就业、创业或培训的明智选择； 3.4 学生掌握相关的就业技能，以便他们为下一阶段的教育、就业、创业或培训作出充分准备； 3.5 定期、准时出勤； 3.6 遵循相应的行为准则，包括管理他们自己的情绪和行为，以及协调与他人的关系； 3.7 学生了解如何自我保护，避免在现实生活和虚拟网络中遭受性侵害、极端主义危害等的所有可能； 3.8 学生知道如何通过锻炼身体、健康饮食等保持身心健康； 3.9 教导学生发展自我，尊重他人，为更广泛层面的社会和生活做出贡献。
4. 学生学习成果 4.1 从不同起点取得不断进步，并达到或超过预期标准； 4.2 获得相关学习资质，以便他们能够进入下一阶段的教育课程，从而获得更高学历及符合当地和国家需求的工作。

2.2.2 ISI 考核与评估标准

ISI 以教育部颁发的各项条例为标准来考核学校是否达标,其中包括《2014年教育(独立学校标准)条例》[The Education (Independent School Standards) Regulations 2014],《寄宿制学校国家标准》(Boarding schools: National minimum standards)和《早教基础教育体系评估法案》(Early years foundation stage)。除了督导英格兰的私立学校外,ISI 还获得英国教育部批准,对英国的海外院校和英格兰及威尔士私立继续教育学院进行督导检查。

ISI 有两种常规检查模式:合规检查与联合检查。合规检查考核学校是否符合《2014年教育(独立学校标准)条例》中的评估标准。联合检查包含两部分:部分条例的合规检查与教育质量评估。部分条例的合规检查包含《2014年教育(独立学校标准)条例》的所有评估标准,但检查重点为与学生安全有关的标准、防范欺凌的措施、检查校职工是否符合标准,以及向家长提供学校信息和处理家长投诉的效率。(ISI,2017:6)教育质量评估则侧重于学生在各方面的成绩和个人发展成就两个维度。

如表2及表3所示,ISI 合规检查基于《2014年教育(独立学校标准)条例》,其中包含8个一级指标以及对于指标的阐述;ISI 教育质量评估标准包含一级指标2个,二级指标16个。

表2:翻译和总结的《2014年教育(独立学校标准)条例》中的标准

《2014年教育(独立学校标准)条例》中的标准	
1. 提供的教育质量	3. 学生的福利、健康和安全
2. 学生的精神、道德、社交和文化发展	4. 所有教职员工的岗位适应性

续表

《2014年教育(独立学校标准)条例》中的标准	
5. 学校的住宿条件 6. 有效地提供信息	7. 投诉的处理 8. 学校的领导和管理质量

表3：翻译和总结的ISI教育质量评估标准

ISI 教育质量评估标准
1. 学生学术和其他方面的成绩 1.1 学生成绩的变化，包括来自外部标准化测试和学校内部考试的结果； 1.2 在各学科领域(语言学、数学、科学、技术、人文和社会、物理和美学以及创造性教育)获得的知识和技能； 1.3 沟通能力(口语、听力、阅读和写作)以及其他学习领域应用相关知识的能力的发展； 1.4 计算能力以及应用数学知识和技能的能力的发展； 1.5 信息和通信技术方面的能力及其在其他学习领域应用相关知识的能力的发展； 1.6 学习技能方面的发展，包括总结利用现有的资源和发展高阶思维能力，例如：分析、假设和综合； 1.7 奖学金和竞赛中的成就，学术上的荣誉，以及在体育、表演和其他艺术方面取得的成就； 1.8 对学习的态度，包括学生是否在学习中表现出主动性和独立性，能否协同工作以及是否在学习中发挥主导作用，并对其程度进行评估。
2. 学生的个人发展 2.1 培养他们的自尊心、自信心和适应力，包括能够理解如何提高自己的学习和表现，以便为下一阶段的生活作出充分准备； 2.2 学生能够理解自己的决定是他们成功和幸福的主要决定因素； 2.3 发展精神层面需求和对于非物质生活的理解和欣赏，包含宗教、哲学等方面； 2.4 明辨是非，理解和尊重规则和法律体系，并为自己的行为承担责任； 2.5 具有社会意识，能够与他人有效合作，解决问题并实现共同目标； 2.6 履行责任并积极为校园生活、当地社区和更广泛的社会等做出贡献； 2.7 尊重社会的多样性，尊重和欣赏不同的文化，并表现出对来自不同背景和传统的人的体恤和包容； 2.8 具有安全意识并了解维持身心健康的方式，特别是饮食、锻炼和均衡的生活方式等。

2.3 Ofsted 与 ISI 考核标准的分析与比较

不同于 Ofsted 设有独立的评估考核体系，ISI 以教育部颁布的相关条例法规为合规检查依据，考核学校是否达到国家标准。但可以看出，两个考核体系在考核标准和具体措辞上都保持了高度一致。而且 ISI 对于登记注册为 2 岁以下儿童提供教育的学校的检查是完全根据 Ofsted"普通检查框架"和相关指南要求进行考核的。两个体系都强调了学校的领导和管理质量、教职工行为标准、学生福利、学生成果四大标准。在学生成果方面，两个体系不约而同地强调了学生取得进步的程度，而不仅仅是关注最终成绩。值得注意的是，ISI 根据《2014年教育（独立学校标准）条例》的要求对学校与家长的沟通方面给予了格外关注，特别是对学校如何处理家长投诉进行了相应的考核。

3. 英国中小学教育质量督查与评估流程

3.1 Ofsted 督查流程

3.1.1 督查时间

Ofsted 督查的频率受之前的评级结果（详见表 4）及学校的风险评估影响。此外，学前教育和特殊教育的检查较中小学教育更为频繁，其具体信息体现在相应的手册中。国务大臣可要求不定期检查，学校也有权主动要求再次全面检查。检查可在秋季学期开学后的五个工作日之后的任何时候进行，且通常不会超过两天。

3.1.2 督查人员

Ofsted拥有全职的专业督查团队；与此同时，Ofsted也会以合同制聘任具有适当资格和经验的一线从业人员担任某一时间段的督查员（Ofsted Inspectors），他们在检查中可担任首席督察或团队督察。督查团队的人数根据学校的规模和性质而有所不同。《Ofsted督查从业人员要求》（2017年11月更新版）明确Ofsted督查人员需要满足以下要求：

资格：拥有学士及以上学历并持有教师资格证。

经验：至少在一所学校拥有任职经历，至少有五年的成功教学经验和两年成功且丰富的管理经验，之前没有被禁止成为学校的所有者或校长；所在或曾经所在的学校需属于Ofsted检查和监督范围，并在最近的评级中获得"良好"及以上的评分。

3.1.3 督查过程

首席督察会在检查前收集所有关于学校的数据信息，包含以往的学校评估报告、学校最近变化、家长反馈、有根据的投诉，以及学校官网和所有当地政府和教育局留存的关于此学校的信息；据此，首席督察为检查组准备简短的学校信息说明，作为重点检查的对象和线索。

Ofsted通常会在检查前一日的下午通过电话联系学校告知检查事宜，如督查安排、所需文件、学校基本情况，以及沟通对象的具体需求。

所需详细文件包含：学校自我评估表，目前学校的改善计划，学校时间表，学生出勤表，教学、学习和评估的记录，所有教工人员的就职合规（法）记录，关于直接或间接欺凌、歧视和偏见（包括种族主义、性别歧视、残疾和"恐同"欺凌、使用贬损语言)的记录和分析等。此外,督察在正式通知检查的同时邀请家长、学生和教师填写线上问卷,学生和教工需分别在检查的第一、第二天中午前完成。(Ofsted,2018:24)

督查流程包含以下规定内容:a)课上教学观察、课后学生活动观察、师资培训观察,对以上观察结果进行多方面讨论和评价;b)与考察对象沟通,收集各方第一手数据并进行分析(Ofsted,2018:24—27)。值得关注的一点是,Ofsted更希望掌握真实的第一手数据,在分析时不会强制学校用某种特定的模式教学和考试,也不希望学校及老师额外准备文件专门应对检查。

检查完成后,督查团队在第二天下午与校方管理人员开会给予反馈。首席督察会提供检查时的重要发现、主要建议、暂时的学校评级结果和申诉流程,以及如果评价为"不足"时后续的工作安排;同时交代保密须知,学校不得公布临时结果,直至收到正式的评级报告。(Ofsted,2018:31)督查结果及后续的评级报告会影响下次Ofsted检查的形式和频次。

表4:翻译和总结的《学校督查手册》及《共同检查框架:教育、技能与早教》整体效能评级及督查后学校面临的情况

整体效能评级	督查后学校面临的情况
杰出	学校将获免检,而被评为"杰出"的特殊教育学校和学前教育学校必须接受每三年一次的短期检查。如果HMCI或国务大臣质疑免检学校(或其他任何学校)的表现,HMCI有权随时对其进行复查。另外,免检学校须接受风险评估,如果风险评估过程引起了对免检学校表现的疑虑,免检学校会因情节严重程度接受部分或全面检查。(Ofsted,2018:9)

续表

整体效能评级	督查后学校面临的情况
良好	每三年会接受为期一天的短期检查(Ofsted，2018：10)。短期检查将用来验证之前的整体有效性等级是准确的，并且保持良好。短期检查不会改变学校的整体有效性等级。如果检查人员认为需要更改等级，则将启动全面检查，并将使用四点评分标准进行全套分级判断。(Ofsted，2015：11)
需要改进	学校有瑕疵，但教育水平尚可接受。此类学校会在正式报告出台的两年后接受再次检查。如果此次检查，学校等级仍没有提升至"良好"，首席督察会考虑给予"需要改进"或者"不足"的评价。如果学校在某些方面有所改善，而且总体呈上升趋势，但关键表现仍然不尽如人意，学校可能会被判断为"需要改进"，在这种情况下两年内会有再次督查。(Ofsted，2018：32)
不足	学校将被列入需关注类别。此类学校在一项或多项一级指标中被评为"不足"且/或在为学生的精神、道德、社会和文化发展提供服务方面存在重大缺陷。如果学校未能达标，并且负责领导和管理人员被证明不具有帮助学校改进的能力，则学校会被列入特别措施类别；如果只符合上述一点，则被评为存在严重不足。如果一所学校被列入需关注类别，国务大臣有责任为所有被判定为存在严重不足并且需要采取特别措施的学校制定学院令。对于被列入需关注类别的学校，国务大臣有权终止资助协议，学校会在管理层重组后以新学校的身份加入另一个教育信托中，并在三年内再次被Ofsted检查。被判定为存在严重不足且未被重组的学校将受到Ofsted的监督，通常会在18个月内被检查是否改善。被判定为需特别措施并且没有被重组的学校将受到Ofsted的监督，并在24个月内被重新检查。(Ofsted，2018：33—34)

学校的评级报告草案会在Ofsted官方审核后发给学校，学校需反馈是否有异议或指出任何与事实不符的信息。首席督察根据此反馈，对报告作出最终调整。通常情况下，学校将在检查结束后的14个工作日内收到正式报告，学校则需确保所有学生家长收到此报告。评级报告一般在检查结束后的19个工作日内在Ofsted官网发布。（Ofsted，2018：36）

3.2 ISI督查流程

3.2.1 督查时间

ISI的督查每三年一次，检查的时间和模式根据学校合规情况和风险评估而定。学校一般会提前两天接到检查通知，但教育部有可能要求ISI突击检查和跟踪访问，这两种访查形式有特殊的标准，与常规督查流程略有不同，此文只分析常规督查。常规督查有合规检查与联合检查两种形式。合规检查一般为期两天；联合检查一般为期三天，包含一天的部分合规检查和两天的教育质量评估。（ISI, 2017: 6）

3.2.2 督查人员

ISI质量保障框架明确列述督查人员的职业行为准则，共11条，可归纳为：检查应以学生为中心，密切关注和保护学生身心安全；遵守ISI检查框架及相关法律法规的要求；督查须客观公平；尊重学校发展特点并注意检查信息的保密性。

合规检查和联合检查由一位专业报告督察（Reporting Inspector）领导，根据学校规模和组织，会有一名或多名专业领域的成员支持。

3.2.3 督查过程

ISI检查的原则简洁明确，与Ofsted检查流程基本一致，在证据收集阶段保证获得有效可靠的第一手数据，在分析阶段保证客观公正。

ISI会在检查开始的前一天上午电话通知学校校长，检查从第二天中午开始。督查团队会在开始前从学校网站采集信息，并分析家长和学生的调查问卷。

督查流程参见Ofsted，但ISI在考察中额外关注三点：与区域教育管理人员会面；针对合规情况，与相关人员沟通；针对教育质量，与负责规划、实施和评估的相关个人进行讨论。

督查结束后，督查团队给予学校口头反馈，明确任何未能满足法规的情况或学校存在的问题，并给予改善方案。检查结果的公布流程与Ofsted相似，但发布时间为检查结束后的五周内。

3.3 英国中小学教育质量保障体系的特点

总结来看，本文认为英国中小学质量保障的督查包含督导与评价，其流程有三个突出特点：服务性、合理性和专业性。

3.3.1 服务性

Ofsted与ISI的考核目的都不只是判断学校是否达标，还包括通过督查学校，帮助其提高。例如，在观摩课后，Ofsted督察并不会给教师评分或根据单个老师的授课情况给学校打分，而是与教师及管理层就此课进行评价，给予建设性意见，帮助学校和老师成长。此外，考虑到检查时间有限，为了避免以偏概全，督查组会在评级报告草案完成官方审核后发给学校请其给出反馈意见，并对报告作出最终调整。此外，较于Ofsted，ISI的服务性体现得更为突出：ISI检查会邀请现有从业人员与专业报告督察一起进行，帮助被检查的学校提高管理水平；ISI帮助学校不断进行自我完善；作为检查服务的一部分，ISI为学校员工提供实时培训，并给予学校全年的专业指导。

3.3.2 合理性

英国质量监管督查的合理性体现在多个方面。第一，检查流程规范，并尽量避免增加教师的工作负担。特别是Ofsted现行的《共同检查框架：教育、技能与早教》以及即将出台的《地方当局儿童服务检查》(Inspections of local authority children's services，简称为ILACS)大大减轻了之前检查框架给被检查学校和老师造成的负担（Ofsted，2017：3）。第二，Ofsted与ISI都有完善的处理检查相关争议的机制。如果Ofsted检查过程中出现问题，学校可向督察提出，并在检查完成之前解决。如果在检查过程中无法解决问题，学校可以在正式报告出台后的十个工作日之内提出正式投诉。（Ofsted，2018：37）ISI的投诉机制也允许学校在检查中或检查后针对争议及时反映。

3.3.3 专业性

Ofsted和ISI都通过一系列规定进行行为监控并保障督查质量。Ofsted要求所有检查人员对其工作质量负责，首席督察作为团队领导必须确保检查按照检查原则和行为准则进行；检查质量会由英国皇家督学（Her Majesty's Inspectors，简称为HMI）或高级HMI根据证据基础和/或现场访问进行评估，并给予检查团队反馈；Ofsted也会评估督导团队在证据收集和分析方面的质量。同时，所有学校也被邀请填写检查后的调查问卷，帮助完善督查流程。（Ofsted，2018：37）同样的，ISI除了接受外部监督，每年也会进行内部检测，并邀请所有参与检查的人员（校长、专业报告督察和团队督察）评估督查过程和提供改善建议。

ISI与Ofsted的专业性还体现在督查人员构成上。两个督查机构都邀请在职教育人员作为督查员；Ofsted还通过与在职校长及教学管理人员签订合约，进一步增加一线人员数量，确保检查标准符合当前一线教育教学经验。如果Ofsted督查人员的检查出现失误或者不符合Ofsted所要求的标准，Ofsted保留终止合同的权利，以确保检查团队的高质量。

4. 英国中小学教育质量保障体系的启发

通过分析英国教育质量保障体系，我们借鉴其特征、优势与不足，从中得到对本国教育督导评估制度的四点启示。

第一点，质量保障体系需"以学生为本"，强调教育公平。英国质量保障体系本身及其执行始终关注教育公平。督导除了保证每一个适龄儿童都能上学，有平等的接受教育机会，而且从教育督导评估对各级学校教育结果公平的监督与指导，到强调对于特殊需求学生的教育监管，无不体现了让每个孩子都能学得好并得到高质量教育及高水平学业成绩的教育公平追求。

第二点，质量保障体系需"以学校为本"。英国教育质量保障体系值得我们借鉴的一点就是其以学校发展为本，尊重学校多样性。对待学校，既有合规合法的严格督查，又有服务学校的理解包容；既有达标考核，又有通过观察学校运营情况，给予学校客观建议和提高方案的措施，帮助学校完善。而我国在过去十几年对学校的督导评估一直重点关注基本办学标准，所依据的是统一的、刚性的量化指标，具体体现为用统一标准来评估同一类型的学校，检验学校是否达到了既定标准。这种督导评估被称为"鉴定性评估"（金一鸣，2002）。在学校发展初期，这种评估模式"对于促成学校软硬件达标、管理到位、质量和效益达到一定标准是十分必要和有效的"（刘蕴良，2005）。但是随着近年来学校多元化发展，这种"一刀切"的鉴定评估模式的不足日益显现：缺乏适时激励，且无法引导学校特色办学。通过借鉴英国的质量保障体系，我们应该结合鉴定性评估与发展性评估，在建立规范的基础上，关注学校的发展潜力，注重诊断发展中的问题，寻求学校发展的关键因素，从而发现和判断学校的教育价值，得到教育增值，帮助学校开发特色（孙兰芬，2004）。合乎标准是对所有学校的基本要求，而个性化发展则是在达标基础上更高的目标追求。鉴定性评估是基础，发展性评估是提高，两者需要有机结合。

第三点，督导与评价流程需科学易操作，置督导评估工作于系统化和科学化管理之中。可以想见，一份督评方案及配套工作制度制定科学合理，对引导规范学校、师生的行为，调动他们的积极性，起着至关重要的作用。英国的质量评价体系流程简洁、清晰、易懂，从不断完善对督查人员的培训和选聘工作，确保督导的科学性和专业性，到规定具体的督导工作程序与方法，使教育督导工作有序规范进行，以及根据学校考评等级制定督导周期，使督导真正发挥跟踪作用，并通过明确社会、学校、政府对督导结果运用的要求，使督导工作真正发挥应有的效益。因此，在制定评价方案时切忌在理论上追求完美而牺牲实际操作价值。

第四点，在实际执行督评过程中，要学习英国的"专业、公正、透明"，并关注督查人员与被督查人员的心理调控，防止双方在认知、情绪及行动中的差异导致督评工作流于形式或出现对抗。大多数评估中用到的主要数据和证据是文件档案、逸事记录、刻意观察、面晤访谈和专题小组，而督评人员和被督评人员的主观心理和情绪对分析这些信息有很大影响。比如，督导评估者在督导时常会出现以下心理现象：首因效应，先入为主，重表面和偶然现象；从众心理；晕轮心理，以偏概全；类群心理，亲疏观念夹杂其中；顺序效应，先后顺序不同而宽严程度不同，等等。而对督导评估对象来说，或多或少会出现附和权威心理；怀疑心理，认为评估是评估方说了算；应付心理；无关心理。因此，心理调控是影响督评结果信度和效度的重要因素，那么，提高双方抵御不良心理侵扰的能力在督导过程中就非常重要。我们认为心理调控的一个方法就是把督导工作定义为一个专业的支持服务行为。斯塔弗尔比姆教授（Stufflebeam，1983）曾经说过，评价的目的是为了提高而不是为了证明（The purpose of evaluation is to improve, not prove.）。虽然在督评过程中分为"你、我"双方，但大家需要认识到教育督评的目的是反馈而不是判定，最终是"我们"双方为提高教育质量的共同目标而努力。

近20年来，中国教育产业结构飞速变化，民办教育迅速崛起，教育质量保障督评工作变得愈加重要。各级政府、教育部门和民间教育协会应共同努力，运用先进的理论结合当地的教育实际，制定出符合中国特色的教育督评机制，以提高教育的效益和学校的品质。

参考文献：

The common inspection framework: education, skills and early years [R/OL]. Ofsted (2015 - 08). https://assets.publishing.service.gov.uk/government/uploads/system/uploads/attachment_data/file/717953/The_common_inspection_framework_ education_skills_and_early_years-v 2 .pdf.

Contracting as an Ofsted Inspector [EB/OL]. Ofsted. https://ofstedinspector-eoi.ofsted.gov.uk/.

The Education (Independent School Standards) Regulations 2014 [R/OL]. Stationery Office Limited (2015 - 01). http://www.legislation.gov.uk/uksi/ 2014 / 3283 /pdfs/uksi_ 20143283 _en.pdf.

Education Scotland [EB/OL]. https://education.gov.scot/.

Estyn [EB/OL]. https://www.estyn.gov.wales/.

ETI [EB/OL]. https://www.etini.gov.uk/.

Independent Schools Inspectorate Complaints and Review Procedure [R/OL]. ISI (2018 - 06 - 20). https://www.isi.net/site/downloads/ 2018 - 06 % 20 Complaints% 20 and% 20 Review% 20 Procedure.pdf.

ISI Inspection Framework [EB/OL]. ISI (2017 - 01). https://www.isi.net/support/publications/isi-inspection-framework.

Ofsted inspections: myths [EB/OL]. Ofsted (2018 - 07 - 17). https://www.gov.uk/government/publications/school-inspection-handbook-from-september- 2015 / ofsted-inspections-mythbusting.

Ofsted strategy 2017-22 [R/OL]. Ofsted (2017 - 09). https://assets.publishing.service.gov.uk/government/uploads/system/uploads/attachment_data/file/ 648212 /Ofsted_ strategy_ 2017 - 22.pdf.

School inspection handbook [R/OL]. Ofsted (2018 - 09). https://assets.publishing.service.gov.uk/government/uploads/system/uploads/attachment_data/file/ 730127 /School_ inspection_handbook_section_ 5 _ 270718 .pdf.

Stufflebeam, D. L. The CIPP Model for Program Evaluation [M] // Madaus, G. F., Scriven, M., & Stufflebeam, D. L. (Eds.). Evaluation Models: Viewpoints on Educational and Human Services Evaluation. Boston: Kluwer-Nijhoff, 1983 .

金一鸣. 教育原理(第二版) [M]. 北京: 高等教育出版社，2002 .

刘蕴良. 发展性学校评价是现代教育的必然需求 [J]. 中国冶金教育，2005，(2)：86—88.

孙兰芬. 树立发展性教育督导评估新理念 [J]. 延边教育学院学报，2004，18(5)：1—3.

欧洲基础教育质量保障框架调研报告
Research Report on the School Education Quality Assurance Framework in Europe

Rhys Anslow[1]

【摘要】本文将对欧洲基础教育质量保障框架进行综述、评估和对比,以论述框架的设计理念、具体内容、执行流程、执行团队,以及实际应用,进而将其与国际化学校质量保障标准体系(CERB)的内容与维度进行对比。

长久以来,质量保障标准已经被视为问责机制的衡量基准(O'Malley等,1996)和在教育改革中保持目标一致的方法(Darling-Hammond,1997:211;Kuhlman等,2013:11)。的确,在美国的教育体系中,人们认为标准、评估、指导策略和职业发展应协调统一(NCEA,2009:7)。此外,质量保障标准也发挥了公告的作用,解释了教师素养的构成(AITSL,2011)并公开定义了职业水准(Connell,2009:220)。本文将对欧洲基础教育质量保障框架进行综述、评估和对比,以论述框架的设计理念、具体内容、执行流程、执行团队,以及实际应用,进而将其与国际化学校质量保障标准体系(CERB)的内容与维度进行对比。在欧洲大陆的十大教育体系中,只有荷兰和德

---

1. 北京外国语大学国际教育集团学术部课程研发中心课程主管。译者:王腾飞,北京外国语大学国际教育集团学术部教师发展中心培训专员。

国城市柏林提供了详细的、英译文本的教育质量保障框架,这些框架在相应地区已获公认。因此,本文选取了上述两个质量保障框架进行研究。

首先,本文分别综述每个框架的背景;其次,评估每个框架的具体构成部分;接下来,将框架构成部分与CERB的维度进行对比;最后,就目前CERB框架所支持的内容给出结论。

1. 背景

目前的荷兰教育质量保障框架由荷兰教育质量监督局(Netherlands Inspectorate of Education,简称为NIE)于2017年引入。该框架沿用了荷兰2002年《教育管理法案》提出的学校监督制度(NIE,2017:3)。本框架适用于所有教育教学机构,无论是公立还是非公立机构;并且在新的监督框架于2022年1月1日执行以前,该框架将一直有效(NIE,2017:5)。该框架在监督期间和监督后,都提供了明确、清晰的例行程序,以确保相关方充分了解监督期间和监督后的要求。框架文件中还清晰地列出了质量保障标准(中等教育评估框架),所有相关方都能查看(NIE,2017:11)。此外,框架有一个清晰、确定的学校排名和对比体系,叫作"标准等级基准"(NIE,2017:25),学校可得到自己的排名情况,该排名面向大众公布。

目前柏林的教育质量保障框架遵循学校监督机构(School Inspectorate)的指令,支持学校项目工作,并推动和保障教育教学、学校组织及学生校园生活质量的提高(SBJW,2013:3)。由于德国实行联邦制度,该框架仅在德国16个州中的一个州执行,因此,不能代表整个国家的教育质量保障体系。然而，由于柏林是德国首都，该框架在德国国内确实有一定的重要性和意义。框架相关文件为监督的全过程以及监督的应用和质量保障标准（行动框架）提供了明确、清晰的例行程序（SBJW，2013：6），这意味着所有相关方都对监督过程中的要求有充分了解。但框架中没有学校排名/对比体系，因此，柏林的学校在被考察的过程中不会得到排名情况，而会得到一个基于行动框架的等级（SBJW，2013：8）；该行动框架为学校须在下次考察中改进的方面提供了指导。学校的等级与考察报告会面向公众发布。

2. 体系介绍

2.1 设计理念

荷兰由政府主导的教育质量保障框架的理念在于："教育规定与条例的质量归学校及其管理部门'所有'，后者最终对学生接受教育的标准和连续性负责。"此外，管理部门具有"双重职权，是教育质量的保证者和推动者"。监督机构为学校的教育质量保障提供了清晰的框架，框架本身也促进学校以自我评估的形式进行形成性评估。另外，框架还建议学校以学校间相互评估的形式进行形成性评估。文件中提到，"该监督框架的目标之一是鼓励学校进行更多的自我评估和学校间相互评估，因此，我们对方法进行了有针对性的调整"。（NIE，2017：7）

柏林由州政府主导的教育质量保障框架的理念在于："通过识别具体的优势和发展需求，为学校教育质量发展进程提供有针对性的支持"（SBJW，2013：3）。在该框架中，监督报告积极鼓励学校内部研讨，注重发展过程，它特别提出：研讨应在地区和州两个层面为决策制定和改革进程管理做出贡献。它指出，学校教育质量的外部评估与学校体系相关：首先是直接与每所学校相关，还与所得出的总体上适用于柏林所有学校的结论相关（SBJW，2013：3）。此外，外部评估用于评定进行自我管理的学校的工作质量，且评估结果应为大多数学校提供动力，以满足各学校已经确定的发展需求（SBJW，2013：11）。

2.2 框架内容

通过研究框架的细节我们能够发现，荷兰框架力求达成两个目标——一所学校的"基本质量"和学校"自定义的发展志向"；并表明，"在我们的评估框架中，我们明确区分了学校基本质量（即管理部门和学校必须做到的）和学校自定义的发展志向（即他们想要做到的）"（NIE，2017：7）。为了明确说明以上目标，监督机构的评估框架提供了质量评估的五个维度（NIE，2017：11）：教学过程、学校氛围、学习成果、质量保障和发展志向，以及财政管理。每个维度继续细分成几个层面，为接受监督的学校所作的质量保障提供指导。例如，教学过程这一维度包含六个方面：规定与条例[2]、发展前景[3]、教学法、额外支持[4]、合作[5]、测试和进步。

---

2. 译者注：该项指条款规定，学校为学生提供核心课程内容，保证学习连续性；同时，帮助学生作好准备，以应对下一阶段的学习。
3. 译者注：该项指学校从学生注册入校开始，收集学生各方面的信息，并对学生的能力发展进行观察监督，确保学生的能力足以进入下一阶段的课程学习。
4. 译者注：该项指对于学习有困难的学生，学校提供足够的教学、资源支持。
5. 译者注：该项指学校与相关合作伙伴开展合作，为学生提供学习上的支持。

柏林的监督机构通过行动框架进行监督，框架表明监督焦点（或目标）是"学校质量"（SBJW，2013：6）。此外，框架范围覆盖三个维度（SBJW，2013：7）：（1）适用于各类学校的强制性质量标准；（2）作为因学校而异的强制性组成部分的补充质量标准；（3）作为可选模块的其他质量标准。然而，这些维度仅是框架的开头，并且似乎更多地作为额外目标而并非评估标准。这三个维度通过行动框架进行评估，该行动框架分为六个类别（并继续细分为各项"质量标准"）：学校教学结果，课程设置、授课和学习过程，校园文化，学校管理，职业化和人事管理，以及质量发展的目标和策略（SBJW，2013：6）。还有"补充质量标准"（以E.1、E.2等进行标注），这些标准没有分类；还可由学校选择性地执行，因为它们可能有利于特定的学校监督项目（例如，语言技能支持、全天的规定与条例、对偶学习、学习领域、学校概况、学习内容、柏林州立欧洲学校、民主公民教育、教学发展/教学相关质量管理）。

以上两个质量保障框架在不同方面得到确认和细化。荷兰拥有一套历史更悠久的固定框架；而柏林框架则承载了更大的职权，其质量保障目标的范围也更大；二者都在各自地区获得确认并得到了良好的实践。此外，这两个框架还提出，质量保障框架应为学校提供一套明确的评估标准。

2.3 执行流程

本小节将回顾各质量保障框架的执行流程及结果。在荷兰框架中，监督结果由框架的标准等级基准定义，该基准分为三个等级（NIE，2017：25）——良好、适当（基本质量）、不足。相关文件详细描述了该等级基准对监督机构和学校的意义，以进行准确定义。总体上说，评估框架中的各个方面都有已定义的基准，并且有两个已定义的基准来解释监督机构的两个目标：一是学校的基本质量，二是学校自定义的发展志向。此外，还有一个特殊的学校等级基准评估框架，用于定义那些表现"很差"的学校（NIE，2017：27）。

柏林框架与荷兰框架相比，它们在结构上相似，但在细节上有所不同。监督结束时，监督小组为每项评估标准评分，评分分为四个等级（SBJW，2013：8）——A（强）、B（较强）、C（较弱）、D（弱）。柏林框架与荷兰框架的明显区别在于，评估得出的等级是依据框架类别（现指标准）和质量标准（现指次级指标）的百分比进行分配的。例如，学校必须满足质量标准中大约80%的指标才能获得A类等级。

以上两个框架在执行流程上关键的相似之处在于，它们有明确的评级制度来评估学校的监督结果。然而，它们在评估等级的细节上有所不同，柏林框架对等级有更加详细的描述。不过值得注意的是，荷兰框架为表现"很差"的学校提供了一个认识其缺陷并进行评估的体系，这是柏林框架中未考虑到的。

2.4 监督评估团队

就监督评估团队及其具体操作而言，荷兰框架文件中仅提到由政府监督小组实施监督，并未提供更多细节。

而柏林的相关文件中有更加详细的描述。例如，州政府监督小组在"每五年一次监督"的基础上开展工作；并且在监督之前，有一个明确的流程来帮助学校准备充分（SBJW，2013：13）。重要的是，文件对监督内容进行了特别注解，监督内容由三个方面构成：课堂观察

(对至少70%的教师进行一堂课20分钟的观察,观察重点在于学校整体的教学质量,而不是教师个体),校园参观(了解学生的学习环境、教职工的工作环境等),以及访问(访问个人和小组,时间约一小时)(SBJW,2013:16)。

2.5 监督评估应用

与对上文"监督评估团队"的描述不同,每个框架的文件都对质量保障框架的应用提供了明确描述。

在荷兰,监督人员在完成检查后,遵循严格的流程,为发布结果作好准备。首先,在校期间,监督人员以轮流反馈提出发现和初步判断的形式结束监督。然后,监督人员与学校的管理机构讨论检查结果,确保管理机构认识到有何风险并了解处理措施,也允许管理机构根据需要提供更多信息。此后,监督小组向管理机构草拟一份报告,并召开反馈会议。最后,监督小组与管理机构召开最终会议,进一步对报告结论进行解释说明;如有必要,双方应在最终报告完成和面向公众发布之前,就解决与改善措施达成一致。(NIE,2017:33—36)

柏林的监督流程与荷兰的一样有序,但学校和其管理机构的参与度较低(SBJW,2013:13)。首先,在监督完成的三周后,监督小组交付监督报告,并要求两周内得到来自校长的反馈。在监督完成的六周后,监督小组展示结果,并将报告递交到学校,向"利益相关方"展示。此后,报告被递交到负责学校的监管机构和教育部门;如有必要,可进行额外"讨论"。在监督完成的四个月后,监督小组公开发布报告,但报告并未包含整体的学校排名或对比体系(但如前文提及的,学校会得到一个等级)。最后,在监督完成的六个月后,检查小组要求学校提供待改进方面的信息。

尽管两个框架对监督完成后的应用都进行了详细描述，但还是有明显差异：荷兰框架力求通过连续的对话机制将学校相关方包含在监督发现与结果中；而柏林框架与监督人员独立工作，仅与学校沟通，以要求学校进行反馈和改进。

2.6 组织结构

很显然，荷兰政府是荷兰教育质量保障框架的管理机构，而柏林的学校监督机构则负责教育质量保障框架的各项内容。

3. 亮点与重点

CERB中的四个维度和细分层面概括如下：

（1）领导与管理。细分层面：办学理念、组织架构、管理机制、资源保障。

（2）课程与教学。细分层面：课程设置、语言教育、教学实施、质控机制。

（3）学生发展。细分层面：学生服务、课外活动、学业成就、评价体系。

（4）教师发展。细分层面：队伍构成、发展机制、学术成就、评价体系。

本文将这些维度和层面与上文的两个教育质量保障体系的"框架内容"部分进行对比。本文将对每个维度进行讨论，并剖析两个教育质量保障框架中的标准，以探讨这些框架能否支持CERB的维度和细分层面。

3.1 CERB第一个维度 —— 领导与管理

　　荷兰框架与CERB第一个维度有一些相似之处。荷兰框架第二个维度（学校氛围）的第二个层面（教学氛围）能联系并支持CERB中的"办学理念"；第四个维度（质量保障和发展志向）的第二个层面（质量文化）和第三个层面（问责与对话机制）能支持CERB中的"组织架构"；第二个维度的第一个层面（安全）又与CERB中的"管理机制"有所联系，尽管支持程度相对前几个层面要小一些。接下来看柏林的行动框架。CERB第一个维度与行动框架第四类（学校管理）有相似之处。继续对比细分层面，行动框架的4.1（校长表现与学校社区）和4.4（教学组织）与CERB中的"组织架构"有直接联系，4.2（校长表现和质量管理）和4.3（行政和资源管理）分别与CERB中的"管理机制"和"资源保障"有直接联系。

3.2 CERB第二个维度 —— 课程与教学

　　继续先对比荷兰框架与CERB，荷兰框架第一个维度（教学过程）的第一个层面（规定与条例）与CERB中的"课程设置"有联系；第一个维度的第三个层面（教学法）能匹配CERB中的"质控机制"。此外，柏林行动框架第二类（课程设置、授课和学习过程）也为CERB的第二个维度提供支持。具体地说，行动框架的2.1（在校课程和教学协调）直接支持CERB中的"课程设置"，2.2（课程设计/教师授课表现：课程简介）支持CERB中的"质控机制"，2.3（系统性的支持、改善和咨询)支持CERB中的"教学实施"。

3.3 CERB第三个维度——学生发展

荷兰框架对CERB第三个维度提供一定的支持。荷兰框架第三个维度(学习成果)的第三个层面(后续成就)支持CERB中的"课外活动";第一个维度(教学过程)的第二个层面(发展前景)、第三个维度的第二个层面(社会能力)以及第四个维度(质量保障和发展志向)的第一个层面(质量保障)为CERB中的"学业成就"提供支持。

3.4 CERB第四个维度——教师发展

荷兰框架第一个维度(教学过程)的第六个层面(测试和进步)似乎对CERB中的"学术成就"和"评价体系"都有所支持;第三个维度(学习成果)的第一个层面(成果)也为CERB中的"学术成就"提供支持。在柏林行动框架中,我们也能找到与CERB第四个维度的潜在相似之处,行动框架第五类(职业化和人事管理)的5.1(教职工发展与分配)与CERB中的"发展机制"匹配,5.2(教职工的工作和沟通文化)与CERB中的"队伍构成"匹配。但在柏林行动框架中没有与CERB中的"学术成就"或"评价体系"相关的类别或层面。

4. 发现

综上所述,本研究所参考的两个教学质量保障框架都对CERB第一个维度"领导与管理"有较强的支持,这表明"领导与管理"这一维度较为重要。此外,CERB第二个维度"课程与教学"虽然从两个框架中获得的支持较少，但获得的支持相似。CERB第三个维度"学生发展"从荷兰框架中获得了显著支持，这表明荷兰框架较为重视该方面；但在柏林框架中未能发现同等支持。最后，CERB第四个维度"教师发展"从荷兰框架和柏林行动框架中均能找到些许支持。

◆ ◆ ◆ ◆

Abstract: This paper proposes to review, evaluate and then contrast quality assurance standards in European frameworks to establish their philosophy, content, procedure, operation team and application so that they may be compared and contrasted with the CERB domains outlined.

From a historical perspective, quality assurance standards have been noted as benchmarks for accountability (O'Malley et al., 1996) and a method of keeping consistent goals in education reform (Darling-Hammond, 1997: 211; Kuhlman et al., 2013: 11). Indeed, in the American education system, standards, assessments, instructional strategies, and professional development are recommended to be coordinated and aligned (NECA, 2009: 7). Furthermore, they are established as a public statement of what constitutes teacher quality (AITSL, 2011) and have been noted as a public definition of professionalism (Connell, 2009: 220). This paper proposes to review, evaluate and then contrast quality assurance standards in European frameworks to establish their philosophy, content, procedure, operation team and application so that they may be compared and contrasted with the CERB domains outlined. Out of the top ten education systems of mainland European countries, only the Netherlands and the German city state Berlin offer English language medium quality assurance frameworks which are detailed and established in their respective regions. As such, this research chooses these two quality assurance frameworks for the purpose of this study.

First, the paper will review each framework's background separately. Second, it will evaluate specific components of each framework. Then it will compare and contrast each framework's components with the defined CERB domains outlined. Finally, it will offer its conclusions on the support within the framework for the CERB domains currently outlined.

1. Background

The current Dutch inspection system was introduced in 2017 by the Netherlands Inspectorate of Education and follows a school inspection regime provided by the country's 2002 Education Regulation Act (NIE, 2017: 3). The framework applies to all institutions, maintained and otherwise, and will do until a new inspection framework is conducted on 1 January 2022 (NIE, 2017: 5). The framework offers a clarified and transparent routine during and after the inspection so stakeholders are fully aware of what's entailed during and after the inspection. Furthermore, the inspection's quality assurance criteria (the assessment framework for secondary education) are clearly laid out in for all stakeholders to view in the framework's documentation (NIE, 2017: 11). In addition, the framework has a clear and defined school ranking and comparison system (called the "standard-level benchmarks") (NIE, 2017: 25) which enables schools to receive a rank published into the public domain.

The current Berlin quality assurance framework follows a mandate from the School Inspectorate to support the school programme work of the schools and promote and ensure the quality development of teaching and education, school organisation and school life (SBJW, 2013: 3). Due to the federal system within Germany, the system is unique as it is present in only one of the sixteen states of Germany and as such, it is not a representation of the quality assurance within the country as a whole. However, as

Berlin is the capital city state of Germany, it does suggest an importance and significance within the country. The framework's related documentation clearly offers a clarified and transparent routine to the entire process of the inspection as well as the inspection's application and quality assurance criteria (Framework of Action) (SBJW, 2013: 6). It's implied that all stakeholders are fully aware of what's entailed within the inspection process but there's no school ranking/comparison system. As such, Berlin's schools don't receive a rank as part of their inspection. Instead, they're given a grade (SBJW, 2013: 8) based on the Framework of Action which guides the areas for improvement which the school must attain in the next inspection. These grades and an inspection report are published into the public domain.

2. System Introduction

2.1 Guidelines

The Dutch rationale for their government-led approach is to ensure "'Ownership' of the quality of educational provision rests with schools and their governing bodies, with the latter ultimately responsible for the standard and continuity of the education their pupils receive". Additionally, they view themselves as having a "dual remit as both a guarantor and a promotor of quality". The inspectorate offers a clear framework for school quality assurance which also promotes an aspect of formative assessment in the form of self-assessment in schools. Furthermore, additional promotion of formative assessment via peer assessment is suggested when it is stated: "One objective of this Inspection Framework is to encourage more self-evaluation and peer evaluation of schools, and so we have tailored our approach accordingly". (NIE, 2017: 7)

Berlin's rationale for their state-led approach is "to provide targeted support for school development processes through specific reference to strengths and development needs" (SBJW, 2013: 3). In this framework, the inspection reports provide the impetus for internal school discussion and development processes with a specific note that the discussion should contribute to decision-making and management of reform processes at both a district and state level. It is noted that external evaluation of school quality is concerned with the school system, firstly and directly with each individual school, and then with drawing conclusions that apply to Berlin schools in general (SBJW, 2013: 3). Also, the external evaluation is noted as being used to assess the quality of self-regulating schools and that the inspection results should provide most schools with the impetus to overcome identified development needs themselves (SBJW, 2013: 11).

2.2 Content

Looking into the detail of the frameworks, the Dutch framework notes itself as the following two objectives - a school's "basic quality" and the school's "self-defined ambitions" - and clarifies them by writing, "in our assessment framework we draw a clear distinction between basic quality (what the governing body and the school have to do) and self-defined ambitions (what they want to do)" (NIE, 2017: 7). To address these objectives, the inspectorate's assessment framework offers the five quality areas (NIE, 2017: 11): educational process, school climate, learning outcomes, quality assurance and ambition, and financial management. These are further broken down into aspects which guide the quality assurance of the school when inspected. For example, the quality area of educational process contains six aspects (provision, development perspectives, didactics, additional support, cooperation, testing and progression).

Berlin's inspectorate conducts its inspection via the Framework of Action which states its focus (or objective) as "School Quality" (SBJW, 2013: 6) and goes onto state that the inspection's scope covers three areas (SBJW, 2013: 7): (1) Compulsory quality criteria for all types of schools; (2) Supplementary quality criteria as school-specific compulsory components; and (3) Further quality criteria as selectable modules. However, these areas are only the beginning of the framework and seem to serve more as additional objectives than criteria. Specifically, these three areas are assessed via the Framework of Action which is broken down into the six categories (which are then broken down into "quality criteria") of school results; curriculum, teaching and learning processes; school culture; school management; professionalisation and personnel management; and aims and strategies of quality development (SBJW, 2013: 6). There are also "supplementary quality criteria" (noted as E.1, E.2, etc.) which are not categorised and are optional as they may benefit specific school inspections (e.g. language skills support, all-day provision, dual learning, learning arena, school profile, inclusion, state Europe school Berlin, education of democratic citizenships, teaching development/teaching-related quality management).

Both frameworks have established and detailed in different constructs. The Netherlands' boasts a set framework with greater history whereas Berlin's boasts a greater remit and perhaps a wider range of quality assurance objectives, but both are clearly established and practised in their respective states. Furthermore, these frameworks propose that quality assurance frameworks should have a clear set of criteria on which schools can be evaluated.

2.3 Procedure

Next, this paper will look at the quality assurance frameworks' procedure outcomes. In the Dutch system, an inspection's outcome is defined by the framework's standard-level benchmarks which are comprised of three levels (NIE, 2017: 25): Good, Adequate (basic quality), and Inadequate. The related documentation gives a detailed description to define exactly what that level means for both inspectors and schools. Overall, every area presented in the assessment framework has its own defined benchmarks and there are two defined benchmarks to answer the inspectorate's two objectives: one for the school's basic quality, and one for the school's self-defined ambitions. Additionally, there is also a contingency school-level benchmarks framework to define schools which are of "very weak" performance (NIE, 2017: 27).

Berlin's system is similar in structure but different in detail. At the end of the inspection, the inspection team evaluates each of the quality criteria to a four-point rating system (SBJW, 2013: 8): A (strong), B (less strong), C (not strong), and D (weak). The noticeable difference in this framework is that the grades are assigned on percentages of the framework's categories (now referred to as criteria) and quality criteria (now referred to as sub-criteria). For example, for an "A" rating a school must meet approximately 80% of the indicators of the quality criteria.

The key similarity in the procedure of the two systems is that they have clear grading systems to evaluate the inspections of the schools. However, they differ in the specifics of the evaluation grades with Berlin having a much more detailed description for these. However, it's worth noting that the Netherlands' framework offers an awareness and evaluation system for schools of "very weak" performance, a situation which Berlin's quality assurance framework doesn't account for.

2.4 Operation team

In regard to their individual operation teams and their specific operations, the Dutch framework's documentation simply states that a government inspection team carries out the inspection with no further details offered in the documentation.

However, Berlin's documentation is much more detailed. For example, state government inspection teams are noted as working on a "1 inspection per 5 years" basis and that there is a clear process prior to the inspection to prepare schools adequately (SBJW, 2013: 13). Importantly, the inspection's content is specifically noted and comprises of three things: lesson observations (20 minutes in a lesson for at least 70% of teaching staff with a focus on the school's teaching quality, not the individuals), a school tour (observations of student environment, working conditions, etc.), and interviews (of both individuals and groups for approximately one hour) (SBJW, 2013: 16).

2.5 Application

In contrast to the "operation team" section, each framework's documentation offers clear structure for the application for the quality assurance systems.

In the Netherlands, the inspectors follow a strict procedure after the inspection before releasing the results. First, while still in school, inspectors end their inspection with a round of feedback revealing their findings and preliminary judgements. Next, these findings are discussed with the school's governing body to ensure that they recognise any risks and how to tackle them and allow the governors to provide additional information if needed. After this, the inspection team compiles a draft report for the school's governing body and conducts a feedback meeting. To finish, a final meeting with the governors is conducted to further explain conclusions and, if necessary, agree on remedial actions and improvements before a final report is created and released into the public domain. (NIE, 2017: 33-36)

Berlin's system is just as organised but less inclusive of the school and its governing body (SBJW, 2013: 13). First, three weeks after inspection, the inspection report is delivered with a request for feedback from the head teacher within two weeks. Six weeks after a presentation of results a handover of report is conducted at the school as an event open to "interested parties". After this, the report is delivered to the responsible school supervision body and education authority with additional "talks" offered if needed. Four months after the inspection the report is published publicly but is noted as having no overall school ranking or comparison system (however, schools are given a grade as previously noted). Finally, six months after the inspection, a request is made by the inspector to the school for information on area of improvement.

While it is noted that both systems are detailed in their post-inspection application, there are noticeable differences. The Dutch system goes to an effort to include the school's stakeholders in the inspection's findings and outcomes with continuous dialogue. Berlin's system works separately with the inspector, only communicating with the school to request feedback and improvements.

2.6 Organisation

Very simply, the Dutch government is the organisation in control of the Dutch system whereas Berlin's School Inspectorate is in charge of its system.

3. Highlights

The four CERB domains and related aspects outlined are as follows:

Leadership and Management. Aspects: philosophy, organisation structure, management, resource support.

Curriculum and Teaching. Aspects: curriculum, language, resources, teaching control.

Student Development. Aspects: student service, extra curriculum, academic experience, evaluation scheme.

Teacher Development. Aspects: background of the team, teacher development, academic achievements, evaluation scheme.

The research will use these domains and aspects to compare and contrast with the "content" section noted for each of the two quality assurance standards presented in this paper. The paper will go through each of these domains and dissect the standards within both the quality assurance frameworks to see if they support the CERB domains and aspects outlined.

3.1 CERB Domain 1, Leadership and Management

Looking first at the Netherlands Inspectorate's Assessment Framework, there are similarities between CERB Domain 1. Looking specifically at the quality areas and aspects, quality area 2 (school climate) aspect 2 (teaching climate) correlates and suggests a support with "philosophy"; quality area 4 (quality assurance and ambition) aspects 2 (quality culture) and 3 (accountability and dialogue) also seem to support "organisation structure". There also seems to be a correlation of quality area 2 aspect 1 (safety) with "management" though this is less supported. Looking next at the Berlin's Framework of Action, there are similarities between CERB Domain 1 and Framework of Action category 4 (school management). Looking specifically at the sub-aspects, 4.1 (head teacher performance and school community) and 4.4 (teaching organisation) correlate directly with "organisation structure", 4.2 (head teacher performance and quality management) with "management", and 4.3 (administration and resource management) with "resource support".

3.2 CERB Domain 2, Curriculum and Teaching

Continuing to look first at the Dutch framework, quality area 1 (educational process) aspect 1 (provision) correlates with "curriculum". Also, quality area 1 aspect 3 (didactics) matches with the aspect of "teaching control". Furthermore, Berlin's Framework of Action category 2 (curriculum, teaching and learning processes) also offers support. Specifically, aspect 2.1 (in-school curriculum and coordination of teaching and learning) implies direct support for "curriculum", 2.2 (lesson design/teacher performance in class: lesson profile) for "teaching control", and 2.3 (systematic support, advancement and counselling) for "resources".

3.3 CERB Domain 3, Student Development

Looking at Domain 3, there is some support from the Dutch framework. Quality area 3 (learning outcomes) aspect 3 (subsequent achievement) offers support with "extra curriculum". Quality area 1 (educational process) aspect 2 (development perspectives), quality area 3 aspect 2 (social abilities), and quality area 4 (quality assurance and ambition) aspect 1 (quality assurance) also offer apparent evidence to support "academic experience".

3.4 CERB Domain 4, Teacher Development

Regarding Domain 4 and the Dutch framework, quality area 1 (educational process) aspect 6 (testing and progression) seems to support both "academic achievements" and "evaluation scheme". Additional support for "academic achievements" seems to come from quality area 3 (learning outcomes) aspect 1 (results). There are also some potential similarities between this domain and Berlin's Framework of Action category 5 (professionalisation and personnel management) with aspect 5.1 (staff development and staff assignment) apparently matching with "teacher development" and 5.2 (work and communication culture among the teaching staff) with "background of the team". However, there is no apparent category or sub-aspect addressing "academic achievements" or "evaluation scheme".

4. Indications

In conclusion, there is an apparent strong support for CERB Domain 1 "Leadership and Management", which suggests this as an area of importance. Furthermore, CERB Domain 2 "Curriculum and Teaching" receives less but nearly similar support from the frameworks. CERB Domain 3 "Student Development" receives apparent support from the Netherlands Inspectorate's Assessment Framework which suggests that it is of importance in the Dutch system. It doesn't receive the same support from Berlin's quality assurance system. Lastly, CERB Domain 4 "Teacher

Development" has some implied support from both the Dutch framework and the Berlin's Framework of Action.

References:

Australian Professional Standards for Teachers [R/OL]. AITSL (2011). https://www.aitsl.edu.au/docs/default-source/teach-documents/australian-professional-standards-for-teachers.pdf.

Connell, R. Good Teachers on Dangerous Ground: Towards a New View of Teacher Quality and Professionalism [J]. Critical Studies in Education, 2009, 50 (3): 213-229.

Darling-Hammond, L. The Right to Learn: A Blueprint for Creating Schools that Work [M]. San Francisco: Jossey-Bass, 1997.

Inspection framework primary education 2017 [EB/OL]. NIE (2017-06-27). https://english.onderwijsinspectie.nl/inspection/documents/publications/2017/06/21/inspection-framework-primary-educaton-2017.

Kuhlman, N., & Knezevic, B. The TESOL Guidelines for Developing EFL Standards [R/OL]. TESOL International Association (2013). https://www.tesol.org/docs/default-source/pdf/the-tesol-guidelines-for-developing-efl-standards.pdf.

The NCEA Core Practice Framework: An Organizing Guide to Sustained School Improvement [R/OL]. NCEA (2009). http://www.act.org/content/dam/act/unsecured/documents/NCEA-Organizing-Guide.pdf.

O'Malley, J. M., & Pierce, L. V. Authentic Assessment for English Language Learners [M]. New York: Addison-Wesley, 1996.

School Inspection in Berlin - Second Round [R/OL]. SBJW (2013-01). https://www.berlin.de/sen/bildung/unterstuetzung/schulinspektion/handbuch_schulinspektion_english.pdf.

亚洲国际学校教育质量保障标准研究

夏羽茜[1]

【摘要】本文旨在分别对日本和新加坡两个亚洲国家的国际学校教育质量保障标准进行探究,分析其背景、理念、内容、评估方式和特点,并总结对中国国际化特色学校质量保障标准体系建立的启示。

1. 研究背景

日本和新加坡,作为亚洲较具代表性的发达国家,其政府一直对教育非常重视。日本基础教育和中国一样,实行小学到初中的9年义务教育,并格外重视礼仪培养;而新加坡一直实行英语和汉语双语教育,现已形成以6年小学、4年中学和2年初级学院为主干的12年基础教育体系。

而对国际教育的认识,日本国内关于国际教育的研究论文从20世纪50年代的15篇,增长至2015年的1500余篇;且从2006年日本开展"友谊日本计划"[2]后,中小学外语课程的课时也有显著增加(杨红军,2016)。由此可见,除了对基础教育的重视外,日本对国际教育的重视正在逐渐加强。

---

1. 北京外国语大学国际教育集团学术部课程研发中心研发专员。
2. "友谊日本计划"自2006年开始实行,目的是促进各国青少年之间的交流,增进国际理解。

日本第一所真正意义上的国际学校成立于1924年，但约从1872年开始就有学校开始提供全英文的教学及服务。日本的国际化教育，因此可追溯至第一次世界大战前。（杨红军，2016）目前，大部分日本的国际学校成立于20世纪50至60年代。

新加坡是目前亚洲国际教育市场中发展最迅速的国家之一，且新加坡政府一直积极鼓励发展教育，尤其是对私立教育和国际教育有巨大的投入[3]。新加坡本土的私立学校、机构以及接受私立教育的学生数量从2004年至2011年增长了7倍多，私立教育也为新加坡的经济发展做出了巨大贡献（施雨丹等，2014）。

谈及国际教育，日本和新加坡两国均有其独立的国际学校教育质量保障标准和体系。20世纪50至60年代，日本的国际学校逐渐普及并形成体系。1965年10月，日本各国际学校的领头人第一次聚在一起，讨论学校管理和课程设置等事宜。1972年1月12日，各国际学校的管理者和领头人再次聚首，成立了日本海外学校委员会（Japanese Council of Overseas Schools，简称JCOS），接受东亚地区海外学校委员会（East Asia Regional Council of Overseas Schools，简称EARCOS）的管理。1987年，该委员会正式更名为日本国际学校委员会（Japan Council of International Schools，简称JCIS），接受欧洲国际学校委员会（European Council of International Schools，简称ECIS）的管理。随着越来越多的国际学校加入委员会，为了方便管理及优化国际学校的

---

3. 有别于公立教育系统，新加坡的私立教育近十年来发展迅速，加之一直实行的双语教学模式，新加坡的国际教育迅速发展，吸引了全世界各国的学生前往接受其私立教育。这里说的私立教育和国际教育，不仅仅局限于12年的基础教育体系，也包括新加坡的私立高等教育。

服务，委员会建立了会员评估标准（Membership Criteria[4]）。此会员标准即是本文将要探究的日本国际学校质量保障标准，本文将分析该标准是如何对日本国际学校进行监督和评估的。

新加坡私立教育[5]在过去几年里发展十分迅速，学校和学生数量都急剧增加。在如此快速的发展下，各学校和机构的教学质量和水平参差不齐。时任新加坡教育部政务部部长颜金勇（Gan Kim Yong）在一次讲话中提到，私立教育行业应"进一步发展，要在质量上竞争，而不是在得到文凭的时间和难度上竞争"[6]。因此，新加坡教育部（Ministry of Education，简称MoE）下属的私立教育理事会（Council for Private Education，简称CPE）[7]于2009年制定了EduTrust教育信托认证（EduTrust Certification Scheme，简称EduTrust），并于2017年更新到了第三版。EduTrust即是本文将要探究的新加坡国际学校质量保障标准，本文将分析该标准是如何对新加坡的私立学校及机构进行监督和评估的。

---

4. http://www.jcis.jp/about/membership-criteria/.
5. 此处所说的私立教育，包括国际学校（小学、初中、高中）、私立大学和私立教育机构。
6. 译自新加坡教育部2008年新闻稿Enhancing Regulation of the Private Sector（http://www.nas.gov.sg/archivesonline/data/pdfdoc/20080304995.pdf）。时任新加坡教育部政务部长颜金勇在2008财年供应委员会辩论中提到，the private education industry should "further develop to compete on quality, rather than faster time or ease of obtaining on a degree"。
7. 私立教育理事会为新加坡教育部下属机关，是在新加坡《私立教育法案》下设立的法定机构，旨在提高新加坡私立教育水平，促进国际教育发展。

2. 日本国际学校教育质量保障标准

2.1 理念

JCIS的首要目标是给所有在国际学校就读的学生及其家长提供最优质的国际教育和服务。JCIS的首要任务是帮助、支持全英文授课的国际学校提高其教学质量,为日本国际教育发展提供更好的服务。为保障管理工作顺利进行,委员会承诺:

(1)所有会员学校资源和经验共享;

(2)依法保障所有会员学校的权益;

(3)和其他地方及国际组织保持联络;

(4)实时更新日本国际学校的变化。

2.2 内容

JCIS对会员学校有如下要求:

(1)需全力支持日本国际学校在本土和国际上的发展;

(2)需提供高质量教学,且对学生学习成果提出高要求,保障学生权益、集体荣誉感和参与度;

(3)提供全英文授课环境或者双语(英语占主导地位)授课环境;

(4)提供多元的文化和学习环境,学生家庭为双语或双文化背景;

(5)提供具有国际化视野的教育,鼓励学生的探索发现精神。

JCIS对入会的国际学校有一定的评估标准,要求学校必须符合如表1所示的要求。

表1：JCIS会员评估标准

1. 管理、行政、员工（Governance, Administration, and Staff）
1.1 学校有明确的管理标准，能使学校领导各司其职
1.2 学校教职工必须有能力完成学校分配的任务
2. 稳定性、可持续性和连贯性（Stability, Sustainability, and Continuity）
2.1 学校必须至少建成并运行了三年
2.2 学校必须拥有书面形式的运行标准
2.3 学校必须已经接受过测评机构的评估
2.4 学校必须拥有在日本设立学校的合法证明
2.5 学校财政资源和管理方式必须与运行标准匹配
3. 项目与课程（Programme/ Curriculum）
3.1 学校拥有清晰全面的课程
3.2 学校课程必须以英语教授
3.3 学校必须至少有小学、初中或高中其中一个阶段的完整课程
3.4 学校课程必须能反映出多元文化教育
3.5 学校的设施、装修和教学设备必须能支持学校长期发展
4. 校园（School Community）
4.1 学校必须服务于多国籍学生群体
4.2 学校需着力于促进校园国际化发展

JCIS除了对入会的国际学校有会员评估标准，还要求学校遵守道德实践指导原则（Guidelines for Ethical Practice），如表2所示。

表2：JCIS道德实践指导原则

1. 学校的完整性（The Integrity of the School）
1.1 学校需认真履行对个人、学校、组织和公众作出的所有承诺，以及合同内容
1.2 学校需避免误导自身和其他会员学校的言论
1.3 学校需遵守公文保密的相关规定
2. 招聘（Recruitment Practices）
2.1 不允许学校及学校员工因想邀请其他会员学校员工到本校工作而有私下联系
2.2 学校员工有权利在不告知工作学校的情况下，考虑到其他会员学校入职
2.3 学校有权利与想到本校工作的其他学校员工，在不告知原学校的情况下进行会谈
2.4 学校与员工签订合同前，员工需与原学校确定原合同有效性
2.5 不允许学校鼓励员工与原学校毁约
2.6 JCIS有权利对所有书面材料保密
3. 学生转学及入学（Transfer and Enrolment of Students）
3.1 不允许会员学校接收已在其他会员学校入学的学生
3.2 已入学的学生及其家长有权利不告知已入学的学校，参观并考虑转入其他会员学校，并和学校方进行会谈
3.3 已入学的学生在申请并获得准许转入其他会员学校时，需提供官方成绩单和最近一个季度的学习练习及报告。如果原学校能提供，则代表准许学生转入新学校；如果有异议，转学会延期
3.4 学校录取新学生需重点考虑能给予学生的福利
3.5 经济支援需根据学生所需而定
3.6 考虑到学生学习的持续性，在没有咨询校方领导的情况下，学期中在会员学校内转学是不被允许的

2.3 评估应用

JCIS对入会的国际学校有统一的评估标准，只有达到了评估标准的国际学校，才能加入委员会，接受委员会统一管理。委员会还要求申请入会的国际学校有WASC（Western Association of Schools and Colleges）、CIS（Council of International Schools）或NEASC（New England Association of Schools and Colleges）等认证课程，但对学校的课程设置和所有权等无具体要求。例如，会员学校有IB（International Baccalaureate）课程学校，也有按照日本国家要求上课的学校。所有国际学校中，人数最少的学校不超过100人，人数最多的学校则大于1500人。加入委员会也是对学校的教学、管理、服务等各方面的认可。

会员制的标准，意味着各学校办学理念基本一致，愿意接受统一管理，共享资源，并且学校互相交流的机会有所增加。

2.4 组织架构

JCIS目前包括27所独立的全英文授课的国际学校。国际学校申请入会前，需要通过一定的考核，达到相关专业评判标准才可加入委员会。委员会领导每年会在任意一个认证的国际学校举行两次会议（每年九月和三/四月），一场在东京，另一场在东京外的其他城市。参会成员主要有主席、副主席、秘书长、财务长和各成员学校代表。会议会就招聘立法的变化、疾病预防措施、服务评估等内容进行探讨。除此之外，会议还会邀请相关学校的教学专家就课程设置进行讨论。

JCIS目前接受ECIS的管理，其前身JCOS也接受EARCOS的管理。因此，它对于学校评估有统一标准，并接受上级组织的管理。但JCIS对评估流程暂无明确说明。

3. 新加坡国际学校教育质量保障标准

3.1 理念

新加坡 EduTrust 旨在通过对私立教育学校和机构进行详细审核和评估，帮助他们找到自身的强项和弱项，使之拥有高质量的教学和服务，最终引领学生产出出色的学习成果。

EduTrust 以"高质量、标准化的私立教育"为目标，主要针对新加坡私立学校和机构的资质制定了评估标准。该评估标准并没有具体区分私立学校和机构，而是全部采用统一的评估标准。

3.2 内容

EduTrust 要求参与评估的学校和机构必须满足所有标准，达到一定分数，才能获得 EduTrust 的评分和评级（分为三个级别），否则该学校或机构将失去招收国际学生的资格[8]。

EduTrust 一共有7个维度，27个副指标和36个衍生指标，每个指标都有其具体要求。这7个维度是管理承诺与责任、内部管理架构、外部招生代理、学生保护与服务、学术流程与测评、学生成就与毕业成果，以及质量监督与改善，满分1000分。其中，在"管理承诺与责任"的评估维度中，有2项副指标，占50分；在"内部管理架构"的评估维度中，有6项副指标，占180分；在"外部招生代理"的评估维度中，有3项副指标，占80分；在"学生保护与服务"的评估维度中，有5项副指标，占200分；在"学术流程与测评"的评估维度中，有5

---

8. https://www.cpe.gov.sg/for-peis/edutrust-certification-scheme.

项副指标，占250分；在"学生成就与毕业成果"的评估维度中，有2项副指标，占150分；在"质量监督与改善"的评估维度中，有4项副指标，占90分。

因此，在所有7个维度中，"学术流程与测评""学生保护与服务""内部管理架构"这3个维度占比最大，内容最多，因此展开和研究其具体内容。具体副指标如表3所示。

表3：新加坡EduTrust评估标准第2、4、5项整体框架

2. 内部管理架构（Corporate Governance and Administration）	
2.1 合作管理和财政资源	2.2 人力资源管理
2.3 合作关系	2.4 交流方式
2.5 数据、信息和知识管理	2.6 反馈管理
4. 学生保护与服务（Student Protection and Support Services）	
4.1 学费保护纲要	4.2 学生合同
4.3 退款	4.4 课程费用转账、取款和延期
4.5 学生支持服务	
5. 学术流程与测评（Academic Processes and Student Assessment）	
5.1 课程设计开发与复查	5.2 课程计划与教授
5.3 学生选课与注册	5.4 学生学习参与度
5.5 学生测评	

以上3项评估标准中，第2项"内部管理架构"的6项副指标共有10项衍生指标，第4项"学生保护与服务"的5项副指标共有6项衍生指标，第5项"学术流程与测评"的5项副指标共有9项衍生指标（如表4所示）。

表4：新加坡EduTrust评估标准第2、4、5项具体内容

2. 内部管理架构（Corporate Governance and Administration）	
2.1.1 合作管理和财政资源	2.2.1 职工选择和管理
2.2.2 职工培训和发展	2.3.1 合作关系
2.4.1 内外部交流	2.5.1 数据和信息管理
2.5.2 知识管理	2.6.1 反馈管理
2.6.2 学生满意度调查	2.6.3 职工满意度调查
4. 学生保护与服务（Student Protection and Support Services）	
4.1.1 学费保护纲要	4.1.2 学费支付和收据
4.2.1 学生合同	4.3.1 退款
4.4.1 课程费用转账、取款和延期	4.5.1 学生支持服务
5. 学术流程与测评（Academic Processes and Student Assessment）	
5.1.1 课程设计与开发	5.1.2 课程复查
5.2.1 课程安排	5.2.2 课程教授
5.3.1 课前咨询	5.3.2 学生录取
5.4.1 学生参与度与出勤	5.4.2 学生学习
5.5.1 学生测评	

在EduTrust中，各项副指标从方式（Approach）、实施（Process）、制度（System）和复查（Review）共4个维度进行评判，且每个维度对应5个等级——不显著、初级、达到标准、超出标准和优秀。副指标各项评判维度描述如下：

（1）方式：实施政策前的规定、方法和使用到的工具。

（2）实施：实施政策的具体步骤。

（3）制度：能够达到理想效果、内部相互联系且结构完整的实施过程。

（4）复查：评估方式、实施和制度的得体性、相关性和有效性。

学校和机构在接受EduTrust评估时，各项副指标都会从不同维度接受评判，并得到相应的等级和分数（如表5所示）。

表5：新加坡EduTrust评分表

等级	不显著	初级	达到标准	超出标准	优秀
得分	1	2	3	4	5
方式	方式混乱，无组织	组织比较明显	方式有效且有组织，能达到基本要求	方式有效且有组织，能达到全部要求	方式有效且有组织，能非常优秀地达到全部要求
实施	无具体实施步骤	有具体实施步骤，但在关键领域部署较差	有具体实施步骤，部署和管理均很好	部署和管理均很好，且有显著成果	部署和管理非常好，成果优异
制度	无具体制度和实施过程	实施过程关联性弱，成果有局限性	有关键制度和实施过程，成果略有局限性	制度和实施过程相互关联，成果理想	所有制度和实施过程相互关联，且成果优异
复查	无提高，无计划复查	复查实施和制度的提升，但有局限性	按计划复查实施和制度，有提升	按计划高效复查实施和制度，且成果佳	现阶段对大部分表现都进行了评估和对比

参与EduTrust的学校和机构，通过不同维度的评判，获得相应得分，不同的总分对应不同的评价级别，一共有3个级别：

（1）EduTrust Star（星级认证）：750分及以上，高质量地符合EduTrust各项标准，在各项评估标准中的表现非常令人满意，有效期4年。

（2）EduTrust（普通认证）：600—749分，较好地符合EduTrust的

各项标准，有效期4年。

（3）EduTrust Provisional（基础认证）：500—599分，在各项评估标准中的表现符合最基本的要求，有效期1年。

3.3 评估流程

EduTrust有自己的评估标准，除了会根据评估样本对副指标和衍生指标各项进行评估打分，还会调查学校独立的监管部门的沟通与协作。所有参与评估的学校和机构都会收到EduTrust评分表，在表中根据得分可以看到各项副指标和衍生指标的达成情况。如果EduTrust没有到学校进行观摩，并不代表该校已达到标准，后期还会有其他形式的考察。

教育信托认证程序共有以下8个步骤（刘梦今，2016）：

（1）提交申请。

（2）桌面审查（desktop review）。CPE将委任评估团队处理申请事宜，该团队会对学校和机构提交的文件进行桌面审查。

（3）现场评估（on-site assessment）。现场评估通常包括管理者陈述，评估小组对教学场所进行检查、对员工和利益相关者进行单独访谈，且学校和机构还需提前准备好一切可供验证办学条件和办学效果的文件，以供评估。

（4）提出改进要求。在现场评估结束后的会议中，评估小组各成员会将评价所得结果的重点向校方口头呈报。之后，首席评估员将会发送书面报告，并且在有需要的时候，要求学校和机构针对任何主要不足提交纠正行动计划（Corrective Action Plans，简称CAP）报告书，陈述对这些不足的改进方案。

（5）提交纠正措施。学校和机构需要在接到CAP报告书后的30天内，将报告书提交到CPE。CPE的评估员将审查该CAP报告书是否适当且可以接受。若评估员认为报告书不完整或不充分，则会要求重新撰写和提交。

（6）提交最终报告。CAP报告书被接纳后，首席评估员会给学校和机构提出建议，告知理事会该学校或私立教育机构应该获得哪一类型的EduTrust资格。

（7）管理人员评审、批准报告。CPE的管理人员会对评估小组提交的评估报告及结果进行评审、批准。

（8）通报认证结果。CPE在作出认证决定之后，向学校和私立教育机构发出相应的认证结果通知，并告知需要付清全部所需费用，方可领取认证申请结果。

达到EduTrust要求的学校和机构必须承诺，在有效期内必须随时接受检查，达到EduTrust的要求。

3.4 评估应用

EduTrust要求严苛。截至2015年12月，在新加坡309所私立学校和机构中，获得教育信托认证的仅有107所，其中获得基础认证的有52所，获得普通认证的有54所，获得星级认证的只有1所[9]。可以看出，大部分学校和机构获得的是普通认证，EduTrust对达到星级认证的学校和机构要求非常高。

EduTrust有明确的评估周期、有效期和强有力的监管，并对认证

---

9. https://www.cpe.gov.sg/for-peis/edutrust-certification-scheme.

周期有不同时长的设置，对达到星级认证的学校和机构给予更长的有效期，对达到普通认证的学校和机构给予较短的有效期。即使获得了认证，学校和机构也要随时接受CPE的监管和调查，并随时进行复审和优化。

4．分析及启示

与中国现有的学校督导评估标准（包括国家标准和各省标准）相比，JCIS主要针对的是日本的国际教育，政府参与度较低。从评估流程和组织来看，JCIS的会员评估标准除评估内容外，暂无明确的评估步骤。

虽然目前日本的国际化教育在世界上并不处于非常领先的地位，但JCIS对本国国际学校的评估标准内容对中国国际化教育质量保障体系建立仍有一定的启发。

而新加坡的EduTrust内容相对更充实。总分为1000分的评估标准中，第4项"学生保护与服务"和第5项"学术流程与测评"占比最大，分别为200分和250分，且衍生指标数量也是较多的。从分数比重可以看出，该认证重点关注的是学校对学生的服务、学生的学术发展和学生对学校的反馈及评价。而且，所有评估标准都是针对新加坡私立教育学校和机构的特点和薄弱环节来设计的。例如，提高了对学术质量的重视程度，特设"学术流程与测评"的评价标准，并且赋予最高分值；为保障学校对学生提供完善服务，特设"学生保护与服务"的评价标准。

综上所述，日本和新加坡两国的国际学校教育质量保障标准对中国国际化特色学校质量保障标准体系建立的启示具体如下：

（1）成立组织或委员会，与世界其他国际化教育评估组织或机构建立联系。中国也需要建立这样的专门组织，而不是仅仅建立质量保障标准体系，却无任何权威机构或委员会作为依托，否则这样的标准难以落地执行。若能与世界上其他较成熟的相关组织机构建立起联系，那么在推广我国的标准体系时将更有空间，且更符合国际化特色的要求。

（2）明确评估对象。JCIS对入会的国际学校有明确要求，即必须是用全英文授课的学校。我国目前将国际学校基本分为三大类：外籍子女学校、公立学校国际部/班和私立国际化特色学校；并不是按照是否用英文授课来区分，而是依据学校是否开设了海外课程来确定，但对国际学校的定义尚不明确。

（3）强制性评估。JCIS采取会员制，学校只有达到了委员会的要求，即通过评估，才能够加入委员会，这属于强制性评估。这样的评估机制所传递的信息是，成为会员的学校一定达到了统一的评估标准；无论是政府还是社会，都可以通过公开标准中的各项指标，了解会员学校的基本情况。我国没有单独面向各类国际学校的强制性评估，而是将所有学校一起纳入教育督导或者教育质量监测的范畴。这样做虽然达到了确保学校符合一个统一办学标准的目的，但却无法突出国际化特色学校的办学特点，不利于国际学校的特色发展。

（4）着力于评估标准设计的针对性。在明确国际化教育定义的基础上，需调研接受评估的国际学校的特点和薄弱点，正如EduTrust的评估标准是针对新加坡私立学校和机构的特点和薄弱环节来设计的。若能制定普遍意义上的各项评估标准，并尽量体现大部分学校的特点和薄弱点，将有助于以后的统一管理。

（5）明确评估周期和认证有效期，并实施强有力监管。EduTrust对认证周期和有效期有不同时长的设置。即使拿到了认证，也要随时接受CPE的监管和调查，并随时进行复审和优化，这也是对学校和机构提出的高要求，提醒他们随时做好自查的工作。

（6）增强服务意识，关注学生反馈。在EduTrust中，大部分的分值关注学校对学生的服务和学生自身的发展。目前，我国现有的中小学教育督导评估标准中，大部分内容关注学校的办学理念、教职工的培养、学校设施等。学生是学校服务的对象，学校应该从学生的角度思考更多；在制定质量评估标准时，也应多从学生的角度出发，设定评估维度和指标。

参考文献：

EduTrust Certification Scheme [EB/OL]. CPE. https://www.cpe.gov.sg/for-peis/edutrust-certification-scheme.

Enhancing Regulation of the Private Education Sector [R/OL]. Ministry of Education Singapore (2008 - 03 - 03). http://www.nas.gov.sg/archivesonline/data/pdfdoc/20080304995.pdf.

Membership Criteria [EB/OL]. JCIS. http://www.jcis.jp/about/membership-criteria/.

刘梦今．新加坡教育信托认证的制度设计对中外合作办学评估的启示[J]．中国高教研究，2016，(12)：79—82．

施雨丹，卓泽林．新加坡私立高等教育的评估要素及其相互影响[J]．比较教育研究，2014，(11)：92—97．

杨红军．教育国际化视域下的日本国际理解教育考察[J]．比较教育研究，2016，(7)：64—70．

国际组织学校认证制度研究

沈忆文[1]

【摘要】本文通过分析和比较剑桥国际学校和IB国际学校的认证标准和过程，发现这两个国际教育组织对其国际学校有着非常明确的认证标准和认证流程，且它们的认证标准和流程有着许多相似之处。在认证标准上，两个组织都非常重视学校理念、学校管理、教学质量和学校环境这四个方面。在认证流程上，两个组织都要求完成四个步骤：1. 表达意愿；2. 填写申请；3. 接受检查；4. 获取结果。在评估团队上，两个组织都引入了第三方评估机构。文章最后提出本研究对建立中国国际化特色学校质量保障标准体系的三点启示。

1. 国际教育机构的认证制度研究背景

随着教育国际化观念的日益深入，越来越多的学生和家长希望选择国际学校。国际学校具有全球教育机构的认证，尤其是像剑桥大学国际考评部和国际文凭组织这样具有全球声誉的教育机构的认证，这不仅代表学校具有相关办学资质，更代表学校的教学质量和教育稳定性得到全球认可。学生在国际学校的教育经历能帮助其获得国外教育机构认可的学历，在申请国外大学时具有一定优势。由此，越来越多的国际学校纷纷申请各种国际教育组织的认证，希望成为该国际教育

---

1. 北京外国语大学专用英语学院副教授，北京外国语大学国际教育集团教学顾问。

组织中的一员。

剑桥大学国际考评部（Cambridge Assessment International Education），简称剑桥国际（Cambridge International），是隶属于剑桥大学考评院的非营利组织，是剑桥大学下属的唯一国际教育资格证书颁发机构，是世界上最大的国际课程和考试证书提供者。剑桥国际通过对提供剑桥国际课程的学校，即"剑桥国际学校"（Cambridge International School，简称CIS）进行认证，来保障其课程质量的全球稳定和统一。目前，全球160多个国家的10000多所学校得到了CIS认证。剑桥国际课程覆盖5岁到19岁的学生，包括小学、中学和大学预科课程。[2] 剑桥国际在全球各地都有自己的代办处。通过学习CIS的国际课程，学生能够参加并获得相关考试证书，包括剑桥IGCSE、剑桥GCE O Level、剑桥AS & A Level。CIS的学业证书已获得全球很多大学和企业的承认。

1968年成立的国际文凭组织（International Baccalaureate Organization，简称IBO）是一家非营利性的教育基金会，总部设在瑞士日内瓦，课程和评估中心在英国卡迪夫。它有3个国际中心——非洲欧洲中东区、亚太区和美洲区，每个国际中心有一个区域办公室。它成立的初衷是服务在海外工作家庭中的子女，保证他们获得与在本国同等的教育，并能顺利进入本国的高等学府。IB（International Baccalaureate）国际学校在全球范围内提供小学、初中、高中和职业教育4个学段的课程体系，覆盖3岁到19岁的学生。国际学校必须经过IBO的考核和授权，才可以进行IB体系教学，这类学校在IBO的官

---

2. https://www.britishcouncil.org/partner/english-exams/cambridge-international.

网上被统称为IB国际学校（IB World School）。据2019年3月的统计，在全球有153个国家的5000所学校获得IB资质[3]。学生在IB体系中修读相同的教材，毕业时参加全球统一考试，试卷的命题及批阅均由IB总部直接统筹规划，以保证全世界IB学生在学术水平上的统一性。

本文将从教育理念、认证内容、认证过程、评估团队等四个方面讨论这两个国际教育组织——剑桥国际和IBO的认证体系，希望能对中国国际化特色学校质量保障标准体系的建立有所启发。

2. CIS和IB国际学校的认证体系框架

2.1 理念

剑桥国际和IBO并没有对自己的认证体系作出任何理念方面的论述。但通过分析这两个认证体系，我们可以看出这两个国际教育组织在认证体系中都遵循三个理念：首先，重视学校理念与国际教育组织理念的一致性；其次，考核要求的描述性；最后，在认证过程中双方的平等性。

首先是理念的一致性。两个组织都在认证体系的第一个指标中明确提到国际学校的教育价值观和国际组织理念的一致性，而且在二级指标中具体考察该教育理念在学校的具体操作和实施。例如，剑桥国际的教育理念是培养学生的"自信、担当、反思、创新、参与"的能力，在学校的认证指标中，就明确提出"学校文化以学习者为中心，帮助学生和教师成为有信心、有责任感、善于反思、勇于创新和积极

---

3. https://www.ibo.org/50years/the-ib-in-numbers/facts-and-figures/.

参与的人"。⁴

IB的教育理念是培养具有如下品质的人：1. 拥有很强的好奇心和探究能力；2. 具备跨学科知识；3. 善于思考；4. 可以用多语言、多方式进行沟通；5. 崇尚正义公平原则；6. 心胸开阔，接纳不同文化；7. 同情、尊重他人；8. 敢于冒险；9. 各方面均衡发展；10. 勤于反思。⁵在其第一个一级指标理念之下的第一个二级指标，就要求"学校公开发布的使命和教育理念与IB的整体教育理念一致"⁶。

其次是考核要求的描述性。两个组织都在认证体系中明确规定了各项指标，尤其是IBO，在一、二级指标下，还有非常细致的三级指标。而且在认证过程中，认证机构会针对每一项指标作出具体回答，并给出评估意见。但值得注意的是，两个国际组织的认证指标均没有定量的要求，而是采取描述性的评价标准。如剑桥国际要求"学校建筑为学生提供良好的学习环境""学校拥有恰当的、充足的教职员工资源，配置在管理、教学和教辅岗位"⁷，但并没有对学校提出师生比，或者学生人均校园占地面积等具体数字。IBO虽然对学校的要求比剑桥国际更加细致，但其要求也是定性而非量化的，如"学校的图书馆、多媒体教室、各类资源在课程实施中起到关键作用""学校为课程实施提供称职的教师"等。

最后是认证过程中双方的平等性。两个国际组织在认证过程中，

---

4. http://www.cambridgeinternational.org/Images/417448-overview-brochure.pdf.
5. https://ibo.org/globalassets/what-is-an-ib-education-2017-en.pdf.
6. https://ibo.org/globalassets/publications/become-an-ib-school/dp-guide-school-authorization-en.pdf，下文谈及IBO认证的内容，如无说明，均来自此网站。
7. https://www.cambridgeinternational.org/Images/163193-becoming-a-cambridge-international-school.pdf，下文谈及剑桥国际认证的内容，如无说明，均来自此网站。

一再强调认证的过程就是国际教育组织和学校相互认识和了解的过程。在考评过程中，学校需要了解国际教育组织的教育方针、教学过程要求、考核标准等，不断制订和实施改进计划以达到国际教育组织的质量标准。但国际教育组织更需要了解学校的教学理念、价值观、目标和教育方法，以及学校根据学生情况设计的课程大纲，了解学校在哪些方面已经达到质量标准，哪些方面需要在国际组织的支持下改进。国际教育组织会给学校提供最大限度的支持和帮助，如IBO就在认证过程中提到"IB办公室或者IB委派的咨询机构对学校的工作提供建议和支持"。剑桥国际也在其认证指导书中提到，每个阶段，当地剑桥代办处（Cambridge representative）都可以为学校提供支持和帮助，如"哪些方面必须达到剑桥国际学校的标准，哪些可以在成为剑桥国际学校后持续改进"。

2.2 内容与评价指标

CIS的认证质量标准（registration quality standards）和IB国际学校的认证标准（authorization standards）都包含一级指标和二级指标，但由于CIS的认证质量标准没有三级指标，故本文主要讨论两个国际教育组织认证体系中一级和二级指标的异同。

2.2.1 CIS的认证质量标准

CIS的认证质量标准共有5个一级指标，依次为：学校使命和教育价值观、学校管理和领导、教学质量、学校硬件环境、法务要求。在这5个一级指标下，共有27个二级指标，没有三级指标（如表1所示）。

表1：CIS的认证质量标准

一级指标	二级指标
1. 学校使命和教育价值观	1.1 学校有明确的使命陈述，体现其教育价值观。
	1.2 学校文化以学习者为中心，帮助学生和教师成为有信心、有责任感、善于反思、勇于创新和积极参与的人。
	1.3 通过课程及其他活动，推进学生的国际化意识和全球视野的发展。
	1.4 教职员工与学生之间的关系是积极的，双方相互尊重。学校对教职员工和学生的表现有明确的、一致的期望。
2. 学校管理和领导	2.1 校长具备从事教育领导工作所需的适宜资质和经验。
	2.2 学校高层管理团队和学校监管机构对成功引入剑桥课程具有清晰的目标，并能提供对项目有效运行所作的规划。
	2.3 学校高级员工致力于为学校改进和教职员工发展设定目标，学校为其提供合理设计的绩效评估和自我评估机制。
	2.4 学校财政管理体系有效、透明。
	2.5 学校的投诉处理机制能有效处理来自家长和其他股东的投诉。
3. 教学质量	3.1 学校拥有恰当的、充足的教职员工资源，配置在管理、教学和教辅岗位。
	3.2 学校的课程计划以清晰、便利的方式展示给教师、学生和家长。
	3.3 学校对教学评估进行监控，通过对评估结果进行分析，为教学策略提供反馈。
	3.4 教师具备开设剑桥项目所需的合格资质，能顺利开展课程。
	3.5 教学过程考虑到学生的不同学习方式和个性化需求。
	3.6 学校拥有一套合理模式，保障教职员工的职业发展。
	3.7 学校拥有明确政策以满足学习者的语言需求。

续表

一级指标	二级指标
4.学校硬件环境	4.1 学校建筑为学生提供良好的学习环境。
	4.2 学校图书馆或学习资源为学校课程实施提供充分支持。
	4.3 提供专项设施(如剑桥艺术和设计、音乐、语言、计算机、体育、科学等课程所需的设施和设备)。
	4.4 学校存储考试试卷或其他考试材料的设施和安排符合我方规定。
	4.5 承办考试所需的设施符合我方规定并经过我方确认。
	4.6 全面理解剑桥考点指南第一部分列出的考务中心的职责。
5.法务要求	5.1 消防证书。
	5.2 政府发放的运营许可,包括该校开设剑桥课程所需的所有许可文件。
	5.3 符合政府要求的健康和安全条例。
	5.4 符合政府要求的急救条例。
	5.5 符合政府要求的儿童保护条例。

2.2.2 IB国际学校的认证标准

IB国际学校的认证标准包括3个部分,分别是理念、组织和课程。理念包括1个一级指标,即理念;组织包括2个一级指标,即领导和组织架构、资源和支持;课程包括4个一级指标,即教师课程规划、学生课程体系、教学过程、教学评估。每个一级指标下都有若干个二级指标,合计73项二级指标;有些二级指标下还有三级指标(如表2所示)。

表2：IB国际学校的认证标准

一级指标	二级指标	三级指标
1. 理念	1.1 学校公开发布的使命和教育理念与IB的整体教育理念一致	
	1.2 理事机构、行政领导和教学领导以及教职员工理解IB的教育理念	
	1.3 学校所有人员理解、支持IB课程体系	
	1.4 学校发展并促进全球化思维模式及IB学生总体培养目标所要求的各项特色	
	1.5 在学校范围内和学校范围外，学校提倡负责任的行为	
	1.6 学校提倡基于理解和尊重的公开沟通	
	1.7 学校重视语言教学，包括母语、所在国语言和其他语言	
	1.8 学校成为IB国际大家庭的成员，参与各项活动	
	1.9 学校支持学生学习IB课程和理解IB课程理念	学校提供IB高中阶段的全部课程并鼓励部分学生参与全部课程的学习，而不是仅仅学习几门课程
		学校鼓励所有能从学习经历中获益的学生参与学位和学科课程的学习
		学校有相关策略鼓励学生完成全部学位课程
2. 领导和组织架构	2.1 学校建立相应机制，随时向学校管理层报告IB课程的实施和发展状况	
	2.2 学校设立理事和领导架构，支持IB课程的实施	
	2.3 校长和IB课程主管的教学领导模式与IB课程的理念相融合	

续表

一级指标	二级指标	三级指标
2.领导和组织架构	2.4 学校指定一名IB课程主管，主管工作职责描述清晰，任职时间、工作支持和可利用资源明确，以利于主管完成工作职责	
	2.5 学校制定并实施支持IB课程的政策和措施	学校的录取政策有明确的入学标准
		学校的语言能力要求与IB语言能力要求一致
		学校制定并实施与IB要求和学校录取政策一致的特殊教育政策
		学校的考核体系与IB考核体系相一致
		学校制定并实施与IB要求一致的学术诚信政策
		所有高中课程的考核形式都应符合IB的规定和流程
	2.6 学校体系有利于IB课程的连续性和持续发展	
	2.7 学校实施由所有利益相关方参与的课程评估	
3.资源和支持	3.1 学校理事机构为IB课程的实施和持续发展分配相应的资金	资金的分配包括给予创新、活动和服务课程（CAS）充足的资源和监管，并指派一名CAS课程协调员
		资金的分配包括给予两年的知识理论课程充足的资源
	3.2 学校为课程实施提供称职的教师	
	3.3 学校保证其教师和行政人员接受IB认可的职业培训	学校须遵守经过IB授权和评估的小学阶段教师发展要求
	3.4 学校保障教师有专门的时间进行合作教学计划的制订和反思	

续表

一级指标	二级指标	三级指标
3.资源和支持	3.5 学校有线下和线上的教学环境、设备、资源和特殊器材支持IB课程的实施	学校实验室和工作坊须提供安全和高效的学习环境
		学校拥有适合并支持IB项目的信息技术设施
		学校开辟用于储存考卷及考试用品的安全区域，只有高级管理人员有资格进入
	3.6 学校的图书馆、多媒体教室、各类资源在课程实施中起到关键作用	图书馆和信息中心有充足的、适合高中课程的资料
	3.7 学校确保可以获取有关全球问题的信息且信息来自不同视角	
	3.8 学校为有学习困难的学生和有特殊教育需要的学生提供帮助，对他们的老师提供支持	
	3.9 学校建立相应的体系，在整个学习过程中为学生提供引导和指导	学校指导学生规划高中毕业后的教育计划
	3.10 学生日程或时间表能够满足IB课程的要求	学生日程安排满足每一门课程学习需要的小时数
		学生日程安排满足两年知识理论课程的学习
		学生日程安排照顾到高中多门课程同时开展的状况
	3.11 学校利用所在社区的资源和知识，促进课程的学习	
	3.12 学校提供资源，按照不同阶段的课程要求，安排各个学段的学生参加实践活动：小学生参加课程结业展，中学生完成个人项目，高中文凭课程的学生撰写研究报告。为学生安排PYP课程展、MYP课程个人项目和DP课程拓展论文一类的实践活动	

续表

一级指标	二级指标	三级指标
4.教师课程规划	4.1 针对课程的要求，教师合作进行课程规划和反思	教师的合作规划和反思包括在知识理论的所有课程间进行集体合作
		教师的合作规划和反思探讨课程之间的关联，并强调不同学科体系中知识、理解力和技能的共性
	4.2 定期、系统地进行合作规划和集体反思	
	4.3 针对横纵两方面的问题进行合作规划和集体反思	
	4.4 合作规划和反思保证所有教师可以全面了解学生的学习	
	4.5 基于已经设定的学生学习目标进行合作规划和反思	
	4.6 合作规划和反思要结合学生不同的学习需求和学习风格	
	4.7 合作规划和反思从学生作业和学习评估中获得信息	
	4.8 合作规划和反思认同所有教师都对学生的语言发展负责	
	4.9 合作规划和反思探讨IB学生总体培养目标要求	
5.学生课程体系	5.1 课程体系内容全面，符合IB课程要求	课程体系满足每一门课程的要求
		课程体系支持同时学习多门课程
		课程体系均衡，可以给学生提供合理的课程选择
		学校为每一学科和知识理论课程开发自己的学习课程
	5.2 课程体系针对全校所有学生开放	

续表

一级指标	二级指标	三级指标
5.学生课程体系	5.3 课程体系建构在学生原有学习经验的基础上	
	5.4 课程体系明确了在一定阶段内需要学习的知识点、概念、技能和态度	
	5.5 课程体系允许学生根据自己的需要和他人的需要采取有意义的行动	
	5.6 课程体系包含了学生的相关经验	
	5.7 课程体系促进学生对个人问题、地区问题、国家问题和世界问题的认识	
	5.8 课程体系为学生提供反思人类共性、多样性和多元视角的机会	
	5.9 课程体系的内容来自目前IB出版物，并定期接受审查，以随时加入IB课程的新进展	
	5.10 课程体系综合了学校为支持该方案而制定的政策	
	5.11 课程体系致力于实现学生总体培养目标	
6.教学过程	6.1 教学过程符合IB课程的要求	学校的授课和学习两方面都满足每一学科的目标和要求
	6.2 教学过程是学生参与提出问题和思考问题的过程	
	6.3 教学过程建立在学生已知和会做的基础上	
	6.4 教学过程促进对学术诚实的理解与实践	
	6.5 教学过程帮助学生对自己的学习负起积极的责任	

续表

一级指标	二级指标	三级指标
6. 教学过程	6.6 教学过程涉及人类的共性、多样性和多元视角	
	6.7 教学过程满足学生对语言多样化的需求,包括那些用非母语学习的学生的需求	
	6.8 教学过程要求所有教师都对学生的语言发展负责	
	6.9 教学过程运用一系列和多种策略	
	6.10 教学过程采用不同的教学指导方式,以满足学生的学习需求和风格	
	6.11 教学过程包含一系列资源,包括信息技术	
	6.12 教学过程培养学生的态度和技能,使学生能够根据自己和他人的需要采取有意义的行动	
	6.13 教学过程促使学生思考他们如何学、学什么和为什么学	
	6.14 教学过程在理解和尊重的基础上塑造一个鼓励学习的环境	
	6.15 教学过程鼓励学生以各种方式展示他们的学习	
	6.16 教学过程促进IB学习者实现IB总体培养目标	
7. 教学评估	7.1 学校评估符合课程的要求	依据每一学科的目标和评估标准检验学生的学习成果
	7.2 学校将评估理念、政策和程序传达给学校所有相关人员	
	7.3 学校使用一系列的策略和工具来评估学生的学习	

续表

一级指标	二级指标	三级指标
7. 教学评估	7.4 学校向学生提供反馈信息，提高他们的学习水平	
	7.5 学校有记录学生进步的系统，与课程的评估理念相一致	
	7.6 学校有报告学生进步的系统，与课程的评估理念相一致	
	7.7 学校对评估数据进行分析，以了解教学情况	
	7.8 学校为学生提供机会，参与评估自己的学习并反思这个过程	
	7.9 依据各校的不同课程，学校设有制度，确保所有学生可通过完成PYP课程展、MYP课程个人项目和DP课程拓展论文来展示他们对所学内容的融会贯通	

2.2.3 CIS认证质量标准和IB国际学校认证标准的对比分析

由表1、表2可以看出，两个国际教育组织在对其学校的认证评估中，都非常重视学校理念、学校管理、教学质量和学校环境这4个方面。剑桥国际在认证标准中有法务方面的要求，如消防、政府的运营许可、健康和安全条例等5个方面。而IBO要求所有申请IB国际学校的教育机构首先必须是完全符合当地的办学要求、已经通过当地教育主管部门审核并在当地教育主管部门注册的实体学校，只有在此基础之上，才能申请IB国际学校的一系列认证。因此，在IB国际学校的认证中，就没有对学校作为一个教育实体的合法性以及相关设施的考察。

在学校理念方面，两个国际组织的要求非常相似。首先，要求学校有明确的教育理念，并且这一理念要和相关国际组织的整体教育理念相一致。剑桥国际的教育理念是培养学生的"自信、担当、反思、创新、参与"的能力，这一点明确反映在1.2这一指标上。其次，国际化和全球化也是国际学校的重要理念。IBO明确要求学校要"发展并促进全球化思维模式"（1.4），剑桥国际则要求"通过课程及其他活动，推进学生的国际化意识和全球视野的发展"（1.3）。第三，在对待人与人之间的关系上，两个国际组织都要求以"理解、尊重"为基础。剑桥国际要求教职员工和学生的关系是积极的，体现相互尊重（1.4）；同样，IBO提倡"基于理解和尊重的公开沟通"（1.6）。由此可见，两个国际组织对学校在教育理念方面的要求基本一致。

在学校管理方面，剑桥国际和IBO存在不同点。首先，剑桥国际对所认证的学校有5项要求，包括校长、高层管理团队、学校高级员工、学校财政管理和投诉处理机制；对学校实施剑桥课程的要求只体现在高层管理团队方面，"学校高层管理团队和学校监管机构对成功引入剑桥课程具有清晰的目标，并能提供对项目有效运行所作的规划"（2.2）。而其他内容则与剑桥课程的实施没有直接关联。但IBO对学校的管理和组织架构提出了非常细致的要求，而且每个要求都与IB课程的实施和发展相关联。从校长的理念（2.3）到组织架构（2.2），从政策措施（2.5、2.6）到人员配备（2.4），每一个要求都确保IB课程的理念和实践在学校得到全面接受并不断发展。其次，剑桥国际要求财政管理体系"有效、透明"（2.4），这一点IBO没有提到。在学校管理方面两个组织的共同点在于对待学校利益相关方的态度，IBO要求"实施由所有利益相关方参与的课程评估"（2.7），而剑桥国际也要求"学校的投诉处理机制能有效处理来自家长和其他股东的投诉"(2.5)。由此看出,两个组织同样重视各利益相关方在教育中的地位和作用。

在教学质量方面,剑桥国际只有7个二级指标,主要从教职员工(3.1)、课程计划(3.2)、教学评估(3.3)、教学过程(3.5)和语言环境(3.7)5个方面对教学质量作了比较宽泛的要求。对于教职员工,剑桥国际要求有"恰当的、充足的教职员工资源"(3.1);对于教师,剑桥国际特别提出"教师具备开设剑桥项目所需的合格资质"(3.4),且学校要"保障教职员工的职业发展"(3.6)。另外值得关注的是,剑桥国际特别提到学校要有"明确政策以满足学习者的语言需求"(3.7)。这和其培养国际化人才的理念相一致。

IBO在教学质量方面规定非常细致。这个部分包括4个一级指标,分别为教师课程规划、学生课程体系、教学过程和教学评估。每个一级指标下都有若干个二级指标,这4个一级指标下共有45个二级指标。首先,在教师课程规划方面(见一级指标4),IBO要求教师间进行紧密的教学合作和集体反思,并且对合作和反思的目的、内容及频次都作了要求。其次,在课程体系方面(见一级指标5),IBO明确规定了课程体系的目标和内容。在内容方面,IBO不仅规定了我们通常意义上理解的课程体系内容,如"课程体系明确了在一定阶段内需要学习的知识点、概念、技能和态度"(5.4)和"课程体系内容全面,符合IB课程要求"(5.1);同时,IBO还要求学校的课程体系"促进学生对个人问题、地区问题、国家问题和世界问题的认识"(5.7),并且"提供反思人类共性、多样性和多元视角的机会"(5.8)。这反映了IBO与剑桥国际一样,关注学生国际化视野和全球化思维的建立,以及培养有理想的、具有国际意识和责任感的公民的教育理念。第三,IBO推崇"终身教育"(Education for Life),因此,在教学过程中(见一级指标6),它强调以学生为中心,要求IB国际学校在此过程中注重培养学生的思维品质和学习素养,如"教学过程是学生参与提出问题和思考问题的过程"(6.2),"教学过程促进对学术诚实的理解与实践"(6.4),"教学过程帮助学生对自己的学习负起积极的责任"(6.5),"教学过程促使学生思考他们如何学、学什么和为什么学"(6.13)。IBO也要求学校实施个性化教学,如"教学过程运用一系列和多种策略"(6.9),"教学过程采用不同的教学指导方式,以满足学生的学习需求和风格"(6.10)。在学习过程中,IBO多次强调语言的学习,如"教学过程满足学生对语言多样化的需求,包括那些用非母语学习的学生的需求"(6.7)和"教学过程要求所有教师都对学生的语言发展负责"(6.8)。第四,在评估方面(见一级指标7),IBO要求学校把评估当成促进和提高学生学习的手段,要求学校使用多种工具来评估学习(7.3),对评估数据进行分析(7.7),并记录和报告学生的进步(7.5、7.6),同时让学生"参与评估自己的学习并反思这个过程"(7.8)。

在学校环境方面,剑桥国际与IBO一样,强调为学生提供良好的学习环境,尤其要有保障相关课程顺利实施的设备和资源(剑桥国际的4.3,IBO的3.6),并且都强调了图书馆的重要性。两个组织在学校环境方面的另外一个共同点在于都对考试保密性和考试资料的安全性提出了要求。剑桥国际要求在试卷及其他考试资料的存储,以及考试所需设施方面,学校要符合要求(4.4、4.5);IBO则在二级指标3.5下的三级指标中,提出"学校开辟用于储存考卷及考试用品的安全区域，只有高级管理人员有资格进入"。在与资源相关的一级指标中，剑桥国际与IBO的不同点在于，剑桥国际只明确了硬件方面的要求，而IBO还提出了如资金、教师发展、时间安排、对学生给予指导、融合社区资源等软件方面的要求。

2.3 评估团队和认证过程

2.3.1 CIS的认证过程

CIS的认证是委托当地剑桥代办处负责的。认证过程主要分为四个步骤。

步骤1：表达意愿。学校填写网上表格，表达希望成为CIS的意愿。这个阶段的主要作用是让学校与剑桥国际取得联系，并介绍自身的基本情况。

步骤2：填写申请表。学校从当地剑桥代办处取得申请表。通过申请表，剑桥国际方面希望获得更多关于学校和学生的信息，以及学校在哪些方面符合认证质量标准的要求。剑桥国际将依据5个一级指标，即学校使命和教育价值观、学校管理和领导、教学质量、学校硬件环境、法务要求，来考察申请学校。学校将填好的申请表递交当地剑桥代办处，代办处人员审核申请表；如果信息不完整，学校将被要求提供更多信息。一旦信息收集完毕，代办处人员将安排对学校的实地考察。

步骤3：学校访问（approval visit）。学校访问的主要目的是检查学校在申请表中提供的信息是否属实。参与人员来自当地剑桥代办处，或者是了解学校和学校目标的专家。学校访问的时间长短取决于学校申请的课程体系或考试证书的数量，访校时间一般是半天，或者更长。学校和剑桥代办处提前商议好时间和日程，学校访问的主要工作内容包括文件讨论和审查、教室和设备考察。世界各地学校的形式多种多样，有些是规模大、资历深、资源丰富的当地知名学校，但也有新成立、资源有限的小规模学校。在学校访问的过程中，剑桥国际方面需要全方位了解学校的目标、教育理念和课程设计，同时需要了解学校对CIS的政策和教学考试程序的理解及应用措施是否完善。学校访问结束后，剑桥代办处填写学校访问表，对认证质量标准的各个指标作出具体回答，并在表格最后给出评估意见。评估意见分为三类：通过、有条件通过、尚未作好准备。一旦学校通过认证评估，剑桥国际将在学校访问之后的30个工作日之内将合同书发给学校。

步骤4：成为CIS。通过认证评估的学校需在剑桥国际发出的合同书上签字并返回给剑桥国际，合同书的签署意味着认证评估过程的结束。

2.3.2 IB国际学校的认证过程

不论在哪个学段应用IB课程系统，学校都必须通过IBO的认证，认证由IB办公室或IB委派的咨询机构进行。

认证过程包括四个阶段，每个阶段都有明确的目标和时间表。

阶段1：考虑阶段。在这一阶段，学校填写并提交学校信息表，表达希望成为IB国际学校的意愿，并获得更多关于IB课程体系的信息。这一阶段学校会进行可行性研究，将学校的现状与IB的教育理念、学科体系和要求进行比较，找出差距和需要做的工作，并决定是否要申请成为IB国际学校。

阶段2：申请成为候选学校。学校填写候选校申请表，并提交相关文件，成为IB国际学校的正式候选校。填写候选校申请表表明学校已经对IB课程体系作过初步考察，并为成为IB国际学校作好了调整的准备，制订了行动计划。IB办公室在这一阶段需要了解以下主要信息：

（1）学校具有法人资格，是适合提供教育服务的教育实体，获得当地教育部门或具有公信力的独立认证机构的认可；

（2）学校的使命和教育理念与IB国际学校的使命和理念相符；

（3）学校领导及相关人员参加过IB工作坊并了解成为IB国际学校的要求。

阶段3：考察候选学校。在这一阶段，学校最重要的工作是实施必要的行动，以达到IBO认证的要求，特别是尽早为教师提供IB课程要求的职业发展计划，以确保教师接受IBO认可的、与他们的教学领域和教学职责相关的职业发展培训活动。教师培训应在IB办公室或IB委派的咨询机构第一次访问学校之前完成。IB办公室或IB委派的咨询机构对学校这一阶段的工作提供建议和支持。这个阶段必须进行至少一次学校访问，访问时间需要和IB办公室或IB委派的咨询机构协商。随后的校访报告会为学校将来实施IB课程计划提出建议。本阶段包括以下两个步骤。

（1）请求授权。在这一阶段，学校需要填写授权申请书，并提供相关材料，表明学校在认证过程中所作的调整和取得的进步，并已为成为IB国际学校作好准备。材料尤其要包含学校对IB课程体系的理解和实施计划。

（2）授权访问。收到授权申请书后，IBO将组织学校访问，以确定学校是否真正按照要求完成了所有规定动作，且已经准备好成为一所IB国际学校。学校访问的目的是确保IB国际学校的教育原则、标准和方法在这里可以贯彻执行并发扬光大，而不是对每一位教师或学校管理人员进行评估和审核。随后，IBO会依据校访的发现和授权申请书中的数据，对整个认证过程给出一份报告，报告通常包括以下内容：

（1）表扬：包括那些超越认证要求的做法，且对项目的实施有益；

（2）建议：包括对学校今后实施项目的建议和指导；

（3）改进之处：学校在某些方面的做法，如果不能及时调整改进，将危及项目的完整性，且会阻碍学校成为IB国际学校。

阶段4：授权决定。IBO总干事依据相关IB办公室呈递的报告材料，负责决定候选学校的申请结果。授权决定包括以下三种结果：

（1）通过。如果学校达到IBO要求，且没有需要改进的地方，学校的申请即被通过。学校将收到来自IBO总部的授权书，同时授权访问报告也会随授权书一同送达。

（2）保持候选状态。如果学校没有完全达到IBO要求，相关IB办公室会写信通知候选学校，详细列出需要改进的方面，并规定一个最后期限，学校必须在此期限内提交证据，证明已经作出这些修改或已为完成这些修改制订了实施计划。期限过后，相关办公室将决定该学校是否可以进入授权决定阶段或者还需完成更多工作。IBO可能再次组织学校访问，直到所有问题都得到圆满解决，达到IBO要求，学校才能得到IBO的授权成为IB国际学校。

（3）拒绝。IBO完全有权拒绝授权一所候选学校成为IB国际学校，IBO总干事对这一决定要作出解释。但这是最终决定：不接受重新审议或上诉。学校只有在两年之后，才可以重新开始申请流程。

2.3.3 CIS和IB国际学校认证过程的比较分析

通过比较可见，两个国际教育组织的认证过程非常相似，每个申请学校都要经历四个阶段。第一阶段为表达意愿，这一阶段的主要工作内容是分析本学校和国际教育组织学校之间的差距，并考虑是否申请成为国际教育组织学校；第二阶段为填写申请，在这个阶段学校明确表达希望成为国际教育组织学校的意愿，并按照国际教育组织的要求，着手计划各个方面的改革和培训；第三阶段为接受检查，这个阶段的工作是实施行动计划并初步获得成果，接受国际教育组织对学校的实地考察和评估，以及按照评估结果持续改进；第四阶段为获取结果，剑桥国际和IBO对整个认证过程都会给出一份报告，对认证质量标准的各个指标作出具体回答，并给出评估意见，如果达到认证标准，学校将成为国际教育组织学校。

3. 对建立中国国际化特色学校质量保障标准体系的启发

通过分析和比较两个国际教育组织对其国际化特色学校的认证标准和过程，我们总结出如下特色，希望对中国国际化特色学校质量保障标准体系的建立有所启发。

3.1 标准化和各地学校的本土化并重

剑桥国际和IBO的考试覆盖全球，是全球标准化考试的样板。在它们对各自体系国际学校的认证标准中，为保障课程和考试的严谨性和可靠性，学校的教学质量和考试流程必须达到国际组织的要求。这是这类国际教育组织学校认证的一个突出特点。

在学校管理和领导方面，CIS认证标准强调"学校高层管理团队和学校监管机构对成功引入剑桥课程具有清晰的目标，并能提供对项目有效运行所作的规划"（2.2）。这一条从战略层面要求学校的高层和监管机构明确"成功引入剑桥课程"是他们的办学目标，并据此制订规划。IB国际学校在这方面的要求则更加细致，不仅要求主管领导的理念与IB理念一致，而且要求配备一名IB课程的主管，并且"学校制定并实施支持IB课程的政策和措施"（2.5）。国际教育组织提出这样的要求在思想和操作层面保障了各自课程的成功实施，以及教学效果的统一。

在教学质量方面，两个认证标准都明确要求教师具备开设各自项目所需的合格资质，能顺利开展课程。这一条从微观层面要求课程的具体执行人对课程体系有深入了解，并取得国际教育组织认可的资质，保障课程的顺利进行和标准统一。如剑桥国际要求"教师具备开设剑桥项目所需的合格资质，能顺利开展课程"（3.4），IBO要求"学校保证其教师和行政人员接受IB认可的职业培训"（3.3）且"教学过程符合IB课程的要求"（6.1）。

但另外一方面，CIS和IB国际学校都明确认识到，学习是个性化的，是和当地文化、价值观、认知方法和教与学的方法密不可分的，考试的国际化和标准化不能取代学习过程的多样化。由此，认证标准从各个维度给学校独立运作的空间，学校可以按照当地文化和主流教学方法，以及学生的需求和能力设计课程和教学计划，使学校教育和当地的主客观环境相匹配。

例如，在人员配备方面，不论是教师还是校长，剑桥国际要求进行综合考虑，并没有提出严格要求，而是建议按照当地教育理念和人才储备选拔出最适宜的人选。对于校长，剑桥国际要求具备"适宜资质和经验"（2.1）。这里"适宜"的概念是双向的，既要符合剑桥国际的要求，也要切合当地实际；找到既了解当地文化、教育理念和学生能力，同时又能在当地的教育环境中保证学校生存和发展的本土化校长。在教师层面，剑桥国际要求学校拥有"恰当的、充足的教职员工资源"（3.1）。这里的"恰当"是指符合学校当地环境，不能超出学校能力和范畴。同样，IBO除了要求对IB教育理念的认可和接受IB教师培训之外，没有对所认证学校的校长和老师提出任何具体要求。

在教学方面，不论是剑桥国际还是IBO都没有对课程设置和教学过程作硬性规定。剑桥国际强调整个教学过程要考虑到学生的"不同学习方式和个性化需求"（3.5）。来自不同地区的人有不同的价值观，不同的思维和认知方式，这些都对学习过程有深刻影响。剑桥国际提倡鼓励学习过程多样化，这不仅是对学生个体的尊重，也是对不同地区、不同文化的尊重。这一点在IBO的认证标准中也多次被强调，如"合作规划和反思要结合学生不同的学习需求和学习风格"（4.6），"课程体系建构在学生原有学习经验的基础上"（5.3）。这些都强调，不论是课程体系的建立还是教学过程的设计，都必须把学生本身的学习能力和学习经验作为考虑的基础。

由此可见，国际教育组织一方面非常重视学校在理念和能力上是否达到实施课程项目的要求，另一方面也强调学校的个性化和本土化发展，以适应当地的办学条件、办学政策和办学理念。这样的做法给我们提出中国国际化特色学校的质量保障标准体系提供了借鉴。

3.2 注重国际化教育和国际化人才的培养

国际教育组织认证标准的第二个突出特点是重视国际化教育。剑桥国际的教育理念是"终生学习"（Lifelong Learning）。IB的教育哲学是"终身教育"（Education for Life）。只有具备了这样的素养和能力，学生才能适应目前快速发展的全球化世界。

剑桥国际在学校使命和教育价值观这个一级指标下的二级指标1.2要求"学校文化以学习者为中心"，这里明确规定了学习者是学校文化的核心内容和中心点，一切以培养学习者为出发点。二级指标1.3强调"通过课程及其他活动，推进学生的国际化意识和全球视野的发展"，为学生将来适应国际化的世界打下基础。剑桥国际在教学质量这个一级指标下的二级指标3.7要求"学校拥有明确政策以满足学习者的语言需求"。同样，IBO在理念这个一级指标下的二级指标1.4要求学校"发展并促进全球化思维模式"，1.7要求学校"重视语言教学，包括母语、所在国语言和其他语言"。IBO在学生课程体系这个一级指标下的二级指标5.7要求学生的课程体系"促进学生对个人问题、地区问题、国家问题和世界问题的认识"，5.8要求学生的课程体系"为学生提供反思人类共性、多样性和多元视角的机会"。由此可见，两个国际教育组织不仅要求学校有明确的政策来满足学习者的语言需求，提供学生参与国际化社会活动的基本语言保障，还要求扩展学生的国际化视野并培养学生以全球化视角思考问题的能力，使他们可以用共同的语言去解决全球共同的问题。

3.3 认证标准覆盖范围广和委托第三方认证机构

CIS和IB国际学校的认证标准不仅覆盖了学校办学的软件环境,还对学校的硬件环境提出了要求。在剑桥国际的5个一级指标中,第4个是对硬件环境的要求,包括建筑本身、图书馆及学习资源、课程所需的特殊设备,以及与考试相关的硬件条件。IBO在其7个一级指标中,第3个的部分内容是对硬件环境的要求,内容与剑桥国际大致相同,包括教学资源、教学环境、图书馆、实施课程所需的特殊设备、资金支持等。

CIS和IB国际学校的认证过程都包括由国际教育组织认可的第三方机构参与。CIS的认证是委托当地剑桥代办处负责,而IB国际学校则是由IB委派的咨询机构负责。这样的安排保障了认证的公平性和权威性。

综上所述,国际教育组织对其国际化特色学校的认证标准和过程是非常成熟的体系,有许多值得我们借鉴之处。

参考文献:

Becoming a Cambridge International School: A guide to the registration process [R/OL]. Cambridge Assessment International Education [2018 - 08 - 10]. https://www.cambridgeinternational.org/Images/163193-becoming-a-cambridge-international-school.pdf.

Cambridge Assessment International Education Partnership [EB/OL]. British Council [2018 - 08 - 10]. https://www.britishcouncil.org/partner/english-exams/cambridge-international.

Facts and figures [EB/OL]. IB [2018 - 08 - 10]. https://www.ibo.org/50years/the-ib-in-numbers/facts-and-figures/.

Guide to school authorization: Diploma Programme [R/OL]. IB [2018-08-10]. http://ibo.org/globalassets/publications/become-an-ib-school/dp-guide-school-authorization-en.pdf.

An international education from Cambridge: What lies at the heart of our approach [R/OL]. Cambridge Assessment International Education [2018-08-10]. http://www.cambridgeinternational.org/Images/417448-overview-brochure.pdf.

Our registration quality standards [EB/OL]. Cambridge Assessment International Education [2018-08-10]. http://www.cambridgeinternational.org/cambridge-for/principals-and-heads/join-cambridge/our-requirements.

What is an IB education? [R/OL]. IB [2018-08-10]. https://ibo.org/globalassets/what-is-an-ib-education-2017-en.pdf.

基础教育国际化内涵的实证性研究

曹文[1]

【摘要】本文基于对北京、苏州和宁波的三所高中的学生、家长、校领导、中层管理人员、中教和外教六类群体的问卷调研,收集了他们对基础教育国际化办学要素的认识,目的是从国际化教育一线实施者和受益者的视角,获取对基础教育国际化内涵的实证性解读。调研发现,关联人从理念、管理、课程、教学、教师、学生、设施、环境八大层面阐述了他们对基础教育国际化的理解,不同关联人对各个层面的关注度各异,对每个层面所涉及的具体要素也有不同选择。了解他们的认知,将有助于丰富基础教育国际化这一概念的多元视角,为这一快速发展的领域明确方向。

1. 问题的提出

在政策层面,教育国际化这一概念更多的是指高等教育领域的国际化(刘大革,2013:69)。1983年,邓小平为北京景山学校题词"教育要面向现代化,面向世界,面向未来",即教育的"三个面向",首提基础教育的对外开放。1995年的《中华人民共和国教育法》中第八章"教育对外交流与合作"指出"国家鼓励开展教育对外交流与合作",明确了出国留学和来华留学以及学历互认的原则,没

---

1. 北京外国语大学教授,北京外国语大学国际教育集团首席学术官。

有特别涉及基础教育。2010年的《国家中长期教育改革和发展规划纲要（2010—2020年）》中第十六章"扩大教育开放"也主要针对高等教育，明确涉及基础教育的内容是："加强中小学、职业学校对外交流与合作。加强国际理解教育，推动跨文化交流，增进学生对不同国家、不同文化的认识和理解。"2016年4月，中共中央办公厅、国务院办公厅印发了《关于做好新时期教育对外开放工作的若干意见》，这是新中国成立以来首次就教育对外开放政策出台的专门文件，提出了2020年教育对外开放要实现的目标："我国出国留学服务体系基本健全，来华留学质量显著提高，涉外办学效益明显提升，双边多边教育合作广度和深度有效拓展，参与教育领域国际规则制定能力大幅提升，教育对外开放规范化、法治化水平显著提高，更好满足人民群众多样化、高质量教育需求，更好服务经济社会发展全局。"同时，文件从重点部署、治理水平和组织领导三大方面描述了具体实施办法。综上所述，基础教育国际化这一概念在政策层面上更多地阐述为教育的对外开放，作为提升我国教育水平的一项措施，而非趋势或目标。

在研究层面，基础教育国际化已经成为一个概念，是"当前基础教育改革必须回应的核心命题"（李雯，2011：22）。在SCI期刊、核心期刊、CSSCI期刊的数据库中，用关键词"基础教育国际化"模糊搜索，得到2010年1月到2017年12月发表的相关论文共21篇。这些文献所涉及的内容包括：定义与概念、背景与意义、阶段与趋势、评价与标准、实践与探索、问题与对策、模式与项目、误区与弊端。从这些文献可以看出，基础教育国际化这一概念具有丰富的解读。

有些学者以内容为导向，认为教育国际化是教育由传统向现代、保守封闭向开放包容的转变，包括教育观念、内容的国际化，师生互换、学者互访等国际交流,国际学术交流与合作研究,教育资源的国际共享等方面(刘贵华,2000)。在列举了我国基础教育国际化的五种基本模式后,陈如平等指出:"教育国际化的真谛,不是教育在形式乃至内容方面符合某种'潮流'或具有某些通用的国际性,而是教育接受某些体现新的时代精神因而具有更大更多合理性的教育理念、教育方法、教育制度。"(2010:6)有些学者以目的为导向,认为教育国际化,就是"用国际视野来把握和发展教育"(刘大革,2013:68);就是要"理性地定位我国基础教育的核心问题,促进我国基础教育的公平、优质和多样化发展"(赵健,2015:44);就是要培养有国际化视野的人才(李雯,2011:24;高瑜,2015:10)。有些学者以过程为导向,认为教育国际化是"伴随全球化发展兴起的各国教育理念、教育方法、教育制度、教育模式等各方面的相互理解、交流、博弈、认同、共生的发展过程"(叶文梓,2014:51)。有些学者则综合阐述,提出国际化是"以国家利益为出发点""以培养本国所需要的国际化人才为目标""以国际交流与合作为载体"的"创新"和"历史过程",结果是"各国的教育特点越来越突出"(莫景祺,2014:22—23);有些学者认为应从民族性的角度来理解基础教育国际化的内涵,即"立足本土,放眼世界"(傅林等,2014:15)。

无论何种解读,这些文献有两个显著特点:第一,研究方法较为单一,均为文献研究,阐述心得体会,缺乏实证性研究;第二,视角较为单一,作者多为高校或教育管理部门的研究者,少有来自基础教育国际化一线的实施者或受益者。

纵观国际基础教育领域,赵萱(2012a)指出美、英、日在基础教育国际化上呈现这样几个特点:第一是通过国家立法和政策保障,创造有利于推进国际化教育的政策和空间；第二是强化外语教育和教学；第三是强调教师、学生、学校的国际交流与合作；第四是注重将国际化要素渗透在课程中。

在实践层面，基础教育国际化更直接地被理解为引进国外课程的国际化特色学校。截至2017年10月，我国共有734所国际化特色学校；其中，外籍子女学校126所，公立学校国际班241个，民办国际学校367所，并且呈快速发展趋势（何淼，2017）。

于是，我们提出这样一个问题：中国基础教育国际化的实践者，包括学生、家长、教师（中教和外教）和管理者，他们是怎样理解基础教育国际化的？以这种多元视角来分析基础教育国际化的内涵，将丰富这一尚无定论的概念，为基础教育国际化在中国的发展提供实践依据。

2. 研究目标、方法、步骤和样本情况

本研究将学生、家长、中教、外教、中层领导（教研室主任等）、校长级领导这六类基础教育国际化实践的关联人作为调研对象，以问卷调查研究的方式，回答这个问题：从这些关联人的视角看，一所国际化特色学校最典型的要素是什么？

调研样本选自三所学校的高中学段，表1是对这三所学校基本情况的描述，它们代表了中国三个典型的高中办学模式。表2是本调研样本的抽样原则和数量。

表1：样本采集学校的基本情况

	A	B	C
所在地	北京	苏州	宁波
办学性质	公立	私立	公立
学段	完全中学	K12	完全中学
高中课程	中国高中课程	英国A Level高中课程	普高部为中国高中课程，国际部为美国AP课程

表2：样本的抽样原则和数量

	A	B	C	总样本数
学生抽样	高一全体	高一全体	普高部和国际部高一全体	302
家长抽样	高一全体	高一全体	普高部和国际部高一全体	284
中方教师抽样	高中全体	高中全体	高中全体	77
外方教师抽样	高中全体	高中全体	无	13
中层领导抽样	学校整体	学校整体	学校整体	15
校级领导抽样	学校整体	学校整体	学校整体	7

调研采用问卷的方法，收集以上样本对于"一所国际化特色学校必须具备的三个最核心的要素"（top 3 features an international-oriented school must possess or develop）的回答，对学生、中外教和领导的调研利用课余时间发放问卷，对家长的调研则利用家长会发放并回收问卷。全部数据为质性数据。

数据分析采用内容分析法，通过对数据内容的分析发现"隐藏的主题、概念和启示"（McKernan，1996：145），分为以下步骤：

（1）编辑数据：将问卷数据集合。

（2）建立数据分类模型：通过对每一条数据的关键词和高频词的分析和解读，建立一个数据分类模型。

（3）分析数据：使用上一步建立的数据分类模型分析所有数据，并在过程中不断完善和明确分类模型。

（4）总结数据：计算同一类别数据的出现频次，分析出各类型所占比例。由于每一个样本对问题的回答包含多个关键词，所以最终的数据条目数量大于样本数量。

（5）呈现数据。

3. 各关联人对基础教育国际化内涵的认识

3.1 总体认识

通过内容分析法，我们发现六类关联人对基础教育国际化三个最核心要素的认识集中反映在以下八个层面：理念、管理、课程、教学、教师、学生、设施、环境。表3是对这八个层面的解读。

表3：基础教育国际化的八个层面

层面	解读	数据样例
理念	指在教育品牌、办学特色、育人目标等方面的国际化。	• 具有兼容性，可以包含中西文化并融合中西文化。 • 人才模式现代化。 • 与国际一流大学接轨的教育理念。
管理	指在管理理念、制度、人员、财务、服务项目等方面的国际化。	• 学校的制度对实施的计划、投入的资金、可以分配的资源等要有一个长期的清晰计划。 • 一个具有国际化眼光和前瞻性的总校长。 • 勿使用统一的军事化管理。

续表

层面	解读	数据样例
课程	指在课程的性质、种类、教材、评价体系等方面的国际化。	• 课程语言、社交采用多语种。 • 多种课程保证学生知识丰富。 • 使用国外引进的教材。
教学	指在教学理念、质量、方法、评价手段、科研合作等方面的国际化。	• 教育方式国际化。更多地启发学生自主思考，对问题允许有开放式答案。 • 多媒体信息化教学。 • 语言能力的强化，为出国求学提供适应的平台；口语、阅读能力增强。
教师	指在教师的组成、素质、交流活动等方面的国际化。	• 国外教师数量不低于国内教师。 • 教师队伍优质化——个体素质高，群体结构合理，富有创新精神。 • 老师都有海外生活经历，英文标准。
学生	指在学生的语言能力、学习能力、素养培养、身体、学业表现等方面的国际化。	• 引导学生学会管理，包括对时间的管理，对自我的管理；培养学生独立思考的能力。 • 拥有国际化的、五湖四海的学生。 • 对学生全方位的培养。
设施	指在设施的性质、种类等方面的国际化。	• 有齐全的设备（生活、学习上）。 • 可以寄宿。 • 食堂供应西餐。
环境	指在学校学习环境、校风、各类活动等方面的国际化。	• 与外国友好学校应加强沟通、来访、合作。 • 有丰富的club，可供选择的课外活动。 • 有纯外语的学习环境和氛围。

表4显示了各类关联人在基础教育国际化三个最核心要素中对以上八个层面提及频次的百分比，表5则显示了每类关联人提及度最高的三个层面。

表4：各类关联人对基础教育国际化三个最核心要素所提及的层面

（N=对应样本的总条目数）

层面	学生 N=887	家长 N=860	校领导 N=20	中层 N=56	中教 N=260	外教 N=57	总计 N=2140
理念	11.50%	20.12%	15.00%	23.21%	16.15%	17.54%	16.03%
管理	9.13%	8.02%	10.00%	16.07%	8.08%	10.53%	8.79%
课程	12.29%	8.84%	35.00%	14.29%	16.15%	26.32%	12.01%
教学	10.94%	8.14%	5.00%	1.79%	6.92%	3.51%	8.83%
教师	10.37%	9.19%	5.00%	14.29%	3.08%	12.28%	9.11%
学生	19.39%	30.00%	0.00%	21.43%	26.54%	14.04%	24.25%
设施	4.85%	3.72%	20.00%	3.57%	5.00%	10.53%	4.67%
环境	21.53%	11.98%	10.00%	5.36%	18.08%	5.26%	16.31%

注：由于保留两位小数需进行四舍五入，部分类别的关联人对应的八个层面提及频次百分比相加大于100%。

表5：各类关联人对基础教育国际化三个最核心要素提及度最高的三个层面

学生	家长	校领导	中层	中教	外教	总计
环境 21.53%	学生 30.00%	课程 35.00%	理念 23.21%	学生 26.54%	课程 26.32%	学生 24.25%
学生 19.39%	理念 20.12%	设施 20.00%	学生 21.43%	环境 18.08%	理念 17.54%	环境 16.31%
课程 12.29%	环境 11.98%	理念 15.00%	管理 16.07%	理念/课程 16.15%	学生 14.04%	理念 16.03%

从表4和表5的数据可以看到以下几个特点：

（1）六类关联人在对基础教育国际化三个最核心特征的认识上几乎覆盖了所有八个层面，只有"校领导"未提及学生层面；

（2）关联人对每个层面的提及频次各异；

（3）关联人提及频次最多的层面依次为：学生、环境和理念。

关联人均认为，一所学校是否具备国际化要素，需要从办学的多个层面呈现，而非单一层面。不同关联人对不同层面的关注程度不同；其中，校领导和外教最关注课程，家长和中教最关注学生，中层最关注理念，学生最关注环境。下面将对这八个层面作更详细的分析解读，以了解它们具体所指。

3.2 理念层面的认识

各类关联人认为，在理念层面上，最体现学校国际化的要素是：

（1）自主性：包括教育品牌、办学特色、兼容性等；

（2）国际化：包括国际化的办学理念、与国际接轨、学习国外经验、国际视野等；

（3）核心价值：包括爱国、诚信、求实、社会责任、民主、公正、创新性、包容性、开放性等。

表6是各类关联人对这三个要素提及频次的百分比统计。

表6：各类关联人对理念层面体现国际化要素的认识

要素	学生 N=887	家长 N=860	校领导 N=20	中层 N=56	中教 N=260	外教 N=57	总计 N=2140
自主性	1.80%	3.72%	0.00%	3.57%	4.62%	0.00%	2.90%
国际化	3.72%	7.33%	5.00%	8.93%	6.15%	5.26%	5.65%

续表

要素	学生 N=887	家长 N=860	校领导 N=20	中层 N=56	中教 N=260	外教 N=57	总计 N=2140
核心价值	5.98%	9.07%	10.00%	10.71%	5.38%	12.28%	7.48%

表6显示，学生、家长、校领导、中层和外教提及最多的是核心价值，中教提及最多的是国际化。纵观这些核心价值，它们不仅仅是一所国际化特色学校办学理念所应具备的要素，而且是所有学校教育办学理念所应具备的。这反映出各类关联人无论看待什么特色的学校，都会关注教育的本质。

3.3 管理层面的认识

各类关联人认为，在管理层面上，最体现学校国际化的要素包括：

（1）管理理念：包括管理的国际化、个性化、规范化、民主氛围、公平竞争机制等；

（2）管理制度：包括招生政策、时间安排、自由空间、对校服和手机等的管理、数字化等；

（3）人力管理：包括国际化的领导、良好的师生关系等；

（4）财务管理：包括资金雄厚、设有奖学金等；

（5）服务项目：包括提供留学服务、生活管理、家校沟通机制等。

表7是各类关联人对这五个要素提及频次的百分比统计。

表7：各类关联人对管理层面体现国际化要素的认识

要素	学生 N=887	家长 N=860	校领导 N=20	中层 N=56	中教 N=260	外教 N=57	总计 N=2140
管理理念	3.04%	3.95%	5.00%	5.36%	5.00%	1.75%	3.69%
管理制度	3.95%	2.09%	0.00%	0.00%	0.38%	0.00%	2.52%
人力管理	0.68%	0.93%	5.00%	3.57%	1.54%	5.26%	1.12%
财务管理	0.11%	0.00%	0.00%	0.00%	0.38%	0.00%	0.09%
服务项目	1.35%	1.05%	0.00%	7.14%	0.77%	3.51%	1.36%

注：由于保留两位小数需进行四舍五入，表7—表13中部分类别关联人或"总计"项对应的各要素提及频次百分比相加的结果，与表4中的相应项在小数点后第二位数字上存在差异。

总体来看，各类关联人对管理层面国际化要素的关注度普遍不高，更强调管理理念的国际化。

3.4 课程层面的认识

各类关联人认为，在课程层面上，最体现学校国际化的要素包括：

（1）课程性质：包括多元、全面、有特色、中西结合等；

（2）课程种类：包括外语课程（多语和英语）、传统文化课程、国情课程等；

（3）课程教材：包括引进教材等；

（4）评价体系：包括国际考试、国际评价标准等。

表8是各类关联人对这四个要素提及频次的百分比统计。

表8：各类关联人对课程层面体现国际化要素的认识

要素	学生 N=887	家长 N=860	校领导 N=20	中层 N=56	中教 N=260	外教 N=57	总计 N=2140
课程性质	5.19%	5.58%	30.00%	10.71%	11.54%	8.77%	6.59%
课程种类	6.20%	2.67%	5.00%	0.00%	3.85%	12.28%	4.49%
课程教材	0.56%	0.12%	0.00%	1.79%	0.00%	1.75%	0.37%
评价体系	0.34%	0.47%	0.00%	1.79%	0.77%	3.51%	0.56%

表8显示，课程性质和课程种类是各类关联人的关注焦点，他们没有强调课程的海外属性，而是看重多元、全面、特色、融合的特点，以及涵盖传统文化课程和国情课程的必要性。

3.5 教学层面的认识

各类关联人认为，在教学层面上，最体现学校国际化的要素包括：

（1）教学理念：包括国际化教学理念、个性化教学、以学生为中心、中西融合等；

（2）教学质量：包括国际化教学质量、国际化教学水平等；

（3）教学方法：包括全英文教学、双语授课、国际化教学方法、数字化教学、小班教学、作业少等；

（4）教学评价：包括教师教学的评价体系、方法和应用；

（5）科研：包括学校开展科研的支持和激励体系、方法和成果。

表9是各类关联人对这五个要素提及频次的百分比统计。

表9：各类关联人对教学层面体现国际化要素的认识

要素	学生 N=887	家长 N=860	校领导 N=20	中层 N=56	中教 N=260	外教 N=57	总计 N=2140
教学理念	1.92%	2.56%	0.00%	1.79%	1.54%	1.75%	2.10%
教学质量	0.56%	1.05%	0.00%	0.00%	0.00%	1.75%	0.70%
教学方法	8.00%	4.42%	5.00%	0.00%	3.08%	0.00%	5.51%
教学评价	0.45%	0.12%	0.00%	0.00%	0.00%	0.00%	0.23%
科研	0.00%	0.00%	0.00%	0.00%	2.31%	0.00%	0.28%

在教学层面，各类关联人聚焦的内容比较务实，主要落在教学方法上。相比教学理念和教学质量，教学方法的国际化特色更容易被直接感知。

3.6 学生层面的认识

各类关联人认为，在学生层面上，最体现学校国际化的要素包括：

（1）国际化能力：包括国际化意识、国际化素养、国际竞争力等；

（2）学习能力：包括学习能力、学习方法、知识面广等；

（3）综合素养：包括创新精神、实践能力、解决问题能力、兴趣发展、自主独立、团队精神、思维方式等；

（4）沟通能力：包括沟通能力、同学关系等；

（5）语言能力：包括外语（英语）能力、口语能力、词汇量、阅读等；

（6）身体素质：包括自我保护、生存能力等；

（7）学生组成：包括有外籍学生、学生互换等；

（8）学业表现：包括成绩好、升学率高等。

表10是各类关联人对这八个要素提及频次的百分比统计。

表10：各类关联人对学生层面体现国际化要素的认识

要素	学生 N=887	家长 N=860	校领导 N=20	中层 N=56	中教 N=260	外教 N=57	总计 N=2140
国际化能力	1.58%	1.86%	0.00%	3.57%	1.92%	1.75%	1.78%
学习能力	0.68%	1.74%	0.00%	1.79%	1.54%	1.75%	1.21%
综合素养	9.13%	18.02%	0.00%	10.71%	8.46%	1.75%	12.38%
沟通能力	0.56%	1.16%	0.00%	0.00%	0.00%	0.00%	0.70%
语言能力	2.93%	3.26%	0.00%	0.00%	6.15%	3.51%	3.36%
身体素质	0.45%	0.58%	0.00%	0.00%	0.00%	0.00%	0.42%
学生组成	3.27%	2.67%	0.00%	5.36%	8.08%	1.75%	3.60%
学业表现	0.79%	0.70%	0.00%	0.00%	0.38%	3.51%	0.79%

表10显示，学生综合素养是各类关联人最关注的学生层面的国际化要素，这与办学理念中各类关联人都关注核心价值相呼应，即无论什么特色的学校，教育对学生的培养目标是一致的。这里值得注意的是校领导这个样本群体，虽然样本量小（7人），但同其他关联人提及学生层面的频次远远高于提及设施层面的频次这一现象相比（见表4），校领导对设施层面的关注度比较突出，却没有提及国际化要素在学生中的体现。

3.7 教师层面的认识

各类关联人认为，在教师层面上，最体现学校国际化的要素包括：

（1）综合素质：包括优秀的师资、国际化的师资等；

（2）教师组成：包括有外籍教师等；

（3）教师发展：包括有教师互换项目、科研、待遇高等；

（4）师德师风：包括尊重学生等。

表11是各类关联人对这四个要素提及频次的百分比统计。

表11：各类关联人对教师层面体现国际化要素的认识

要素	学生 N=887	家长 N=860	校领导 N=20	中层 N=56	中教 N=260	外教 N=57	总计 N=2140
综合素质	4.85%	6.05%	5.00%	7.14%	1.54%	12.28%	4.77%
教师组成	4.06%	2.33%	0.00%	7.14%	1.54%	0.00%	3.13%
教师发展	0.11%	0.47%	0.00%	0.00%	0.00%	0.00%	0.37%
师德师风	1.35%	0.35%	0.00%	0.00%	0.00%	0.00%	0.84%

各类关联人对教师层面在国际化办学要素中的体现关注度不是很高，令我们这些身为教师的研究者感到诧异。在我们看来，一所学校国际化特色的体现，关键在教师，只要他们具备了国际化视野，课程、教学、环境等就会随之拥有国际化特色。否则，无论理念、校领导、学生和设施多么国际化，国际化教育都会浮于表面，流于形式。

3.8 设施层面的认识

各类关联人认为，在设施层面上，最体现学校国际化的要素包括：

（1）设施性质：包括国际化设施、一流设施、设施齐全等；

（2）设施类别：包括体育设施、图书多、有国外图书、食堂好、宿舍好、校园大等。

表12是各类关联人对这两个要素提及频次的百分比统计。

表12：各类关联人对设施层面体现国际化要素的认识

要素	学生 N=887	家长 N=860	校领导 N=20	中层 N=56	中教 N=260	外教 N=57	总计 N=2140
设施性质	2.14%	2.09%	20.00%	3.57%	4.62%	8.77%	2.80%
设施类别	2.71%	1.63%	0.00%	0.00%	0.38%	1.75%	1.87%

设施是一所学校最能够被直观感受的特色，也是最容易用雄厚的资金解决的问题，各类关联人没有对此作过多强调，说明他们更看重国际化在学校办学软实力中的体现。

3.9 环境层面的认识

各类关联人认为，在环境层面上，最体现学校国际化的要素包括：

（1）综合环境：包括外语环境、学习环境、人文环境、安全环境、轻松环境、校园文化、校风好等；

（2）校园活动：包括丰富的活动、特色活动、国际交流活动等。

表13是各类关联人对这两个要素提及频次的百分比统计。

表13：各类关联人对环境层面体现国际化要素的认识

要素	学生 N=887	家长 N=860	校领导 N=20	中层 N=56	中教 N=260	外教 N=57	总计 N=2140
综合环境	6.43%	5.93%	5.00%	3.57%	4.23%	0.00%	5.70%
校园活动	15.11%	6.05%	5.00%	1.79%	13.85%	5.26%	10.61%

学生、家长和中教对环境的关注度较高。同课程和教学这些受大纲和考试限制的要素相比，非课活动更能够体现一所学校有别于其他学校的特色，学生和家长对于这一要素的关注再次印证了他们对学校软实力的看重。

4.总结和讨论

基础教育国际化的内涵究竟是什么？李岩（2013）汇集了不同国家和地区关于高等教育国际化的评估指标以后，得出如下七个层面的分类：教育观念、组织制度、课程教学、学生、教师、科学研究、合作交流。赵萱（2012b）以两位中国台湾学者通过实证性研究提出的基础教育国际化的指标为基础，提出了基础教育国际化反映在国际化意识、本土意识、目标与战略规划、机构设置、师生结构、教学结构、国际影响力、收益与支出这八个层面上。

这些文献给本研究的数据分类提供了思路，但是本研究的不同之处在于，对基础教育国际化内涵的认识不是来自对已有文献的归纳和总结，而是来自基础教育一线的学生、家长、校领导、中层、中教和外教这六类关联人，三个不同城市（北京、苏州和宁波）和三种不同类型的高中（普通高中、私立高中和公立高中国际部），更加真实地反映了国际化教育最直接的实施者和受益者对其内涵的认识，包括：

（1）关联人一致认为，国际化教育不是在单一层面的体现，而是需要从理念、管理、课程、教学、教师、学生、设施、环境等多层面反映国际化办学的特色。

（2）关联人对八个层面的国际化办学特色的解读，既突出了国际化特性，更有对教育应具备的基本要素的诉求，比如爱国、诚信、求实、民主、公正、包容和开放的办学理念，个性化、规范、公平的管理机制，多元、全面、有特色和中西结合的课程性质，创新精神、实践能力、解决问题能力、兴趣发展、自主独立、团队精神等学生综合素质的培养。

（3）关联人对不同层面的关注度不同，其中，学生、环境和理念这三个要素最被关注，需要办学者在这三个方面着重打造国际化特色。但这并不意味着受关注较低的要素可以被忽略，而是需要更多地宣传和发挥它们在国际化办学中的作用。

（4）关联人更关注办学软实力（理念、课程、环境）而非硬件（设施）在国际化特色中的体现，这可以让办学者资金和精力的投入方向更加明确。

（5）关联人对教师要素在国际化办学中的作用关注度不高，包括中外教群体也没有把教师的国际化作为重要的要素，这一点令人深思。

本研究的样本虽然具有一定代表性，但样本量小，有局限，所采用的质性研究和内容分析法不可避免地带有主观因素。本研究的目的并不是要获得对基础教育国际化内涵的权威解读，而是通过引入对这一概念认知的不同视角和实证性研究方法，让这一飞速发展的领域关注来自一线的现实问题。只有能够切实反哺实际发展需求的研究，才能够为基础教育国际化的发展给予到位的支持。

参考文献：

McKernan, J. Curriculum Action Research: A Handbook of Methods and Resources for the Reflective Practitioner [M]. London: Kogan Page, 1996.

陈如平，苏红.论我国基础教育的国际化[J].当代教育科学，2010，(14)：3—7.

傅林，高瑜.再论基础教育国际化[J].四川师范大学学报(社会科学版)，2014，(2)：13—17.

高瑜.基础教育国际化实践方向探明[J].教育理论与实践，2015，(17)：9—11.

何淼.2017中国国际学校发展报告解读[EB/OL].中国国际教育网.http://www.ieduchina.com/news/201711/28879.html.

李雯.如何理解教育国际化？[J].中小学管理，2011，(9)：22—25.

李岩.中国大学国际化内涵及评估指标筛选[J].高教发展与评估，2013，29(5)：55—62.

刘大革.区域基础教育国际化置辩——以广州市南沙区基础教育国际化示范实验区项目设计为例[J].全球教育展望，2013，(10)：68—75.

刘贵华.教育国际化：21世纪的教育理念[J].教育理论与实践，2000，20(5)：11—15.

莫景祺.对当前基础教育国际化"热"的冷思考[J].人民教育，2014，(10)：21—26.

叶文梓.深圳基础教育国际化的发展战略和实践探索[J].世界教育信息，2014，(5)：51—56.

赵健.东西相遇中的基础教育：关于国际化的辨思[J].世界教育信息，2015，(1)：43—44.

赵萱.基础教育国际化：美、英、日的经验[J].中小学管理，2012a，(2)：52—53.

赵萱.应然理性：上海基础教育国际化述评[J].基础教育，2012b，(1)：26—33.

中国基础教育国际化特色学校质量保障标准的体系框架

曹文[1]、沈忆文[2]

【摘要】本文在和基础教育国际化特色办学相关的政策、文献、认证体系、实证性研究的基础上,提出了以"欣赏型评价"和"自我评价"两大策略为指导的国际化特色学校质量保障标准体系,阐述了这一体系的概念界定、设计理念、标准指标、实施流程、实施团队、结果应用和组织关系。

一、背景

本文的研究背景建立在本专栏的所有论文基础之上,这些论文的内容包括:中国基础教育国际化特色办学的发展现状研究,政府有关教育开放的政策研究,2010年以来在中国核心期刊上与基础教育国际化特色办学相关的文献研究,中外各国基础教育业已建立的24个认证体系的研究,三个不同性质学校的各关联人对于国际化内涵认识的实证性研究。

《国家中长期教育改革和发展规划纲要(2010—2020年)》中指出:"制定教育质量国家标准,建立健全教育质量保障体系。"2016

---

1. 北京外国语大学教授,北京外国语大学国际教育集团首席学术官。
2. 北京外国语大学专用英语学院副教授,北京外国语大学国际教育集团教学顾问。

年,中共中央办公厅、国务院办公厅印发的《关于做好新时期教育对外开放工作的若干意见》中指出,要提升教育国际化的治理水平,"健全质量保障。《中华人民共和国民办教育促进法》提出:"教育行政部门及有关部门依法对民办学校实行督导,建立民办学校信息公示和信用档案制度,促进提高办学质量;组织或者委托社会中介组织评估办学水平和教育质量,并将评估结果向社会公布。"

由于中国基础教育国际化特色学校发展迅猛,办学主体多元,课程多样,因此办学品质存在较大差异。目前国际化特色学校尚未建立被广泛认可的行业标准,在办学过程中,存在一些影响学校整体发展的突出矛盾和问题,主要表现在以下四个方面:

(1)国际化特色学校处于发展期,尚未形成成熟的模式和经验。无论是教育管理部门、学校本身,还是学生和家长,都对究竟什么是国际化特色学校有着不同或者模糊的理解。如果这种理解出现错位,就容易引发问题。

(2)投建到位,管理缺位。伴随国际化特色学校投资投建热,尤其是跨行跨界投资增多,增长迅猛,学校建筑和硬件建设到位快。但管理机制和团队没有跟上,对国际化教育的规律把握不准,也无标准可循;学校存在非标准化、家族式的管理方式和机制,甚至出现校长或管理团队与办学者、投资者之间的严重冲突,导致学校运转失常,严重影响学校发展。

(3)管理人才和师资供给严重不足。国际化特色学校的人才无论是在数量还是质量上都面临着较大短缺,同时缺乏相应的培训和认证机制,人员流动性大,直接影响办学质量。

(4)缺乏科学严谨的第三方认证。教育主管部门对国际化特色学校采用的是面向所有学校的督导标准，没有针对国际化特色学校的特点作监测；学校宣传有自说自话之嫌，缺乏公信力；公众通过非系统的口碑、升学结果来判断国际化特色学校的优劣，比较片面；营利性机构根据自己制定的标准为学校排名，有其商业动机。各方对国际化特色学校的质量评判都存在盲区，缺乏科学严谨、可信赖的第三方认证。

一个行业的健康发展，依赖于一个业内认可、公众认知的质量保障标准体系；应实现规范办学和行业自律，避免行业无序发展和恶性竞争。本文在对国际化特色学校现状、政策、文献、已有行业标准的研究和实证性调研的基础上，形成了国际化特色学校质量保障标准体系的第一版框架模型（以下简称CERB1.0）。

CERB1.0从构思到逐步成型经过了一年时间，在这一年里，研究团队完成了本专栏所有论文的撰写工作，为CERB1.0的制定提供了丰富的文献基础和实证数据。研究团队还分别在北京、广州、上海和杭州四地共五次国际化特色学校校长会或行业年会上就CERB1.0的设计进行了分享，征集了业内专家和从业人员的各种反馈。

二、概念界定

CERB1.0涉及几个重要概念：国际化特色学校、质量标准、体系。下文对这些概念的界定仅限于CERB1.0的适用范围，并不是对整个行业的定义。

CERB1.0所指的国际化特色学校是以实施国际教育为特色，在办学各方面以引进、输出、融合国际教育元素为重点的学校。什么是国际教育？我们采纳三个定义来源。第一是《国家中长期教育改革和发展规划纲要（2010—2020年）》中指出的"国际理解教育"，即"加强中小学、职业学校对外交流与合作。加强国际理解教育，推动跨文化交流，增进学生对不同国家、不同文化的认识和理解"。第二是Wikipedia上的定义，国际教育（international education）包括：了解其他地区和文化，熟悉国际和全球事务，掌握在全球或跨文化环境中有效工作和使用全球不同渠道信息的技能，使用多种语言沟通，尊重和关心其他文化和民族。第三是联合国教科文组织的文件《什么是国际教育？》中所指出的："国际教育是由国际理解、合作和和平产生的一个过程。"三个定义对国际教育有着高度共识。

什么是教育质量标准？教育质量是指一所学校的教育水平和教育效果；标准则是检验和评估质量的技术依据（孙河川等，2015：8—9）。标准的最直接联想就是一套评估指标，但是如果没有一套完整、科学的体系来保障，任何评估指标都只能是纸上谈兵。这个体系需要包括以下六个组成部分，以确保标准的实施：

（1）设计理念：标准的指导思想、宗旨和目标。

（2）标准指标：标准的具体内容、所使用的工具。

（3）实施流程：实施的整体流程。

（4）实施团队：参与标准实施的人员组成。

（5）结果应用：结果公布的范围以及作用。

（6）组织关系：标准实施的机构与教育主管部门、公众、学校等关联人之间的关系。

纵观教育部和各省市的学校认证制度，所用名称包括学校的教育质量/素质教育的督导评估、督导考核、督导验收、综合评价、评价指标、认证，标准指标又被称作体系、方案、标准、纲要、准则。

海外各国的学校认证体系名称包括criteria（标准）、inspection（考察）、certification（认证）、scheme（机制）、framework（框架）、evaluation（评价）、standards（标准）、accreditation（认证）、authorization（授权）。而CERB1.0的名称是"质量保障标准体系"（quality assurance system），它不是上级对下级的督导，不是强制性的准入型或监测型的认证，也不是对合格还是不合格的评价；它是一个标准体系，包括理念、指标、过程、团队、结果应用和组织关系；它关注的是质量，即和教育水平、教育效果有关的方方面面；它提供保障，表明办学者对达成质量的承诺；它是标准，是一套科学统一、可落地、可执行的技术工具。

三、设计理念

本专栏的论文综述了中国、美国、英国等国家，亚洲（不含中国）、欧洲（不含英国）等大洲以及两个国际教育组织的共24个学校认证体系；认证体系各不相同，是因为其设计理念的不同带来了指标、流程、团队、结果应用的不同。CERB1.0的关键点也在于其设计理念。

CERB1.0首先要回答几个问题。第一，中国各省市有自己的办学许可政策和教育督导制度，在中国的国际化学校有自己的认证制度，CERB1.0的意义在哪里？第二，由于不是强制性标准，学校为什么会愿意参与？不参与又如何？参与了结果不理想又如何？CERB1.0的作用是什么？第三，国际化特色学校正处在迅猛发展时期，呈现多元特征，没有形成被共同认可的权威性准则，CERB1.0依据什么制定统一的标准？第四，标准容易催生同质化现象，而国际化特色学校恰恰寻求的是差异化办学，以满足不同教育需求，CERB1.0

是否会抹杀特色？第五，国内的很多学校评价标准最终都因为实用性和实操性的问题而成为一纸空文，CERB1.0要做成什么样才会不成为束之高阁的课题产品？

基于对以上问题的思考，CERB1.0提出了两个重要的指导思想。第一是"欣赏型评价"（张新平，2014）或"强项方法"（strengths approach）（McCashen，2005）策略，即评价的目的是发掘评价对象的长处、优势和亮点，而不是不足、缺失和弊端；要发现评价对象什么做得对，而不是什么做得不对。

第二是"自我评价"策略。早在1999年，John MacBeath 就提出了"学校自我评价"（school self-evaluation）的理论，他认为一个健康的教育体系应该"让学校为自己说话""讲自己的故事"，通过自我评价和自我完善实现学校的发展，非健康的教育体系才需要外部机构来评价学校（1999：1—2）。他提出学校评价存在三个维度（见图1），每个维度都有两极，它们是：从上到下—从下到上；外部—内部；压力—支持。任何针对学校的评价体系都是在这三个维度的两极之间作出选择，他认为最利于学校发展和改进的评价模式是各维度两极中间的最优组合。他所倡导的改变是从压力转向支持，从自上而下转成自下而上，从外部转向内部。

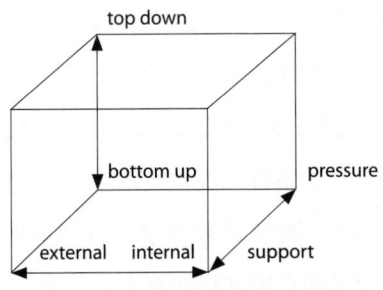

图1：John MacBeath学校评价与发展三维图

以这两大指导思想为核心，CERB1.0采用的方法是以标准体系为框架，以学校自身的办学理念和培养目标为基准，专注国际教育特色在办学各方面的水平和效果，在各关联人（学校领导和老师，学生和家长）的互动中构建被共同认可的标准达成结果。CERB1.0旨在实现以下目标：

（1）在学校层面上，帮助学校明确国际化教育特色在办学各方面的具体体现和所取得的成就，提炼和提升其办学优势和亮点，发现不足，实现突出特色的可持续发展。

（2）在政府层面上，通过总结归纳各个国际化特色学校的国际教育办学特色，为政府掌握信息、制定政策、鼓励发展提供可信赖的数据。

（3）在行业层面上，通过收集各个国际化特色学校的国际教育办学特色，形成行业共性的国际化办学基础指标和特色指标，支持学校基础保障和多元个性的双重发展，提供同行业分享和比较的依据，形成与国外类似行业组织沟通的基础。

（4）在公众层面上，以第三方科学严谨的考察结果为背书，为学生和家长提供选择指南和国际化教育特色的基本保障。

CERB1.0与中国学校督导制度的不同反映在以下几个方面：

（1）视角不同：督导制度以上级管理部门的视角考察学校的办学质量，而CERB1.0是以学校不同关联人（学校领导、老师、学生）的自我视角来完成对学校的考察。

（2）目标不同：督导制度强调办学的统一性，即达到一样的标准，而CERB1.0是要挖掘办学的特性和亮点。

（3）关注点不同：督导制度是对办学方方面面的全面评估，而CERB1.0是对办学方方面面在国际化教育上的体现。

（4）性质不同：督导制度是强制性的，而CERB 1.0是推荐性的，学校可以自主选择是否参与。

四、标准指标

CERB 1.0的标准指标基于对国内外24个学校认证体系的评价指标的分析和对三个不同性质学校中的领导、中外教、学生和家长四类关联人的实证性调研，采取维度（domains）—层面（aspects）—要点描述（indicators）三个层级的结构。其中，要点描述又分为核心要点（key indicators）和一般要点（general indicators），必须是可见或可衡量的指标，每个层面的核心要点不超过三个。图2展示了这一指标的构成：共四个维度，每个维度下分别有四个层面，共16个层面。表1解读了这16个层面所涵盖的内容。

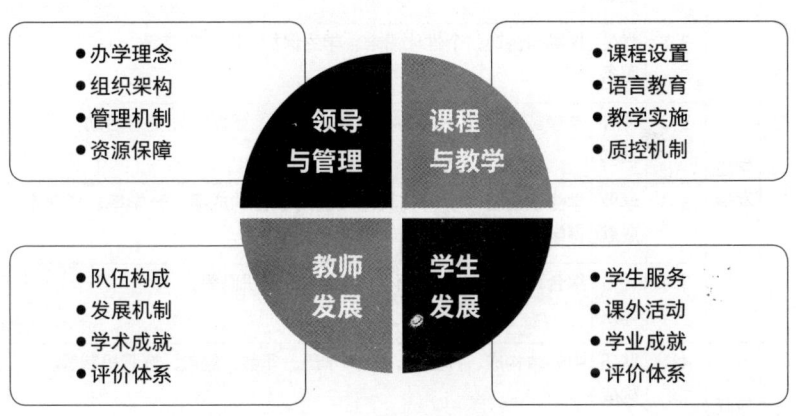

图2：CERB 1.0标准指标

表1：标准指标的16个层面所涵盖的具体内容

维度		层面		所涉及内容
1	领导与管理	1.1	办学理念	理念、规划、表现方式、关联人对此的理解和认同、贯彻措施等。
		1.2	组织架构	领导/管理人员构成、全员参与机制、岗位序列与职责、部门设置、对外合作等。
		1.3	管理机制	各类制度(人事、财务、行政、安全、合作、数据等)建设，管理人员的职业发展，沟通、评估和反馈机制。
		1.4	资源保障	经费、硬件、软件、环境、信息化、特殊设施等对办学的支持。
2	课程与教学	2.1	课程设置	课程的组成、目标、遵循标准、课时分配、个性化需求，特色课程等。
		2.2	语言教育	语言教育的课程和活动的设置、遵循标准、特色、课时分配等。
		2.3	教学实施	教学资源、多模态、教学策略、课堂组织、改革创新等。
		2.4	质控机制	教学评估、教研机制、数据分析报告和反馈等。
3	学生发展	3.1	学生服务	指导与咨询、个性化需求、学生保护、国际交流等。
		3.2	课外活动	学校或学生组织的各类社团、实践、研学、竞赛等活动。
		3.3	学业成就	学生在语言、学科和其他方面所取得的成果，升学率、毕业率、辍学率等。
		3.4	评价体系	综合评价机制、多样化、沟通与改进机制等。
4	教师发展	4.1	队伍构成	中外教构成、师生比，教师学历、年龄、经验、选聘机制等。
		4.2	发展机制	为教师提供的各类培训、科研、交流等机制。

续表

维度		层面	所涉及内容
4	教师发展	4.3 学术成就	课程研发、教学评比、学术研究课题、出版等方面的成果。
		4.4 评价体系	对教师教学和升级的评价机制。

这一标准指标的关键点是要点描述。一般的评价指标都是将要点描述罗列出来，供评价者根据学校情况打分。但CERB 1.0的要点描述采取的是关联人（学校领导和老师，学生和家长）共同构建的方式，即通过访谈、问卷和观察，收集关联人提供的学校办学理念和育人目标在国际教育特色上的具体表现和所取得的成就；然后将关联人提及最多或最重要的三项指标作为核心要点，其他指标作为一般要点，完成一个层面的标准构建。

现举例说明。某所学校的办学理念和育人目标是"培养有故事的孩子"，每个关联人都要对这一理念和目标在办学各方面的表现，以自己的理解，举出具体实例。例如，收集上来的数据包括：Entry 1. 每周家校沟通卡上要记录老师观察到的体现孩子特性的一个故事（学校领导）；Entry 2. 学校的校园设在大学中，很多设施与大学共享（家长）；Entry 3. 邀请大学老师到学校开设大学通识课程（老师）；Entry 4. 参加了"少年研究员"培养计划，在大学老师的指导下作科研（学生）。

将这些数据归类到以上维度和层面：将Entry 1归类到1.3，即领导与管理的管理机制层面；将Entry 2归类到1.4，即领导与管理的资源保障层面；将Entry 3归类到2.1，即课程与教学的课程设置层面；

将Entry 4归类到3.2，即学生发展的课外活动层面。以此类推，逐步形成这所学校每个维度每个层面的具体实例，直至最终形成这所学校所有四个维度共16个层面的办学特色体现。

五、标准框架

本文的第三部分介绍了CERB 1.0的设计理念，第四部分介绍了CERB 1.0的标准指标。但是，如同本文在一开始就强调的，如果没有一套完整、科学的体系来保障，任何指标都只能束之高阁。所以，设计理念和标准指标只是CERB 1.0的六个要素中的两个要素，其他四个要素——实施流程、实施团队、结果应用，以及团队的组织关系——同样重要。

在研究团队已经完成的24个国内外认证体系调研的基础上，设计这些要素并不复杂。但需要一个大的前提，就是CERB 1.0的实施需要依托一个行业组织，这个行业组织应具备以下特性：第一，符合中国行业组织的法律法规要求，正式注册；第二，得到教育主管部门的认可；第三，得到行业、公众的认可；第四，拥有实施评价的资金保障。这些条件决定了如何开展CERB 1.0，什么人参与，结果在什么范围内如何应用，以及和政府、行业、公众有哪些组织关系。

在以上这些条件尚无确定性的情况下，下文将描述理想状态下的标准框架。

（1）实施流程：第一步，学校自愿向拟设立的行业组织中的质量保障标准体系工作组提出申请；第二步，工作组接受申请，与学校高层领导沟通并确定实施细则；第三步，工作组组织团队对学校各组关联人就实施事宜进行培训和沟通；第四步，工作组和学校联合实施评估；第五步，工作组分析和总结数据，形成报告；第六步，工作组向学校高层领导反馈报告。以上工作结束后，学校有可能要求第三方提供学校改进建议。

（2）实施团队：由三部分人员组成。第一部分是拟设立的行业组织的全职专业人员，负责评价工作的协调、组织、培训、数据分析和报告撰写，这些人员需具备学校评估的专业背景和国际化特色学校的从业经验。第二部分是拟设立的行业组织的专家库人员，来自高校与学校评估相关的专业院系或研究机构、国际教育集团的研究机构，以及国际化特色学校的相关机构，经过培训，持证上岗，参与不同阶段的评估工作。第三部分是参加评估的学校组成的工作组，负责组织协调落地的工作。

（3）结果应用：最易实现的方案是将最终报告提供给学校，由学校确定发布的形式、内容和对象。但是意义更大的方案是由拟设立的行业组织在官方网站上发布最终报告，以发挥其在政府、行业和公众层面对国际化特色学校发展所起到的第三方作用。

（4）组织关系：拟设立的行业组织受国家行业组织法律法规的管理，并且得到教育主管部门的认可，在行业内享有公平公正的声誉；与海外类似行业组织建立合作，得到公众的广泛信赖。

六、总结

本文在系列调研的基础上提出了中国基础教育国际化特色学校质量保障标准的体系框架，但这仅是框架，需要通过在30所以上的国际化特色学校进行实践，收集和分析数据，才能形成拥有完整内容的标准体系，这也是该产品被称为CERB 1.0的原因。

虽然研究团队可以在已有的学校认证/评价体系上形成一套有详细评价指标的标准体系，但是，正如本文在第三部分开始所提出的几个问题那样，这种做法并不适合中国国际化特色学校发展的现状，反而会阻碍这一行业的多元特色发展。研究团队相信，只有采取动态构建的思维，通过收集涵盖所有关联人的实证性数据来反映中国国际化特色学校的真实存在，从而形成标准体系，才是科学的态度，时代的趋势；才会最终被行业、学校和公众真正认可，因为他们是这一标准体系的制定者。

当调研样本和数据达到一定数量，国际化特色学校的办学共性和特性都会得到明确而清晰的论证，政府、行业、学校和公众都会对什么是国际化特色学校取得高度共识；国际化特色学校质量保障标准体系就可以进入CERB 2.0阶段，即形成一套国际化特色学校都需要达到的"基础+特色"的标准体系（minimum + value-added standards），更好地服务于整个行业的健康发展。

参考文献：

International education [EB/OL]. Wikipedia. https://en.wikipedia.org/wiki/International_education.

MacBeath, J. Schools Must Speak for Themselves: The Case for School Self-Evaluation [M]. London: Routledge, 1999.

McCashen, W. The Strengths Approach [M]. Bendigo: St. Luke's Innovative Resources, 2005.

What is International Education? UNESCO Answers [R/OL]. UNESDOC. https://unesdoc.unesco.org/ark:/48223/pf0000138578.

国家中长期教育改革和发展规划纲要(2010—2020年)[EB/OL]. 中华人民共和国教育部. http://old.moe.gov.cn//publicfiles/business/htmlfiles/moe/info_list/201407/xxgk_171904.html.

孙河川, 郑弘. 学校教育质量评估标准研究: 基于教育督导的视角[M]. 北京: 九州出版社, 2015.

张新平. 从诊断式评价走向欣赏型评价[J]. 教育发展研究, 2014.

中共中央办公厅、国务院办公厅印发《关于做好新时期教育对外开放工作的若干意见》[EB/OL]. 中华人民共和国中央人民政府. http://www.gov.cn/home/2016-04/29/content_5069311.htm.

中华人民共和国民办教育促进法[EB/OL]. 中国人大网. http://www.npc.gov.cn/npc/xinwen/2019-01/07/content_2070265.htm.

专栏二
课程教学篇

国际化特色学校的课程与教师发展

主持人

马 迪
北京外国语大学国际课程中心助理学术校长

刘宝胤
北京外国语大学国际教育集团原学术部主任

本篇章基于国际化特色学校的背景，从课程和教师这两个学校发展的核心要素入手，选取了一些典型特色案例。在课程方面，既有顶层设计的分享和研发管理模式的探索，也有涉及英语、大学先修课、数字化资源等模块层面的实践，还有具体学科课程类的创新尝试。在教师发展方面，既有对教师自身发展需求的实证性报告，也有对全球权威性教师发展框架的调研，以及在这些工作基础上研发的本土教师发展认证体系和实施方案。本篇章突出介绍在课程设计、资源研发、教学实施和教师提升上实实在在可以落地的方法，它们来源于学校每天的实践，依托清晰的理念指引、文献研读和需求分析，将常规实践和创新做法加以融合提炼而成；具有强大的生命力，可复制可借鉴，为办学过程提供方法论和思路，为办学效果提供品质保证。

构建"和而不同,美美与共"的课程体系
——北京外国语大学附属杭州橄榄树学校

黄燕明[1]

北京外国语大学附属杭州橄榄树学校的办学理念是"和而不同,美美与共"。我们认为每一个学生都有自己的优势领域,教育需要发现和发扬每一个学生的优势,扬长避短,帮助学生成才。同时,我们希望校园内不同组织、不同学科、不同年龄的人不仅懂得欣赏自己创造的美,还能包容和欣赏别人创造的美。在这一办学理念的指导下,我们构建了具有"橄榄树"特色的课程体系。

一、课程设计原则

第一是尊重差异。每个生命都是不一样的,教育要从了解学生个体需求出发,从尊重学生的差异开始。课程建设既要满足学生对知识的追求,也要满足学生的兴趣,还要促进学生特长的发展,让学生的成长更具多样性。

第二是梯度进阶。学习是有层次的,一般而言,都会经历由易到难、由简单到复杂的过程。课程建设的层次性,可以从长度、宽度、深度等方面进行多方位的考虑,让学生的学习既有广泛性,又有深刻性。

---

1. 北京外国语大学附属杭州橄榄树学校总校长。

第三是多样选择。选择的多样化首先是指提供丰富的课程门类，让每一位学生都能选到自己感兴趣的课程；其次是指提供不同形式的选课方式，让每一位学生或从"面"的角度，或从"难易"的角度选择适合自己的课程。

二、课程设置

1. 课程模型

学校的课程模型取自校名中的"橄榄树"（见图1）。树干，是指基础性课程，即全体学生都必须学习的课程；树杈，是指俱乐部课程，学生可以根据自己的兴趣、爱好选择相应课程；树叶，是指定制式课程，这是学校为每一位具有特长的学生量身定制的课程。粗壮的树干，表示我们要夯实每一位学生的学习基础；繁多的枝杈，表示我们要拓宽每一位学生的学习兴趣；茂密的树叶，表示我们要发展每一位学生的学习特长。

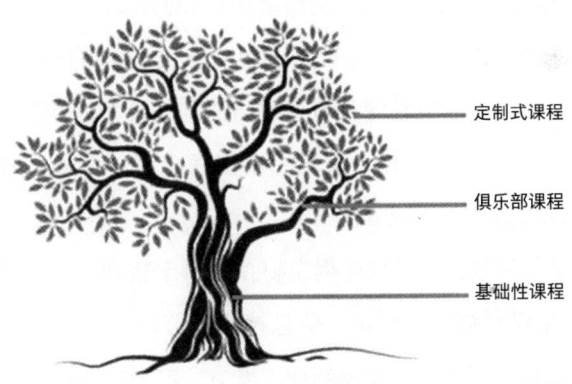

图1: 学校课程模型

基础性课程是学生学习基本知识、提高基本技能和培育核心价值观的课程，是学生学习俱乐部课程与定制式课程的基础。在橄榄树课程体系中，它属于奠基课程。这类课程主要有三个类别：国家课程、国家课程的校本化改造课程、专题性课程。

俱乐部课程是体现全球视野、时代特征、中国特色，实现学生自主选课，注重学习方式变革，促进学生多样化发展的课程。橄榄树学校的俱乐部课程主要由四大俱乐部开设：人文俱乐部、科技俱乐部、艺术俱乐部、体育俱乐部。

定制式课程是为挖掘学生潜力、培养学生特长，让有爱好、有天赋的拔尖学生在某个特定领域深入学习的课程。该课程以超级小班的形式，实行一对多、一对一形式的辅导与教学。

2. 课程结构

橄榄树课程按学习领域可以分为语言与人文、数学与科技、体育与健康、艺术与修养四类领域课程。每个学习领域都包括基础性课程、俱乐部课程、定制式课程三类层级课程（见图2）。

（1）语言与人文：该领域课程主要指向学生家国情怀和国际视野的目标培育。涉及的基础性课程有道德与法制、语文、英语，俱乐部课程有第二外语、文学写作、辩论、模拟联合国、摄影、出版与年鉴，定制式课程有少年作家等。

（2）数学与科技：该领域课程主要指向科学精神的目标培育。涉及的基础性课程有数学、科学、信息技术、劳动与技术，俱乐部课程有创客、航模、植物学、动画制作、魔方，定制式课程有少年科学家等。

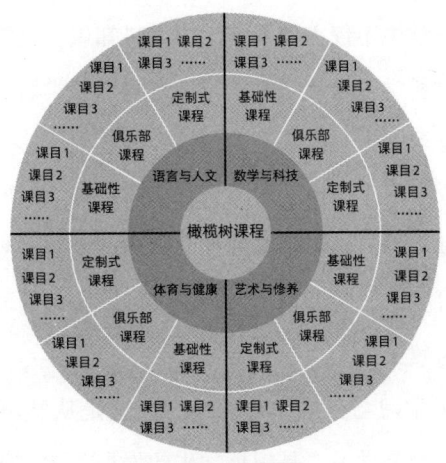

图2：橄榄树课程

（3）体育与健康：该领域课程主要指向强健体魄的目标培育。涉及的基础性课程有体育与健康、心理辅导，俱乐部课程有皮划艇、壁球、游泳、击剑、魁地奇等。

（4）艺术与修养：该领域课程主要指向审美情趣、家国情怀、国际视野的目标培育。涉及的基础性课程有美术、音乐，俱乐部课程有交响乐团、民乐团、合唱团、美术、书法、戏剧、舞蹈、陶艺、雕塑等。

三、课程实施

橄榄树课程根据不同层级，从不同角度实施。基础性课程强化教与学的变革，俱乐部课程强化选择性，定制式课程强化导师带教。

1. 课程实施的原则

第一，学科学习与超学科学习相结合。这是从学习内容的角度提出的实施原则。学生不仅需要系统学习学科知识，也需要综合运用各学科的知识。学科学习与超学科学习，是将知识学习与知识运用衔接的过程，也是学习知识与提高能力相结合的过程。

第二，独立学习与协作学习相结合。这是从学习形式的角度提出的实施原则。独立学习是学生深度学习必不可少的，协作学习是学生广度学习必不可少的。两者相结合，不仅可以优化学习过程，还可以提高学习效率与效果。

第三，分类学习与分层学习相结合。这是从学习对象的角度提出的实施原则。分类学习，是根据学生的发展方向实施教学；分层学习，是根据学生的发展程度实施教学。两者结合，相得益彰，使因材施教的落实更加有效。

第四，理解学习与建构学习相结合。这是从学习方式的角度提出的实施原则。理解学习是建构学习的基础，建构学习可以更好地促进理解学习。两者结合，不仅可以让学生的理解更准确，还可以让学生感受知识建构过程的乐趣。

2. 基础性课程实施

基础性课程的实施主要强化教师"教"的变革和学生"学"的变革，所以从两方面着手改变。

教学结构采取"先习后学"模式。"先学后习"与"先习后学"有本质上的区别。先学后习，以知识为本位，强调知识的学习与运用；先习后学，以经历为本位，主要是为了增加实践体验，唤醒初始经验，将学习过程转变为学生的个体经历、感受、见解，以及实现个性化学习的过程。先习后学，是指学生将知识暂时放在身后，通过尝试、探索、感受，主动获取直接经验；同时，也便于老师了解学生之间的差异。通过学生自主学习，老师针对性指导，将学生的直接经验转化、内化、提炼，使之成为有体验的知识。

教学方式则以工具支撑。教师"教"的方式影响着，甚至决定着学生"学"的方式。促进学生形成新的学习方式，除了需要教学结构的变革，还需要"教"的变革。用工具撬动教师的"教"，是一条可行的路径。借助iPad，可以实现对学生学习过程的监控，实现师生之间的一对一互动；借助自制学具，可以引导学生围绕教学重点开展自主学习活动；借助自制教具，可以解决课堂教学中的难点问题。

3. 俱乐部课程实施

俱乐部课程是培养学生学习兴趣、发展学生学习个性、发现学生学习特长的课程，因此强化"选择"是这类课程的实施重点。学生可以采取以下选择方式：

（1）选项。某学习项目组，下辖若干个子内容（或称"子项目"）。这些子项目，虽然在内容上各不相同，但是在学习目标与学习方式上基本相同。只要学生学习了其中一个项目，就能习得基本技能，掌握基本方法。在这样的情况下，学生只需选择一个子项目参与学习即可（见图3）。

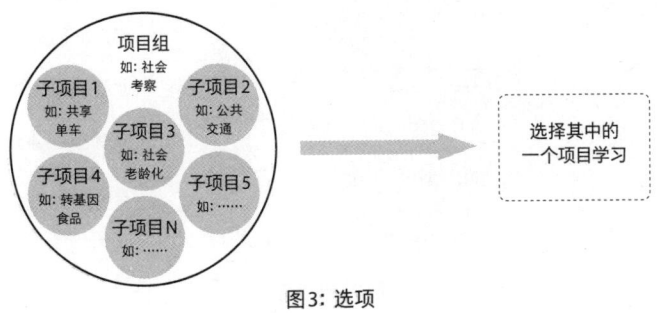

图3：选项

（2）选组。某学习项目组，下辖若干个子项目。这些子项目，在内容上各不相同，在学习目标与学习方式上也各不相同。但因为它们相互关联，所以聚合在一起。学生学习其中的一个子项目，只是习得了一项技能，或只是掌握了一种方法。在这样的情况下，学生需要选择整个项目组进行学习，以获得不同的技能或方法（见图4）。

（3）选组合。组合课程的选择类似套餐选择，采用"1+X"的呈现方式。其中"1"是主餐；"X"是辅餐，由多个可供选择的项目组成，且维度有所不同。学生在选课时，在相同的主餐下，可选择不同的辅餐。具体样式如图5。

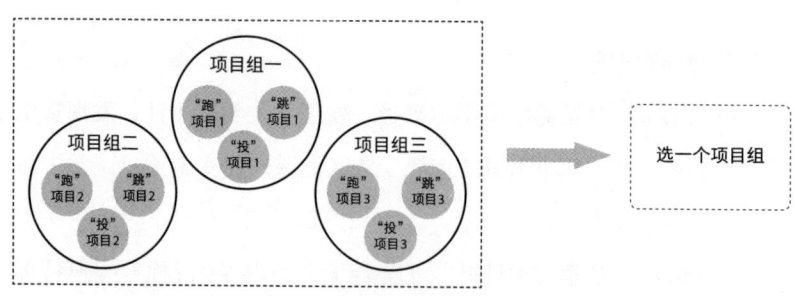

图4：选组

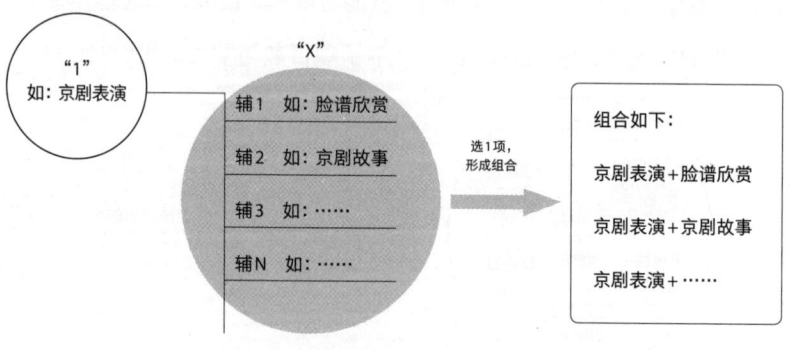

图5：选组合

4. 定制式课程实施

采取导师带教的方法，对在某方面有一定资质、学有余力、有兴趣的学生，学校将根据他们的学科特长，安排相应学科的教师担任他们的导师，实行一对一或小组化的导师制教学。通过导师制教学，学生能够自由地选择适合他们学习兴趣、学习能力的课程，使自己的个性、特长得到充分发挥。

四、课程保障

1. 环境保障：场馆化+学科化

环境是课程资源的重要组成部分。营造良好的环境不仅有助于激发学生的学习兴趣，更有助于课程的实施。学校在环境营造上，着力打造与课程相匹配的场馆化、学科化教室（或场地）。

我们的理念是将场馆搬进学校，这既是打造学校课程特色的需要，也是促进学生学习的需要。场馆化教室，需要根据学生年龄特点合理布局，展品呈现要利于学生的知识建构。学校的场馆化教室主要有壁球馆、跆拳道馆、击剑馆、博物馆、文学馆、科技馆、航天馆、天文馆、天象馆等，以及皮划艇码头、室内外剧场等。

学科化教室是教室的一种发展趋势，也是走班学习背景下教室资源化的一种重要体现。学科化教室的布局要有利于学生学科知识的理解、学科技能的形成等。学校的学科化教室主要有创客教室、鲁班教室、陶艺教室、布艺教室、厨艺教室、书法教室、美术教室等。

2.质量保障:课程审议制度

为确保学校开设的课程能符合学校办学理念与目标,能契合学生的发展需求,同时能提高课程质量,应实施课程审议制度。

(1)审议机构:根据不同的学段,由学校管理层、课程专家、教师代表、家长代表、学生代表等人员组成橄榄树课程审议委员会,对学校的引进课程、改造课程、俱乐部课程、定制式课程等进行审议。

(2)审议内容:课程审议主要分两个阶段——课程实施前,对课程方案进行审议;课程实施中,对课程实施情况进行审议。课程方案审议的主要内容包括课程目标是否明确,课程内容选择是否合适,课程结构的逻辑是否清晰,课程实施预设是否可行,课程资源获取是否有效,课程评价设计是否合理等。课程实施情况审议主要从教学目标、教学内容、教学形式、教学评价、教学效果、学生管理等方面进行。学校还将出台《橄榄树学校课堂教学审议标准》,以便更好地实施课程审议。

(3)审议形式:答辩会是课程方案审议的主要形式,由课程开发者根据课程要素作自我阐述,课程审议委员会提问,现场答辩。调研活动是课程实施情况审议的主要形式,课程审议委会员采用"推门听课"、主题调研、师生访谈等形式获取课程实施的相关信息。

(4)审议结果:根据课程审议,主要预设三种审议结果——同意开设、暂缓开设、不同意开设。对于同意开设的课程,将其纳入学校橄榄树课程体系;对于暂缓开设的课程,根据课程审议委员会的建议进行整改,二次审议通过后开设;对于不同意开设的课程,排除在学校橄榄树课程体系外,禁止开设。

3. 选择保障：选课指南

选课指南是集课程介绍、课程选择、课程评价于一体的网络选课平台。平台的开发既是为了便于学校对课程的管理，也是为了指导学生（及家长）选择适合的课程。它主要由三个板块组成：

（1）课程介绍。课程介绍板块，先介绍学校课程的总体情况；再重点介绍需要学生选择学习的俱乐部课程的具体情况，包含课程名称、课程价值、课程基本内容、开课教师基本情况、适合对象等信息。

（2）课程选择。课程选择板块，主要有三个子内容：一是学校课程选择的指导性意见，表明学校在指导学生课程选择上的倾向性建议；二是学校课程选择的基本流程，流程要求简洁明了，操作简便；三是学生日常学习的个人课表，系统在学生选课之后自动生成完整的课表，包含时间安排、具体课目、学习地点等必要的信息。

（3）课程评价。课程评价板块，能兼具签到性评价、过程性评价、结果性评价等信息，能够比较全面地展示、记录、评估学生课程学习的过程与结果，以及学生在课程学习过程中的发展状态。

4. 效果保障：导师制＋"学习仪表盘"＋特别学习支持计划

课程效果的保障主要从学生学习效果的角度进行设计。通过导师制，全面了解与掌握学生整体发展状况；通过"学习仪表盘"，监控与分析学生的优势、不足及相关原因；特别学习支持计划，主要指对拔尖学生与暂时遇到学习困难学生的支持性举措。

学校将在班级制的基础上进一步实行导师制。班主任负责班级管理，导师对学生开展一对多形式的具体指导和帮助。全体教师都要成为学生的导师，每位教师负责指导6—8名学生，全方位指导学生的思想、生活和学习。教师要通过各种途径了解学生的需要和诉求，关注学生的在校表现和学习能力，发现学生的兴趣爱好和特长潜能，和学生一起协商制订学习和生活的目标与计划，确保学生在学校学习有成效，生活有情趣，修养有提升。

学生学得好不好？哪些方面学得不够好？学得不够好的原因是什么？应该采取哪些有针对性的措施进行补救？这些关于学习的至关重要的问题如何判断和回答呢？要依靠学习反馈。传统的学习反馈方式存在主观性和模糊性。橄榄树学校引进和开发的"学习仪表盘"是大数据时代新兴的学习支持工具，它基于信息跟踪技术和镜像技术，对学生的学习行为进行精密追踪，记录并整合大量学习信息，按照需求进行数据分析，最终将结果以数字和图表等可视化形式呈现出来。"学习仪表盘"更精准地分析每个学生的学习情况和学习效果，为学生的个性化学习提供有力支持。

学生中一定会有在某一方面极有天赋的人，也会有个别学生因为某些原因遇到暂时的学习困难。如何让有天赋的学生更好地发展，让有困难的学生迎头赶上？学校为极有天赋或学习有困难的学生提供特别的学习支持，帮助学生获得更好的发展和进步。学校安排最有经验的学科教师、生涯规划和升学指导专家以及心理辅导老师组成特别学习支持团队。他们将对这些学生的学习水平进行全面评估，并在此基础上制订有针对性的学业支持计划，并进行持续的个案追踪管理。特别学习支持计划是学校对班级个性化教学模式的进一步深化和细化，是学校坚持不让一个学生掉队，要让学生飞得更高的教育信念的体现。

中国特色的大学先修课初探[1]

马迪[2]

【摘要】文章通过解析2017—2018学年度北外国际课程中心大学先修课程的设计及调研数据,指出其独特性、问题及解决方案,为国际学校在搭建校本课程及在高中阶段开设大学先修课的尝试提供借鉴。

1. 背景

北外国际的目标是:培养"中国的国际人,国际的中国人"[3]。北外国际课程中心开设以剑桥国际A Level(Advanced Level)课程体系为核心、融合素养提升的课程模块,全面培养学生的语言素养、学科素养和人文素养。在剑桥国际IGCSE(International General Certificate of Secondary Education)与A Level的三年课程体系中,由于语言短板和理科优势等原因,大部分学生都会选择理科作为重点学科。学校希望学生通过文理兼修的通识教育平衡认知发展,建立完善的世界观、人生观、价值观。所以,建立文理兼备的通识教育体系,补充文科及社科方面的知识,帮助学生了解中国国情和国家立场,提高学生思考、写作及表达的能力是我们在设计校本课程时主要的考虑因素。

---

1. 特别鸣谢李英桃教授、杨毅教授与尹春玲副教授对于本篇论文的学术支持。
2. 北京外国语大学国际课程中心助理学术校长。
3. http://www.edu-gov.cn/news/94755.html。

以校本课程的教育目标为基础，北外国际课程中心在2017—2018学年度尝试开设了北外大学先修课程。大学先修课程的概念最早最出名的体现是美国1955年开始组织实施的美国大学先修课程（Advanced Placement），通过鼓励有能力的学生在高中提前学习大学课程，满足不同学生的受教育需求，达到因材施教的目的。除此之外，学校希望学生通过学习具有北外特色的大学先修课，吸纳北外的两大传统优势——语言文化与国际视野；希望学生在获取相关知识的同时，提高逻辑思维与问题分析能力，拓展国际视野，培养家国情怀。

北外国际课程中心的大学先修课程在每个年级开设一个主题，以国际视野与语言文化为基础展开。高一的主题为大国外交系列，主要培养学生的分析能力，拓展学生的国际视野，包含"当代中国外交"、"外交（外事）礼仪"及"谈判的艺术"三门课程；高二的主题为国际文化系列，主要培养学生的语言文化与沟通能力，包含"美国社会文化"、"文化与翻译"及"公共演讲与辩论"三门课程。学生每学期在主题内选修一门课程，每门课程有10—12课时，每课时有50分钟。所有课程都由北外有高级职称的教师任教。

这六门课的授课教师对于为高中生提供大学先修课的理念给予了充分肯定和支持，他们认为，在中学阶段普及大学的一些基础知识与思维方式，对于学生提高认知能力、拓展国际视野和培养家国情怀很有帮助。在授课前，教师根据中学生不同的学习特点，优化现有的大学课程，精简提炼内容。本文主要分析2017—2018学年度大国外交系列课程的开展情况。

"当代中国外交"课程围绕中国与世界的关系这一主题，对新中国的对外政策进行介绍，使学生了解中国与世界主要大国、与周边国家、与国际和地区组织关系的发展与演进，理解中国对外政策的形成原因和政策效果。教学目标为：学生能掌握中国外交发展的基本线索，重大事件的缘由及影响；自主分析影响中国外交的基本因素；对外交政策的绩效能够作出有见地的分析与评估。

"外交（外事）礼仪"是一门介绍对外交往过程中应该遵循的各种礼仪规范的课程，通过系统的分类方式向学生介绍礼宾和礼仪的基本知识，让学生了解和掌握各种礼宾活动的程序及礼仪规范的要求和相关知识，更重要的是让学生知道如何在实践中运用所学知识。教学目标为：学生能了解外交（外事）礼仪的基本知识架构；学习和掌握各种礼仪规范知识；了解相关的外交、国际关系的历史事件和知识；通过学习知道如何在实践中运用这些基本知识。

"谈判的艺术"是一门专门为高中学生设计的应用型课程，旨在提高学生的沟通与谈判技巧，培养他们的思维与创新能力。教学目标为：学生能理解"谈判是一种思维方式""谈判无处不在"；掌握谈判学的基础理论；熟悉谈判学的经典案例；敢于主动发起谈判；根据具体情况选择有效谈判策略。

综上所述，北外国际课程中心的大学先修课与以往的高中通识类课程不同，具有独特性。本文通过分析关于北外国际课程中心大学先修课的第一手数据，初步探讨这类课程的创新性和发展空间。

2. 研究方法与数据分析

2.1 研究方法

本文主要采用问卷调查法与访谈调查法。在第一年大学先修课程结束后，学校于2018年5月对学生进行了问卷调查，了解每个学生本学年学习两门大国外交系列课程的情况。每个课程的问卷要求学生回答下列四个问题：

（1）在选择这个课程时最希望学到什么？ A. 知识类 B. 技能类 C. 其他

（2）结课后，从学习这个课程中获得最大的收获是什么？ A. 知识类 B. 技能类 C. 其他

（3）学习这个课程中，遇到最大的困难是什么？

（4）这个课程与 A Level 课程在教与学上最大的不同是什么？ A. 学习方法 B. 教学方法 C. 测评/考试方法

在收集学生的问卷后，笔者于2018年10月对三位授课教师进行了访谈，并根据学生的问卷调查分析提出了五个问题，以期从老师的角度了解课程的开展情况：

（1）您最希望学生通过这个课程学到什么？

（2）您在教授这个课程中最大的收获是什么？

（3）您在教课中遇到最大的困难是什么？您是如何处理的？

（4）教高中生和教大学生最大的不同是什么？两类学生学习上最大的不同是什么？

（5）您的课程是如何高中化的，以帮助高中生更好地理解课程内容？

2.2 数据分析

2.2.1 学生问卷调查数据分析

两学期共116人学习了大国外交系列课程，其中"当代中国外交"

课程共收集45组数据,"外交(外事)礼仪"课程共收集39组数据,"谈判的艺术"课程共收集29组数据,数据收集率为97.4%。通过整理数据,标记关键词,建立编码,计算频次与核查数据(McKernan,1996),本文将三门课程的调查问卷分别进行了分析。针对每个问题的各个维度,学生的回答都可以归纳成2—4个关键词。表1—表3包含根据学生回答进行的关键词编码,以及每个关键词出现的频率。

表1:"当代中国外交"课程学生问卷调查数据(N=45)

(1) 在选择这个课程时最希望学到什么?			
A. 知识类	外交历史/外交案例	外交策略/手段	外交文化	未填写
	80.0%	13.3%	4.4%	2.2%
B. 技能类	与人沟通能力/演讲能力	外交技能,分析及应用	其他技能类	未填写
	28.9%	28.9%	8.9%	33.3%
C. 其他	历史/信息	外交法律	外交部工作范畴	未填写/不相关信息
	13.3%	2.2%	2.2%	82.2%
(2) 结课后,从学习这个课程中获得最大的收获是什么?			
A. 知识类	外交历史/重要的外交案例	外交转折点	外交内幕/不为人知的故事	未填写
	82.2%	6.7%	4.4%	6.7%
B. 技能类	外交技能,分析及应用	与人沟通能力/演讲能力	适应大学讲课方式	未填写
	31.1%	13.3%	8.9%	46.7%
C. 其他	老师教得很好	近代外交故事	如何高效听课	未填写/不相关信息
	11.1%	6.6%	6.6%	75.6%

续表

(3)学习这个课程中,遇到最大的困难是什么?			
历史知识缺乏,新增信息量大,不易记忆	无困难/教师讲解清楚,易懂易吸收	讲得节奏过快,不能很好地吸收	其他
42.5%	26.7%	11.1%	20.0%

(4)这个课程与A Level课程在教与学上最大的不同是什么?				
A.学习方法	以听课为主	自主/开放学习	综合理解/分析思维	未填写
	55.6%	20.0%	6.6%	17.8%
B.教学方法	授课形式以lecture为主/大课为主	内容开放/实例较多/非应考		未填写
	71.7%	26.7%		6.7%
C.测评/考试方法	无期末考试	平时表现/课堂提问	与A Level相似	未填写
	33.3%	26.7%	2.2%	37.8%

表2:"外交(外事)礼仪"课程学生问卷调查数据(N=39)

(1)在选择这个课程时最希望学到什么?				
A.知识类	各国外交礼仪/餐桌礼仪	服装/着装礼仪	外交知识/对外交流	未填写
	74.4%	10.6%	10.6%	4.4%
B.技能类	应用外交礼仪/餐桌礼仪	不同场合的着装	有效交流	未填写
	48.7%	20.5%	15.4%	15.4%
C.其他	其他礼仪类知识	其他国家的文化习惯	实践操作	未填写/不相关信息
	15.4%	5.1%	2.6%	76.9%

续表

(2)结课后,从学习这个课程中获得最大的收获是什么?				
A.知识类	全面礼仪体系	外交知识	日常如何沟通	未填写
	69.2%	15.4%	5.1%	10.3%
B.技能类	外交/西餐就餐礼仪	日常礼仪应用/如何待人接物	外交/沟通技能	未填写
	46.2%	25.6%	7.7%	20.5%
C.其他	外国文化/外交注意事项/外交中的座位安排	西餐就餐礼仪/正确使用刀叉	授课形式	未填写/不相关信息
	10.3%	7.7%	5.5%	76.9%
(3)学习这个课程中,遇到最大的困难是什么?				
缺乏历史知识,新增信息量大,不易记忆	考试1000字论文难度大	课时少	无困难(基本没有,因为贴近生活)	未填写
53.8%	15.4%	6.9%	5.1%	20.5%
(4)这个课程与A Level课程在教与学上最大的不同是什么?				
A.学习方法	听课为主	记笔记	自主学习/应用	未填写
	28.2%	23.1%	20.5%	28.2%
B.教学方法	以lecture为主/互动较少	PPT辅助	实用技巧/结合实例	未填写
	35.9%	20.5%	17.9%	25.6%
C.测评/考试方法	1000字论文写作	开卷考试,题目自由开放	平时表现/课堂提问	未填写
	61.5%	15.4%	2.6%	20.5%

表3:"谈判的艺术"课程学生问卷调查数据（N=29）

(1) 在选择这个课程时最希望学到什么？				
A.知识类	谈判知识、理论	谈判步骤	谈判历史	未填写
	62.1%	20.7%	10.3%	6.9%
B.技能类	谈判技巧	谈判在生活中的应用		未填写
	58.6%	31.0%		10.3%
C.其他	思维方式	谈判气场	谈判兴趣	未填写/不相关信息
	13.8%	10.3%	3.4%	72.4%
(2) 结课后，从学习这个课程中获得最大的收获是什么？				
A.知识类	谈判知识、三要素和礼仪	谈判技巧/分析资料	谈判流程	未填写
	51.7%	37.9%	6.9%	3.4%
B.技能类	谈判技巧	提高日常沟通能力	更高层次的思维方式，如辩证思维及数据分析	未填写
	65.5%	20.7%	6.9%	6.9%
C.其他	更多谈判知识:"推理，双赢""微表情""领导能力"	课堂最后的实战演习，模拟谈判	更多谈判资源，如书单和影单	未填写/不相关信息
	13.8%	6.9%	6.9%	72.4%
(3) 学习这个课程中，遇到最大的困难是什么？				
课时不够，节奏快	专业知识缺乏，不能很好地将理论和实践相结合	表达能力需提高	无困难	未填写
41.4%	20.7%	13.8%	6.9%	17.2%

续表

(4) 这个课程与 A Level 课程在教与学上最大的不同是什么?				
A.学习方法	差别不大,以听课为主	注重实践/逻辑思维	自主/开放学习	未填写
	37.9%	27.6%	17.2%	17.2%
B.教学方法	课堂活动多,形式多样,风格活泼	实例/实用技巧较多,结合实例、实践	无明显不同,以老师指导为主	未填写
	37.9%	27.6%	24.1%	10.3%
C.测评/考试方法	模拟谈判	1000字论文写作	课堂表现与提问	未填写
	70.0%	41.4%	3.4%	6.9%

注:表1—表3中部分百分比相加大于100%的原因为学生的回答中有两个或以上关键词,分别体现在相应的模块中,重复计算;部分百分比相加小于100%是由保留一位小数的四舍五入所致。

通过分析表1—表3可知,三门课程既有相似,也有不同。总结相似点共有五处:

(1)学生期望学到的知识和技能与他们学习每门课后最大的收获基本对应。比如,"当代中国外交"课程中,学生最希望学到的与结课后收获最大的都是了解外交历史案例和学习外交技能。

(2)大部分学生反映大学先修课提高了他们的逻辑思维与分析问题的能力,比如有学生在谈判课的反馈中写道:"思考较多,逻辑思维与心理判断能力运用较频繁","懂得了谈判前要分析自己和对方的优缺点,可用SWOT分析"。

(3)学生反馈从这三门课程的学习中提高了沟通能力,比如在"外交(外事)礼仪"课上,71.8%的学生表明学到了日常礼仪与外交礼仪。在谈判课上，部分学生说，他们主要的困难是"容易情绪激动，语无伦次，谈判变得尴尬而让双方的目的都很难达到"，或"不敢表达，不敢说话"。但是通过课上的谈判实战练习，86.2%的学生表示，最大的收获是谈判技能和日常沟通技巧，如"怎么转移话题，怎么摸清对方的真实信息，深思双方获取更多共同利益的方法"及利用"肢体语言和谈判气势"来强化自己的观点。

（4）大部分学生提到大学先修课与A Level课程最大的不同点是自主开放的学习氛围与对知识应用的注重，比如，"当代中国外交"课程是由很多历史案例的讲解与分析组成的，谈判课上有"许多事例分析判断"，并且通过"模拟真情实景"，"每一个人都要发表自己的观点"。

（5）学习困难主要集中在两点：课时数量不够与知识基础薄弱。比如，学习"当代中国外交"的学生中有42.5%表示最大的困难是信息量太大，难以记忆。在谈判课上一位学生写道："时间短促，老师讲课仓促，我只能大概了解谈判表面的知识和方法。虽然有一次实践机会，但我们还是没有得到更多练习机会。"

根据学科特点，三门先修课程也各具特色。第一，测评方式不同。比如，"当代中国外交"不设期末考试，更看重学生的课堂表现和参与情况；而"外交（外事）礼仪"和"谈判的艺术"都要求学生完成一篇1000字左右的学术论文（含反思总结）；另外，结合谈判学课程自身的特点，"谈判的艺术"考核还包含一次模拟谈判，即在课程结束时将学生分组，模拟商业谈判，将上课学到的谈判理论知识运用到实操中。第二，教学方式不同。"当代中国外交"课程关注在有限的时间内将外交定义、知识和历史案例讲解给学生，所以多以传统授课形式为主;"外交(外事)礼仪"也是在短时间内通过传统授课和课堂提问的形式将外交礼仪展示给学生;而"谈判的艺术"的授课形式更为活泼多样,除了前两门课程都会用到的教师讲授和PPT展示,这门课程还会采用看视频、举例、游戏等形式。

2.2.2 教师访谈数据分析

在正式采访授课教师时,我们了解了各位教师的学术和专业背景、教授这门课的年限,以及所授课程在北外国际关系学院的定位。

表4汇总了各位授课教师的背景。

表4:大学先修课程及授课教师的背景总结

课程名称	授课教师学术和专业背景	教授这门课的年限	所授课程的定位
当代中国外交	国际政治经济学教授	2008年开始	外交专业必修课
外交(外事)礼仪	国际关系学副教授	2010年开始	外交专业限制选修课,大学通选课
谈判的艺术	国际关系学教授	2001年开始	外交专业必修课(大四),教育部精品视频公开课

表5总结了三位授课教师最希望学生通过课程获得的收获。

表5:授课教师视角下的学生收获

当代中国外交	1. 获取知识:中国历史、对外政策知识。 2. 拓展视野:如何认识中国与世界的关系;基于历史线索,培养独特的视角,了解历史的由来和当今的挑战。 3. 培养思维:看问题、看自身、看世界的方法。

续表

外交(外事)礼仪	1. 学生学习这门课非常有必要，因为生活处处皆礼仪。基本的礼仪知识，将来一直都需要。 2. 课程结束后，学生也会在实践中不断注意，不断贯彻。
谈判的艺术	1. 学生能够弱化同学交际障碍，以及与家长的矛盾。 2. 提高与老师沟通的能力，这让未来发展更顺畅。 3. 通过不断练习"谈""判"，能够自我沟通，了解自己的原则和底线，作出明智抉择；自我实现，使人生全方位受益。

三位教师在访谈中都强调这些校本课程应该向高中推广，属于通识类教育。三位教师在教学中都注重培养学生的知识、技能、思维，拓展学生的视野。同时，三门课程又各有侧重："外交(外事)礼仪"更侧重知识和技能，"谈判的艺术"更侧重沟通能力与思维，而"当代中国外交"更侧重视野、思维和知识。这与学生在问卷中反映的期望和最大的收获基本一致，表明课程的目的基本达到。

表6总结了授课教师的自我收获。

表6：授课教师的教学收获

当代中国外交	1. 不断总结该课程最核心的知识脉络和要点。 2. 高中学生的视角提供新角度：学生观点体现大众（非专业人员）对历史问题的普遍认知。
外交(外事)礼仪	1. 学生亮点不少。授课过程中，学生会联系实际运用礼仪知识。 2. 学生看问题的视角很新颖。
谈判的艺术	1. 年轻人的思路受限少，新观点会不断出现。代际沟通的困难因高中生年轻、乐于分享的特点而得到解决。学生之间相互学习。 2. 教学相长，学生新思想会融入后期课堂教学中。

三位教师都反馈,通过教授高中生,发现高中生有许多新的观点和视角,并且愿意表达观点、思考和发问。学生在促进自身学习的同时,也帮助教师不断思考改进课程知识体系和逻辑关系的方法;教学相长,双方都有收获。

表7总结了授课教师遇到的教学困难。

表7:授课教师视角下的主要教学困难

当代中国外交	1. 课程本身:这门外交史课程涉及70年历程,随着档案不断完善,知识需不断更新。 解决方法:在教授时注意民间学界与官方在立场上可能存在差异,应正确引导学生认知。 2. 课时少。 解决方法:提炼精简,只讲授最核心的知识点、时间节点和影响因素。 3. 学生知识积累较少,需将大学知识结构转换为高中知识结构。 解决方法:在保留学术性语言的同时,讲授应做到通俗易懂。
外交(外事)礼仪	1. 课时少,大学是32课时,而高中平均只有11课时。 2. 学生知识背景不同,知识基础相对薄弱。 解决方法:关注知识主干,不扩展内容。
谈判的艺术	课堂秩序:学生过于活跃,注意力不够集中。 解决方法:主要通过多媒体教学帮助他们集中精力。

在给高中生上课时,教师遇到的共性问题就是课时少,课堂气氛更活跃,但学生知识积累较少。课时少与学生知识积累欠缺这两点与学生在问卷中反映的主要学习困难一致。

表8总结了授课教师针对授课中所遇到困难的解决方案。

表8: 授课教师视角下的教学改进方法

当代中国外交	1. 减少纯理论性知识，因为高中生知识基础相对薄弱，难以理解复杂的知识。 2. 压缩相关知识点，提炼关键点。比如，"民族""国家"等国际政治概念只能通过举例或故事化呈现，无法进行概念化和理论推导。
外交（外事）礼仪	1. 以课程内容主干为中心，适当压缩细节内容。 2. 在有限的时间内尽可能配合课程进行课上讨论和练习。
谈判的艺术	1. 谈判学不只是在大学应该开设的课程，它属于国民教育，在中学阶段就应该开始，是需要时间积累和潜移默化的。 2. 在内容选择上贴近高中生活，与学习需求相关。

针对遇到的问题，三位教师都对课程进行了不同程度的调整，比如"当代中国外交"与"外交（外事）礼仪"的授课教师通过简化知识点，讲授核心知识框架；"谈判的艺术"的授课教师通过多种授课形式并结合与学生密切相关的谈判案例，吸引学生注意力；"当代中国外交"的授课教师在授课时减少纯理论性知识的灌输，以故事的形式生动诙谐地介绍中国外交史。

表9总结了授课教师发现的学生的不同点。

表9: 授课教师视角下学生的不同点

当代中国外交	1. 高中生学习使命感更强，学习动机更强。 2. 外交史是国际政治的一个领域，高中生的历史知识基础相对薄弱；而大学生的互动更成熟，更彻底。
外交（外事）礼仪	1. 高中生课堂气氛更活跃，思维更活跃。 2. 高中生知识积累较少，课上内容不能充分展开；但偶尔学生的思考会有亮点。
谈判的艺术	1. 与大学生相比，高中生思维能力有待增强；但有些高中生思路超前。 2. 虽有个体差异，但高中生在整体上知识面较宽。

这部分访谈再次反映了高中生知识积累较少，但部分高中生思维更发散、更活跃，更倾向于将知识通过类比、比喻运用到生活中。

3. 结论

本文通过分析学生与老师对2017—2018学年度北外国际课程中心大学先修课程的反馈，研究了该课程的创新点、遇到的困难及解决方案。

第一，北外国际课程中心大学先修课的创新之处在于，其开设目的不仅是向学生传授文科与社科知识，更重要的是培养学生更高层面的认知能力。哥伦比亚大学心理学教授Deanna Kuhn（2002）通过对人们思维方式的研究，提出一个著名的认知论，将人们的认知水平分为三层。第一层是absolutists，即绝对论者层面。一个绝对论者认为存在外在的客观事实，概念是绝对正确和不可更改的，知识间壁垒清晰，拒绝跨专业的知识互通。因此绝对论者在获得新知识时，总是倾向于确认他已有的观念，固执己见，认为对与错都是绝对的。第二层是multiplists或relativists，一般译为多理论者层面。认知在这个层面的人认为知识不是客观事实而是主观意见，与个人的背景和经历有关，因此也不容易被挑战和改变。他们倾向于认为任何事件都有多个呈现形式，因此在知识获取期间不会拒绝任何不一致的知识形式。但是，多理论者虽然包容，却无法评判和比较所获得信息的可靠性。第三层是evaluativists，可译为评估主义者层面。他们能够认识到知识的客观维度，同时理解，虽然每个人都可能有一些证据支持他们的论点，但事实上总有一些论点比其他论点更有力。评估主义者层面的认知能力包含结合证据的判断和论证能力，是Kuhn认为最先进的思维方式与认知能力（Hofer & Pintrich，1997；2002）。通过不断内化知识和协调新知识与原有知识的冲突，评估主义者的认知水平在持续探究和分析中逐步提高（Kuhn，2001）。

学生获取新知识和思考分析的能力，取决于他们的认知停留在哪个层面。研究表明，多数中学生处在由第一层面向第二层面转变的关键时期（Lehrer & Schauble，2006），大多数学生还处在知识积累和知识体系搭建的过程中。而开设大学先修课的第一个目的就是拓展学生的眼界，并给予学生更多看问题的角度。比如在学习"当代中国外交"课程时，学生认识到对于一个历史事实，记录者由于立场不同，会写出两个完全不同的故事；如果学生认为这两个故事可能都是对的，那学生就达到了第二层面即多理论者的认知方式。开设大学先修课的第二个目的是培养学生的分析思考与判断能力，在上述例子中，即能够盘点每个故事的事实证据和描述者的立场及利益关系，分析哪个故事发生的可能性更大，更真实。通过大学先修课程中针对思维的训练，将学生的认知能力提升至评估主义者层面，培养他们学会使用批判性和实验性思维方式来学习和内化未来的新知识。提高认知层面便是开设大学先修课程最重要的教育目标和该课程最大的创新之处。

第二，大学先修课程的独特性是学生在高中阶段通过学习大学课程，培养独立自主的学习习惯，提高语言表达能力。大学课程需要学生自主学习，提前预习，课后复习，并独立完成论文及项目作业。许多学生在问卷中反馈：与A Level课程不同，在学习大学先修课时，学生"需要自己对课程预先了解"；在谈判课上需要"模拟谈判前的准备，与队长队员沟通，以前没有了解过（体验过这方面）"。在测评方面，大学先修课注重学生的实践与论文写作能力。比如，"外交（外事）礼仪"课程的结业考试不是对知识点记忆情况进行测试，而是要求学生写1000字左右的论文，阐述他们学到的知识及进行的反思；"谈判的艺术"的结业考试要求学生"真实模拟，应用课上所学"，通过"project的方式而非考试（的方式）"来检测学生的学习成果。大学先修课给学生提供了不同的学习经历和考试体验，帮助学生逐步适应自主学习的模式，为未来的大学学习作准备。

第三，针对大学先修课程中出现的关于课程难度的问题，授课教师已在根据高中生的认知能力逐步调整，逐渐将大学课程高中化。但是还有一些整体的问题需要解决，比如教学时间较短的问题。由于国际课程整体学制及课程安排，学校在每门科目的教学时间安排上有最低要求，学生需将大部分精力和时间花在考试科目上。所以，增加校本课程课时与保证考试科目课时是冲突的。针对这一问题，校本课程的老师在教研中不断提炼教学目标，把握教学重点。校本课程面对的另一个常见问题是有些学生不重视，这主要缘于一些学生对待学习的功利心态：一门课程如果影响大学申请，或成绩会计入成绩单，学生的学习态度就会比较认真；反之，如果该课程成绩不计入成绩单，学生的心态就会比较放松，甚至会有所懈怠。在学生反馈中，有些学生说，这门课程是"养精蓄锐，调整学习压力"的课程，从内心将校本课程与升学应试课程区别对待。造成这种心态的一个原因是常年的应试教育及强烈的升学竞争压力。针对这一问题，学校从第二学年开始，将所有校本课程的平时表现及考评成绩计入总分，帮助学生改正对于校本课程不重视的态度，积极参与到课堂之中，在学习校本课程中获益。

综上所述，本研究对北外国际课程中心开设的大学先修课程进行了效果分析，挖掘了大学先修课程的独特魅力，以及对于学生认知发展和沟通能力提高的特殊贡献。希望此次探索性研究能为未来国际学校设计与校本课程搭建提供一定的借鉴作用。

参考文献：

Hofer, B. K., & Pintrich, P. R. The Development of Epistemological Theories: Beliefs About Knowledge and Knowing and Their Relation to Learning [J]. Review of Educational Research, 1997, 67 (1): 88-140.

Hofer, B. K., & Pintrich, P. R. (Eds.). Personal Epistemology: The Psychology of Beliefs About Knowledge and Knowing [M]. Madwah, NJ: Erlbaum, 2002.

Kuhn, D. How Do People Know? [J]. Psychological Science, 2001, 12 (1): 1-8.

—. What is Scientific Thinking and How Does it Develop? [M] // Goswami, U. (Ed.). Blackwell Handbook of Childhood Cognitive Development. Oxford: Blackwell, 2002.

Lehrer, R., & Schauble, L. Scientific Thinking and Science Literacy [M] // Damon, W., Lerner, R., Renninger, K. A., & Sigel, I. E. (Eds.). Handbook of Child Psychology - Volume 4: Child Psychology in Practice (Sixth Edition). Hoboken, NJ: John Wiley & Sons, 2006.

McKernan, J. Curriculum Action Research: A Handbook of Methods and Resources for the Reflective Practitioner (2nd Edition) [M]. London: Kogan Page, 1996.

北外国际教育集团定位于国际教育领航者 品牌升级发布会在京举行[EB/OL]. 中华教育网（2018-05-31）. http://www.edu-gov.cn/news/94755.html.

基于国际教育的英语课程研发管理初探

孙雯[1]

【摘要】随着基础教育国际化特色办学探索的不断深入,英语教育国际化逐渐成为学校和语言培训机构关注的焦点。国际化课程作为校内英语课程的有益补充,成为众多学校和语言培训机构的选择。课程,作为学生学习的内容,其重要性不言而喻。学校和机构应该如何开发国际英语课程?如何开展课程研发项目管理?笔者将以国际英语课程为例,围绕课程研发管理的三个方面——研发目标及意义、研发方法及流程、研发项目管理——详细阐述课程解决方案,希望为国内英语教育工作者、学校和语言培训机构提供在国际化课程研发管理方面一些可借鉴的内容。

1. 背景

《国家中长期教育改革和发展规划纲要(2010—2020年)》明确指出:"坚持以开放促改革、促发展。开展多层次、宽领域的教育交流与合作,提高我国教育国际化水平。"对此,周满生(2013)曾在文章中评论:"30多年的教育对外开放实践使我们深刻认识到,基础教育国际化是教育国际化的组成部分,基础教育国际化已成为我国教育国际化进程中的一项选择。"随着基础教育国际化特色办学探索的不断

---

1. 北京外国语大学国际教育集团学术部课程研发中心主任。

深入，英语教育的国际化逐渐成为学校和语言培训机构关注的焦点。国际化课程作为校内英语课程的有益补充，成为众多学校和语言培训机构的选择。课程，作为学生学习的内容，其重要性不言而喻。学校和语言培训机构也在努力探寻适合自己学情的国际英语课程。笔者通过为学校和语言培训机构提供国际英语课程解决方案，初步总结出一套国际英语课程研发管理办法，希望为国内英语教育工作者、学校和语言培训机构提供课程研发方面可借鉴的内容。

课程研发管理总体分为三个维度：研发目标及意义、研发方法及流程和研发项目管理。

2. 研发目标及意义

"课程"在我国最早出现于唐代。宋代朱熹在《朱子全书·论学》中有"宽着期限，紧着课程"的论述，即指功课及其进程。在英语中，课程（curriculum）最早由斯宾塞提出。最常用的解释源于它的拉丁词根currere，意为"跑道"。根据这个词源，最常见的课程的定义是学习的进程，强调有系统、有计划的学习活动。而派纳提出"在跑道上跑"的概念，认为课程是提供一种知觉、情感和思考的生活经验，是自我生命经验的建构。课程应强调对教育情境、历程的体验和感知，而不仅仅是由目标、方案或学科构成的学习进程。靳玉乐教授认为，课程作为学校教育系统的重要组成部分，作为实现教育目标的主要手段和媒介，其本质应是指在教育环境中，旨在使学生获得促进其身心全面发展的教育性经验体系。课程是教育者为学生提供学习的机会，教师应是课程的研究者、设计者、实施者，学生应是课程资源

的提供者和课程知识的接受者。(任炜东等，2015)

笔者认为，课程研发应当以学生为核心，旨在服务学生学习体验，提升学习效果，培养学生的综合素养（如图1所示）。从微观角度而言，课程作为媒介，影响着学生、教师、学校、家庭和同伴五大群体。其中，学生是课程的直接学习者；教师是课程的研究者、设计者和实施者，将课程知识传授于学生；学校对课程的管理和实施为教师提供支持，使学生受益；家庭是学生实践课程的重要环节；同伴的课程学习为学生提供互动机会。与此同时，教师、学校、家庭和同伴这四大群体在不同场景、不同时段，以不同方式直接或间接作用于学生的学习体验和学习效果。从宏观角度而言，课程服务各群体的过程和效果促进教育环境的形成，同时，教育环境对课程及其影响的各群体起到反拨作用。因此，课程研发不仅微观作用于学生、教师、学校、家庭和同伴，而且在宏观上形成大教育环境。

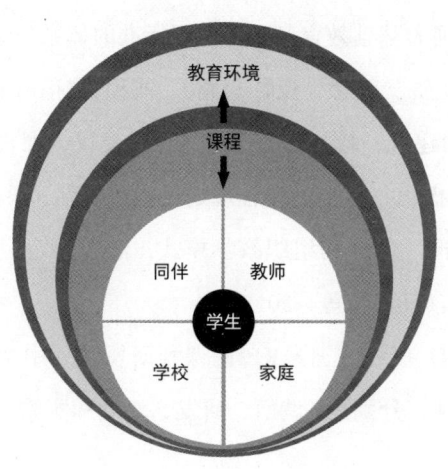

图1: 课程研发目标

3. 课程研发方法及流程

维基百科对课程研发的定义是：它是一个提升课程质量的工作过程，包含分析、设计、筛选、搭建和评价。百度百科中的课程开发是通过需求分析确定课程目标，再根据这一目标选择某一个学科（或多个学科）的教学内容和相关教学活动进行计划、组织、实施、评价、修订，以最终达到课程目标的整个工作过程。课程研发是为执行一项教育目标而设计一系列有规划的活动。同时课程研发流程包含需求分析、目标设定、教学大纲设计、教学法、测评和评估等方面（闫晓敏，2017）。

泰勒要求在制订课程计划时回答四个问题：学校应该试图达到什么目的？提供什么教育经验才可能达到这些目的？如何有效地组织这些教育经验？我们如何才能确定这些目的是否正在达到？把这四个问题归纳起来，就是确定目标、选择经验、组织经验和评价结果这四个课程设计的基本步骤。（Tyler，1949）概括起来就是目标、内容、方法、评价。我国的基础教育各学科课程标准的体系与结构则包括：课程定位（包括性质、理念、设计思路）、课程目标、内容标准、实施建议（教与学的建议、教材编写建议、评价建议、课程资源开发与利用建议）。马什提出，标准的课程规划过程应包括：课程框架，目标、学习结果和标准，选择和组织教学模式，学业评定、评分与成绩报告，课程实施。（任炜东等，2015）

美国SCASD[2]在针对国家K12的课程研发计划中指出，课程研发闭环有五个步骤，分别是：调研、研发、培训和实验、优化，以及评

---

2. State College Area School District，简称为SCASD，详见 https://www.scasd.org/。

价。这五个步骤有时会同时发生,也可能循环往复,这取决于学生实际需求和课程具体内容;而且每个步骤都是围绕着学生课程表现、实践效果研究以及教师职业发展开展设计的。

麦克姆曾指出,一个课程应包含如下几个重要方面:课程目标、学习效果/目标(知识、技能和态度)、教学内容、教学方法,以及评价方法。起支持作用的因素包括:学习资源、监控和评价程序、实践活动、招聘与筛选程序,以及学生支持和指导机制。(McKimm,2007)

根据上述课程研发方法、流程,以及对课程研发内容的探讨,结合笔者为学校和语言培训机构输出课程方案的实践,课程研发总体可以分为六个步骤:课程调研、课程定位、资源设计、课程实验、课程发布和课程评价(图2)。

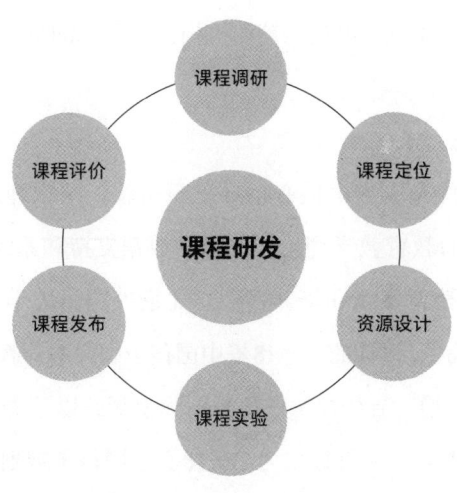

图2: 课程研发流程图

3.1 课程调研

课程设计的起步阶段需要充足的准备工作，不论从市场需求、客户需求、竞品了解，还是从专业研究方面，都需要数据和成果支持，以便科学地支撑每个研发环节。课程调研是研发的起步阶段，主要包括需求调研、产品调研以及学术研究和教育政策研究三个方面。需求调研指调研课程相关群体，即学生、教师、家长和学校的英语教与学需求、现状，以及目标。调研方式有三大类，分别是：问卷调查、采访、数据分析。产品调研指搜索同类型国际英语课程产品和资讯，结合用户需求开展对比分析。学术研究和教育政策研究指开展必要的行业内相关英语教学和课程研发的学术研究以及相关教育政策研究。

3.2 课程定位

课程定位指课程理念的创立和综合课程体系的搭建。课程定位是课程研发的核心环节，也是学校和机构办学理念的重要组成部分。

3.2.1 课程理念

课程设计首先应当由核心指导思想引领。课程理念基于国际视野，融合科学的教育教学理论、充分的数据支持和系统的实践经验，从而形成核心教育理念和培养目标。北京外国语大学国际教育集团（简称"北外国际"）设计的4—18岁中国孩子国际素养教育规划体系就是一个范例（图3）。结合大学视角和国际视野，以培养学生成为拥有国际素养的优秀人才为目标，为4—18岁中国孩子规划国际素养成长路线；包含三大支柱和五大学习阶段，即语言素养、学科素养、人文素养三大素养，以及启蒙、成长、攻坚、提升、超越五大学习阶段。

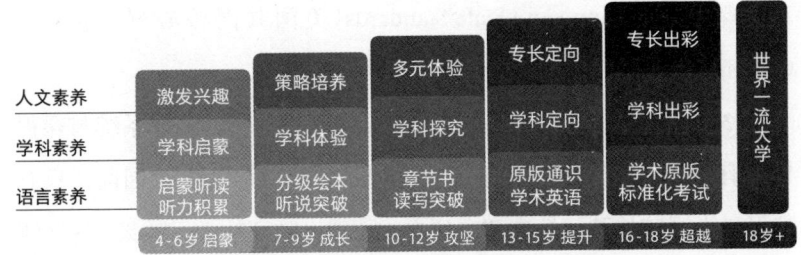

图3: 4—18岁中国孩子国际素养教育规划体系

3.2.2 课程体系

打造基础教育阶段全学龄段的立体课程解决方案，方便教师和学校实施课程。课程体系具体包含课程目标、课程标准、测评体系、使用教材、课时设置、授课教师等。

（1）课程目标：所谓课程目标，就是课程最终要达到的目的。以学生为本的课程目标，就是要确定课程中的"人"（学生）应该得到怎样的发展。课程目标既涵盖教育的目的，又是课程评价的标准，还是选择其他课程要素的依据。课程目标通常是根据学科、学生和社会的需要所提出的一种参照性目标，是制订课程计划、编写教材、实施与评价课程可依循的最低标准（韩刚，2008）。课程目标可以是课程标准的细项能力描述，也可以是教材相应级别对学生能力的培养目标和要求。

（2）课程标准：课程标准是国家课程的基本纲领性要求，是国家对课程的基本规范和质量要求。为确保课程的国际性、科学性、权威性和系统性，应当同时参考各国或组织的课程标准和量表，例如:《义务教育英语课程标准》《中国英语能力等级量表》Common European Framework of Reference for Languages（欧洲语言共同参考框架)、Common Core State Standards(美国共同核心州立标准)、Cambridge English Scale(剑桥英语分数量表)等。

(3)测评体系:指国际通用且认可的测评系统。测评系统与课程标准有紧密联系,测评体系反拨课程设计和教学实施。因此,只有选择科学系统的测评标准和测评方式才能有效评估学习效果;这些测评方式包括Cambridge English Qualifications(剑桥英语考试)、Lexile Framework for Reading(蓝思分级阅读测评体系)等。

(4)选材分析:选择教科书时,要对国内外优质的英语教材进行横向对比分析,同时应当结合学校学情和市场需求进行筛选。应遵循客观和严谨的原则,参考教材对比维度(表1)甄选教材。另外,话题内容和教材结构的对比分析还可进一步细化,具体可借鉴表2中罗德里格斯提出的教材内容分析维度(Rodrigues,2015)。

表1:教材对比维度

教材信息	教材对比维度	
基本信息	出版社	教材类型(ELT/读物等)
	语音类型(美音/英音)	适用对象(学段/年龄段)
	语言标准	对接测评
	话题内容	教材结构
	级别设置	课时建议
配套资源	教师资源(线上/线下)	学生资源(线上/线下)
	测试资源(前/中/后)	补充资源
其他	成本	教材特色
	面临挑战	

表2：教材分析维度（Rodrigues，2015）

Checklist Item

1. Considering the Environment: The textbook designer took into consideration the level of students' proficiency in every unit.

2. Discovering Interests: The textbook is compatible with age-appropriate topics and interests of the learners.

3. Following Principles: The activities are well-designed in allegiance with appropriate instructional methodologies.

4. Goals: The objectives are spelled out in the introduction part and the material aligns goals, instruction, and assessment.

5. Listening: There is a discernible system at work in the presentation of listening activities, where students recognize and understand the linguistic structures.

6. Speaking: Speaking activities promote the development of fluent, accurate, appropriate, and authentic langue.

7. Reading: The reading texts and activities are organized based on authentic contexts in a way that learners become familiarized with words and text structure.

8. Writing: The writing activities aligned to the material worked with in the unit, and students write based on guided instruction.

9. Grammar: The grammar activities focus on form and meaning in contextualized communicative events.

10. Format and Presenting Material: The content in the units are constantly being recycled and repeated, through either a linear, modular or cyclical format.

11. Monitoring and Assessing: In every unit there are opportunities for assessment.

3.3 资源设计

霍华德和梅杰指出，设计语言课程资源时，首要的考虑是学生，即资源相关性、趣味性、学习动机以及资源是否满足个体学习需求（Howard & Major，2004）。

资源设计基于出版社提供的官方教辅资源，结合学情打造落地化资源，设计以教师、学生和家长为服务对象的完整资源体系。资源按照服务对象可分为教学资源和学习资源。

3.3.1 教学资源

教学课件是能够辅助教师从备课到授课的流程性指导，减轻教师备课压力，同时规范教学行为。教学课件应包含详细的教学目标、教学重难点、教学流程、教学效果评估、家庭学习建议等，同时配以文字版教学详案辅助教师理解设计意图。

教学进度又指教学大纲；指导教师在规定时间段完成要求的教学任务，同时保证平行班级的授课进度一致。教学进度应包含课时数、教学内容等。

测试资源的评价方式可分为形成性评价和终结性评价；测试资源也可按照测试类别，如分级测试、诊断测试、潜能测试、水平测试等进行设计。

补充教辅资源指额外的官方或自主研发的、辅助教师授课的线上线下资源，如出版社的官方文件、优质教学资源网站等。

3.3.2 学习资源

学案指教师依据学生的认知水平、知识经验，为指导学生进行主动知识建构而编制的学习方案。学案实质上是教师用以帮助学生掌握教材内容，沟通学与教的桥梁；也是培养学生自主学习和建构知识能力的一种重要媒介，具有"导读、导听、导思、导做"的作用。学案包含每课的教学目标、教学重难点、教学笔记、学习建议等。补充练习资源是指额外的官方或自主研发的、辅助学生学习的线上线下资源，如练习册等。

3.4 课程实验

完成课程的立体打造后，需要实践，并从教师、学生、家长、学校等多方调研实验课程的反馈意见和建议，以便及时发现问题，修订材料，优化课程。与此同时，还可以收集数据、打磨优秀示范课等，为课程发布作准备。课程实验阶段的评价方式同课程评价。

3.5 课程发布

课程发布旨在为教师及其他岗位序列、学生、家长、学校以及外界开展基于课程信息的宣传和培训工作，确保课程信息传递准确、有效和及时，为学生的学习体验和学习效果保驾护航。课程发布是课程调研、课程定位、资源设计和课程实验四个环节所有成果的展示，展示内容因对象不同而各有侧重，主要包含课程理念、课程特色、课程体系、资源体系、教材教法解析、示范课等。

3.6 课程评价

课程执行一段时间后需及时通过各种方式收集反馈意见，如意见收集和成绩分析。通过收集有效反馈和数据，升级课程产品，为今后的课程研发积累经验。针对学生、家长、教师、学校等不同课程实施群体，进行课程实施情况的问卷调查或采访；定期收集学生成绩并进行比较分析，以观察课程实施情况。

综上，通过科学、系统的研发方法及流程，设计符合学生学习体验的课程产品，实现指导教师教学、辅助学生学习、增强家长意识和规范学校管理的目标。

4. 研发项目管理

作为机构或学校的管理者,研发项目制能够有效管理和指导课程研发。课程研发项目管理可以用项目制的管理方法,从计划、研发、实施到评估,进行跟踪指导、管理、决策和备案。

4.1 项目分类

研发项目按研发性质分为研发类和教研类。研发类指一套课程体系从无到有进行搭建、教材设计、资源设计和落地化支持服务,教研类指学校或机构基于一套成熟的课程体系进行资源研发。研发项目按研发动因分为市场需求类和学术引领类。学校和机构可以根据自己的实际需求确定项目类别。

4.2 项目管理流程

项目管理分为三个阶段(图4):项目准备阶段、项目研发阶段和项目执行阶段。

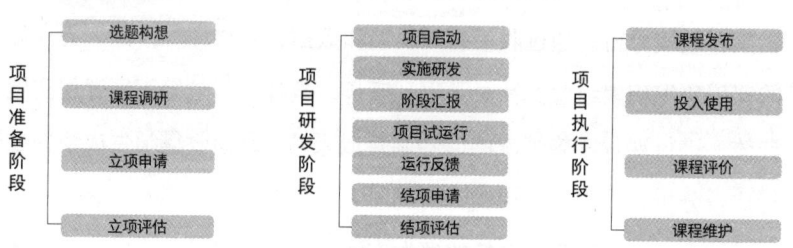

图4:课程研发项目管理流程

在项目准备阶段，由教师、教研员、学校或机构确立选题，开展课程调研，如需求调研、测评产品调研、教材调研、文献著作研究等。完成课程调研后，个人或组织向学校或机构的学术委员会提交课程研发立项申请书。申请书中需简述研发背景及意义、调研成果、研发最终成果物、研发流程及进度、项目参与人及分工、研发预算等。学术委员会基于市场、学生、家长、教师、学校或机构多群体、多维度的需求，论证研发理论、进度和费用，对选题开展可行性评估。立项通过后，学术委员会对项目进行编号，并颁发课程研发立项通知书，告知项目发起人，项目正式进入研发阶段。

项目启动后需组建团队，同时确定项目负责人并实施研发。项目负责人需要向学术委员会作阶段性成果汇报。项目研发期间如有任何变更、暂停或延期决定，需填写课程研发项目变更或延期申请，学术委员会同意后方可执行。研发完成后，项目负责人需开展课程试运行，并采用有效反馈机制收集课程实施意见和建议，优化课程产品。最终形成文字，向学术委员会提交课程研发结项申请书。申请书中需简述研发成果物、研发实验反馈结果和研发费用明细等。学术委员会对课程成果物开展评估。结项通过后，学术委员会颁发课程研发结项证书，告知项目可以正式进入执行阶段，同时学术委员会收集所有课程研发成果物并存档管理。研发成果物是评估课程能否结项的重要参考，它应当包含如下几项内容（表3）：资源包、测试包、培训包和宣传包（如需）。

表3：课程研发成果物清单

成果物类别	成果物细项			
资源包	成果物细项	课程体系图	教学课件	教案

续表

成果物类别	成果物细项			
资源包	学案	教学进度	补充资源	
测试包	前测/分级测试	期中测试	期末测试	水平测试
	其他测试			
培训包	课程培训课件	其他培训材料	示范课	
宣传包	课程解决方案介绍		课程资源清单（教材清单和教辅资源清单）	

项目执行时，先为教师及其他岗位序列、学生、家长、学校以及外界开展基于课程信息的宣传和培训，其间需定期收集反馈意见并开展持续的课程维护和及时的课程升级。

4.3 研发项目标准和要求

作为课程研发者，应从课程产品的科学性、前沿性、系统性和实用性四个维度考量研发标准和要求。科学性，即要求具备学术研究能力，设计与国内、国际英语语言标准对接的课程；前沿性，即要求动态掌握教育市场的需求和现代教育产品资讯，能够将现代科技与教育创新融合于课程设计中；系统性，即要求运用科学的研发方法，遵循完整的课程研发管理制度；实用性，即要求研发的课程符合实际需求。

综上，随着中国教育需求的不断变化，教育形式逐渐走向多样化，教育服务模式逐步走向多元化。规范的课程研发管理机制能够助力学校和机构打造核心课程产品，促进行业发展。基于国际教育的英语课程研发管理，需要以学生为核心，辐射教师、家长和学校，为之提供课程全面解决方案，从而形成良性教育环境。

参考文献：

Howard, J., & Major, J. Guidelines for Designing Effective English Language Teaching Materials [R]. 2004.

McKimm, J. Curriculum design and development [R]. 2007.

Rodrigues, E. Curriculum Design and Language Learning: An Analysis of English Textbooks in Brazil [D]. Michigan: Andrews University, 2015.

Tyler, R.W. Basic Principles of Curriculum and Instruction [M]. Chicago: University of Chicago Press, 1949.

韩刚. 课程与人：职前英语教师的成长[M]. 北京：外语教学与研究出版社，2008.

任炜东，夏青峰. 校本课程的开发与运用策略——以北京中学为例[J]. 教育参考，2015，(3)：72—78.

闫晓敏. The Influence of Cultural Properties of English on English Curriculum Design [J]. 校园英语，2017，(5)：158—159.

周满生. 基础教育国际化的若干思考[J]. 教育研究，2013，(1)：65—68.

剑桥校园英语测试对基础教育国际化的促进

李茁[1]

【摘要】本文对目前中国学生参与国际课程时所面临的英语沟通问题进行分析，提出针对性的解决方案：在小学高年级及初中阶段，依据剑桥校园英语测试的标准开展英语学习。本文对剑桥校园英语测试不同阶段的学习及考核重点进行了分析，并结合学生的心理、社会认知及语言习得的规律，提出中国学生通过系统的、循序渐进的英语学习和相关测试，能够不断提升英语语言技能，并逐步培养使用英语作为媒介进行学术活动的能力。

1. 背景

中国经济的持续发展使中国海外留学、学习国际课程的人数逐年上涨。据中华人民共和国教育部统计，2017年我国出国留学人数首次突破60万大关，达到60.84万人（中华人民共和国教育部，2018）。更值得注意的是，高中和本科阶段出国就读的留学生占比逐年增加，2016年我国就读本科及以下阶段（包括小学、初中、高中）的出国留学人数占比从原来的20%增长至64.5%（中信银行股份有限公司，2017）。与此同时，中国国内的国际课程业务也发展得蒸蒸日上。截至2017年10月，在中国大陆注册的国际学校激增至734所，其中除外

---

1. 北京外国语大学国际教育集团青少教育事业部教学总监。

籍人员子女学校126所外，民办国际学校达到367所，公办学校国际班241个，就读人数突破45万人（王蓉，2018）。

无论是出国留学还是学习国内的国际课程，学生在语言能力方面都需要提前作好准备。不少留学生或初次参加国际课程项目的学生都面临"水土不服"的问题。对于留学生来说，初次进入截然不同的语言环境，因缺乏对当地社会及文化的了解，他们必然会遇到很多问题。比如上课听不懂老师讲授的内容，不习惯国外的学习方式，撰写学术论文时不得要领，很难融入当地同学的交流群，等等。

对于在国内选择国际课程的学生来说，从熟悉的体制内小学、初中课程转向全英文的课堂教学环境，他们不论在学习习惯还是课堂教学方面都需要重新适应，这也是为后续到海外大学继续学习奠定良好的基础。比如，国外大学的教学多以学生为主体，学生需要自己确定科学实验课题并设计完整的实施方案；老师大多会对课题的合理性及实验方法的有效性给出建议，而不会直接给学生分配研究任务。这与国内学校以老师为主导、学生被动跟从的方式不一样。另外，学生在学习过程中更多采用小组合作的任务式学习方式。学生需要通过团队合作，完成各学科的学习任务，这对学生的团队合作及沟通能力都有很高的要求。

学生良好的英语语言能力对尽快调整个人状态发挥着重要作用。据统计，对于参加国际课程的学生来说，他们至少需要六个月的语言过渡期；英语语言能力较强的学生适应全英文教学的时间明显短于英语语言能力较弱的学生。从这些挑战和问题也可以看出，中国学生的英语语言能力还没有达到完全适应海外学习生活或全英文国际课程的要求；这与目前国内的英语学科教学资料相对单一，英语课课时有限，考核方法趋于统一化，班级学生人数较多等诸多因素密不可分。另外，根据加拿大艾伯塔教育署2012年发布的《语言评估工具与策略报告》，语言学习者使用的语言分为社会语言和学术语言。针对不同的使用目的，学生的语言能力也有所不同。与学术语言相比，社会语言的词汇更常见，句式更简单；而学术语言需要使用学术、专业的词汇和更复杂的句式。（Alberta Education, 2012）而目前我国小学和初中阶段的英语教学还是以日常生活类沟通技能为主，学术语言方面的教学相对欠缺。

针对中国学生的语言问题，不少机构为学生提供了英语集训课程，希望在短时间内解决问题；但英语能力提升需要大量的英语阅读训练和丰富的知识储备作支撑，需要对听、说、读、写、语用等技能进行全方位的长期训练。

2. 解决方案：剑桥校园英语测试对接高等教育英语测试

英语语言习得是一个长期并需要持续坚持的过程。除学生个人学习能力与坚持毅力的因素外，语言环境及背景文化也起到至关重要的作用。如果中国学生在英语学习过程中能够使用原汁原味的英语学习材料，系统全面地进行语言习得训练，并及时有效地得到学习效果反馈，势必会有效提升英语沟通能力，满足海外学习及生活的需求。对于中国的青少年（10—18岁）来说，剑桥大学英语考评部（Cambridge Assessment English）研发的剑桥校园英语测试（Cambridge English for Schools）是帮助学生稳步提升英语能力、及时了解学习进度并向学生精准反馈提升建议的工具。

计划到海外高校接受高等教育或参加国内的国际课程的学生，都要通过托福（TOEFL）或雅思（IELTS）考试等标准化英语水平考试，以证明用自己的英语语言能力能够完成将来的学习任务。为了达到入学语言要求，很多学生采取突击备考的方式，以获得令人满意的分数。即便暂时达标，他们到了真实的语言环境依然会感到力不从心。因为英语学习是一个长期且持续的过程，从现有英语能力阶段提升到更高一级，学生需要经过一定时期的持续学习，听、说、读、写各方面能力要得到均衡发展（Kenji et al., 2000）。更重要的是，学生还要遵循科学、严谨的语言测评标准，定期参加检测，以检验前期的学习效果，并为后续的学习设定方向。美国教育心理学家罗伯特·加涅（1985）认为"反馈是检验教学效果的手段"。他认为学习是一个闭环过程，中间需要通过测试和反馈来检验学习效果，进而调节学习的方法和策略，提升学习质量。基于北外"壹佳英语"多年的教学经验，我们发现，以国际标准来对标学生的英语学习进度是非常有效且实用的方法。我们所遵循的国际标准是剑桥大学英语考评部研发的校园英语及高等教育英语测试体系。

　　为了更详尽地反映学生语言测评表现，剑桥大学英语考评部自2015年1月起开始使用剑桥英语分数量表来报告考试成绩。剑桥英语分数量表依据欧洲语言共同参考框架（Common European Framework of Reference for Languages，简称为CEFR），由低到高给出语言测试分数范围（从最低分80分到最高分230分）。学生参加考试后，除根据CEFR了解自己的整体语言能力外，还能够获得单项技能（阅读、写作、听力、口语和语用技能）的具体考试分数，这使学生更清晰地了解自己当前的语言能力情况，并对今后的学习提供指导性建议。因此剑桥英语分数量表对CEFR提供了有效的补充（图1）。

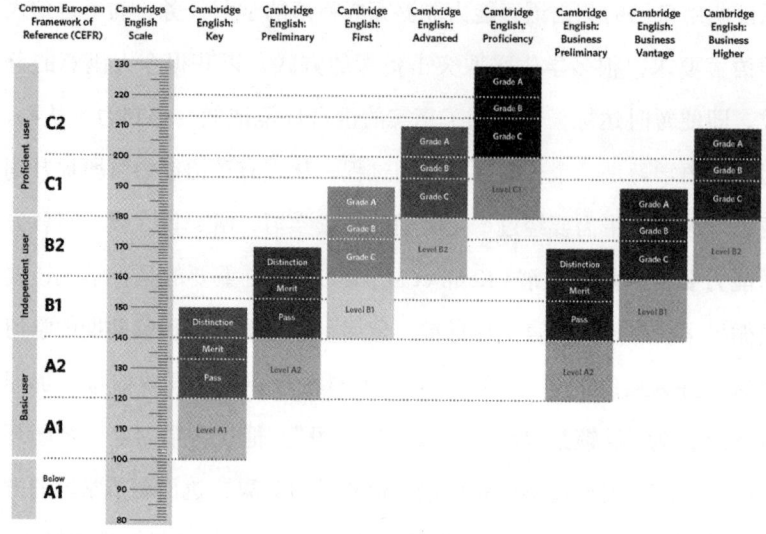

图1：剑桥英语分数量表

剑桥大学英语考评部依据CEFR所设定的语言等级，结合语言学习者，特别是青少年的年龄及认知特点，研发了剑桥校园英语测试，共分为三个级别：A2 Key青少版（A2 Key for Schools，原KET青少版），B1 Preliminary青少版（B1 Preliminary for Schools，原PET青少版），B2 First青少版（B2 First for Schools，原FCE青少版）。这三种考试以学生熟悉的校园及生活情景为考试背景，从培养学生使用英语进行简单生活场景沟通的能力，到逐步培养学生使用英语学习其他学科、撰写学术论文等的能力。

与剑桥校园英语测试衔接的是剑桥高等教育英语测试C1 Advanced

（原CAE）和C2 Proficiency（原CPE）。与前面三个阶段测试有所不同的是，高等教育英语测试C1 Advanced和C2 Proficiency更倾向于测试学生的学术英语能力。与雅思测试一样，这两项测试不仅全面考核学生的听、说、读、写能力，还包含语法和词汇测试。以阅读测试为例，所涉及的内容多为科普类、社科类文章，着重考核学生的学术阅读能力。写作部分以论述文为主要文体，旨在考查学生能否用英语就某个问题进行论证与分析。因此，这两项考试被全球众多知名高校认可。对中国留学生或国际课程学生来说，剑桥校园英语测试对顺利适应新的学习生活起到了关键作用。通过准备三个级别的学习及测试，学生可以更好地适应全英文的学习和生活环境，为适应海外环境及国际课程学习作好准备。下文具体分析这三个级别的考试内容、级别间的衔接，以及学习过程中的建议。

2.1 A2 Key青少版

A2 Key青少版是一项相当于CEFR中A2级别的考试，着重考查考生日常学习、生活中使用英语进行简单沟通的能力。目前，国内参加A2 Key青少版英语学习的学生年龄在7—10岁之间，A2 Key青少版英语学习与剑桥少儿英语学习紧密衔接。

经过了剑桥少儿英语阶段的学习与测试，学生掌握了英文字母及字母组合的发音，基本的英语语法（如一般将来时、现在完成时、情态动词、可数与不可数名词等）；核心词汇量为700左右；能够运用语法和词汇完成简单的写作任务，达到"听说突破"的程度。随着学生年龄的增长及认知的不断发展，接下来的A2 Key青少版将为学生规划出更明确的语言技能培养目标。

如果说剑桥少儿英语阶段以培养学生学习英语的兴趣为主，A2 Key青少版阶段则逐渐向培养学生运用英语进行生活和学习中简单沟通的能力过渡。根据学生的年龄特点及认知发展程度，该阶段开始涉及丰富多彩的校园主题内容，包括学科知识、同学之间的友谊、外国文化及文学作品（如《哈利·波特》）等。在语言知识方面，学生需要掌握与爱好、友情、家务、健康、旅游、社会问题等相关的日常词汇（约1500个）。在语法方面，除少儿英语阶段掌握的基本语法点外，学生还需要掌握一般现在时、一般过去时等时态现象，主动与被动语态表达，情态动词、名词、形容词、副词、介词、限定词等词汇的深入用法，以及基本条件从句等语法知识。同样，有了这些词汇和语法的积累，阅读及写作方面则要求学生可以读懂日常生活的各种通知信息，能够书写简单的邮件或卡片（25—35个单词）；听懂简短对话主旨信息，能抓住价格、数字、日期、姓名等细节信息；并且能够就时间、地点等话题进行简短对话。与此同时，也要求学生对社会发展、文化传承、科技进步、自然和谐等社会现象有自己的理解和感悟。

现将剑桥少儿英语三级（A2 Flyers）阅读考题与A2 Key青少版阅读题进行对比（图2、图3）。虽然两种试卷语言能力测评难度相当，都对应CEFR中A2级别；但从考题设计中可以明显看出，剑桥少儿英语考试的试卷提供了需要测试的词汇，供学生选择；而A2 Key青少版不再提供需要测试的词汇，而是要求学生自己写出来。这不仅要求学生充分理解题目的含义，还要求学生熟练掌握解答问题的关键词汇，做到不仅能拼写词汇原形，还要根据文章需求写出该词汇相应的形式。通过这些技能的培养，学生在搭建语言知识架构、把控关键信息、拓展知识维度等方面的能力会得到进一步提升，为接下来培养概括、分析、预判等能力作好准备。

图2: 剑桥少儿英语A2 Flyers 阅读与写作

```
Reading and Writing • Part 7
Questions 41 – 50
Complete the message left on the internet by a girl from Mexico City.
Write ONE word for each space.
For questions 41 – 50, write the words on your answer sheet.

Example:    0         is

My name (0) ............ Elisa Valdez. I'm twelve and I live in Mexico City. I (41) ............ two
brothers, Emilio and Miguel. Both of (42) ............ are a few years older (43) ............ me.
My sister, Maria, is (44) ............ youngest in my family and it was her tenth birthday
(45) ............ week.

I love spending time (46) ............ my friends. We often (47) ............ shopping or play
volleyball together. I really enjoy dancing too. I joined a dance school five years
(48) ............ and I go there twice (49) ............ week to practise. I've learned a (50) ............
of interesting things about my country's music and dancing.
```

图3：A2 Key青少版　阅读与写作

2.2 B1 Preliminary青少版

通过A2 Key青少版后，学生要继续学习相当于CEFR中B1级别的B1 Preliminary青少版。与A2 Key青少版相似，B1 Preliminary青少版虽依旧以校园、学习等话题为主要考核内容，但在听、说、读、写等方面对学生有了更高要求。词汇数量从1500个核心词增长为3500个核心词。语法内容也添加了条件句、间接引语、定语从句等复杂的语法现象。在阅读方面，从要求读懂标示牌到理解各种通知及其他形式的文本信息，着重考核学生在阅读段落时对特定信息和细节问题的理解，处理事实性问题的能力，以及对作者写作态度、观点和意图的理解。这些都要求学生在学习中不断积累词汇量并培养良好的阅读习惯，掌握阅读策略，最终提升阅读速度和效果。在写作方面，除保留A2 Key青少版原有的小作文外，B1 Preliminary青少版增加了故事和信件写作，学生可任选其一。这种考核形式主要考查学生重述、重组信息的能力，注重学生对特定信息和细节信息的描写，并要求提高写作用词和句式的丰富性与多样性。听力方面也不再是简单的图片选择与搭配了，而是要求考生在对话或个人表述中，不仅要把握主要信息，还要注意掌握特定信息和细节信息；同时也要对说话人的观点及态度进行推断。这就要求学生在学习语言的过程中，熟悉英语口语的表达逻辑，加快读题速度并确保词组或单词拼写的正确率。

B1 Preliminary青少版口语测试要求考生从A2 Key青少版阶段简单的日常会话互换转为根据特定情况，运用恰当词汇进行综合性描述，并表达自己的观点和意见（图4、图5）。同时，还要与一同参与讨论的伙伴就某个问题达成共识，比如口语第二部分考试。

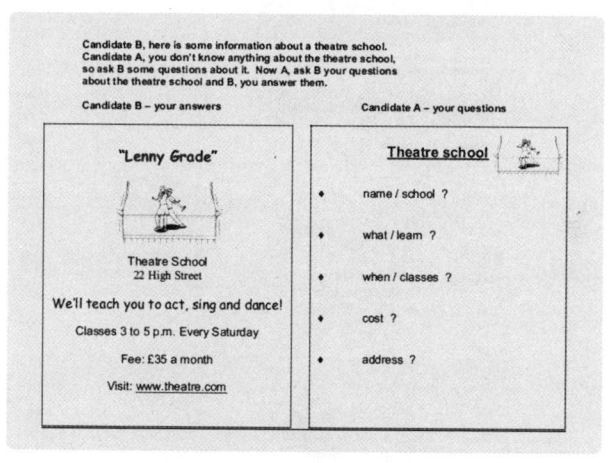

图4: A2 Key青少版　口语第二部分

A2 Key青少版要求两位考生就海报中的具体信息进行交流。而

B1 Preliminary青少版先设定了一个情景：一名学生要给父母买礼物，图片中提供了各种礼物的选项，两名考生先要就不同选项进行讨论，最后达成共识。由此可见，B1 Preliminary青少版阶段的口语表述不再只有一个字或一句话，或针对固定的信息进行交流；而是要求学生就某一主题阐述个人观点，同时也要给出支持观点的合理论证。

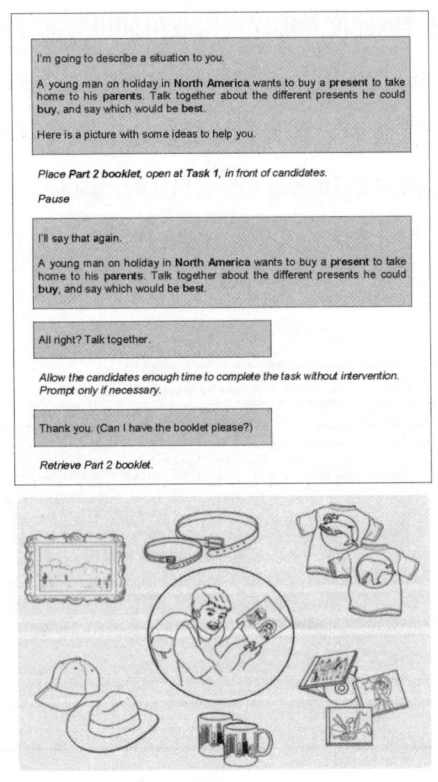

图5: B1 Preliminary青少版　口语第二部分

由此可见，从A2 Key青少版到B1 Preliminary青少版，无论在词汇积累、语法知识掌握、阅读与听力的答题策略或对特定信息的把握方面，都对学生有了更高层次的要求。除准确反馈所获得的信息外，写作及口语测试部分要求考生表达自己的观点。学生的自我思考、独立分析能力得到培养，英语整体交流能力得到提高。

2.3 B2 First青少版

B2 First青少版对应CEFR中B2级别。虽然与前两个阶段的测试一样采用校园情景进行测试，但B2 First青少版开始考核学生运用英语进行学术研究的能力。也就是说，B2 First青少版是学术英语的起点。这也是众多世界知名高校在录取本科生时，将B2 First青少版成绩作为候选人语言能力评判标准之一的原因。

如何测试学生的学术英语能力？首先从整体来看，B2 First青少版阶段考试的时长及考试内容都有了变化。每一个环节考试时长都有所增加，总时长从B1 Preliminary青少版阶段的两个多小时延长至三个多小时。另外，写作已经单独成为一项考试内容，与阅读部分分开；同时，增加了语用部分，对词汇和语法进行集中测评。

B2 First青少版阶段对词汇量的要求从B1 Preliminary青少版阶段的3500个提高到不少于6000个。同时，该阶段也增加了频度副词、行为副词、常用动词短语等核心词，用于描述客观的数据。学生除掌握基本核心词根外，还要掌握通过添加前缀、后缀对单词的含义、词性进行转变的方法。在高等教育环节，学生将在全英语媒介中接触所有学习内容，不可避免会遇到不熟悉的词汇；如果学生熟练地掌握了核心词根、前缀、后缀等构词方法及规律，就会分析出生词的基本词义及词性。在掌握这一技能的同时，学生掌握的词汇量也会大幅增长。而这项技能在之前的A2 Key青少版和B1 Preliminary青少版阶段没有考核。B2 First青少版语用第三部分(图6)，要求学生根据文章的整体信息以及具体的句子意思，将核心词汇的正确形式填写在空格处。这要求学生不仅要理解整段文字的含义，也要根据句子意思，结合语法规律以及词性要求，拼写出正确的词汇形式，以符合整句话以及整篇文章的含义表达。

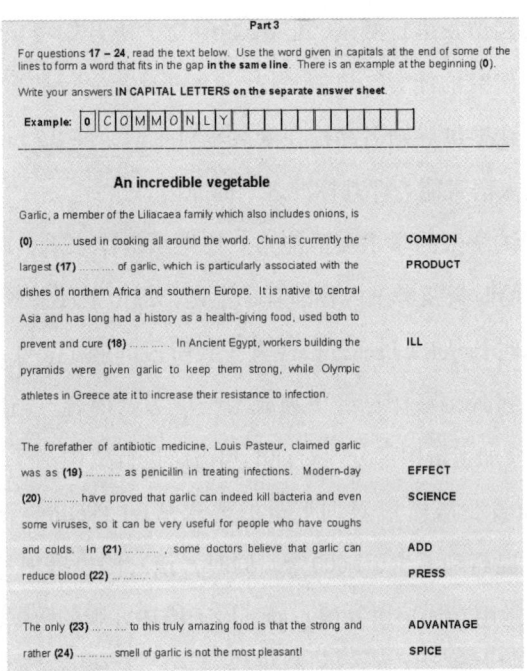

图6: B2 First青少版　语用第三部分

该阶段测试所涉及的内容也在B1 Preliminary青少版阶段相对轻松话题(如兴趣爱好、饮食、运动等)的基础上增添了较为严肃的社会问题（如科技研发、消费、媒体、文化传承等）。在语法知识方面，虽然B1 Preliminary青少版阶段已经包含了较为复杂的语态、条件句、定语从句等语法内容，但B2 First青少版阶段增加了间接引语、限定性及非限定性从句、强调句、倒装句、混合条件句等更为复杂的知识点；而这些语法句型经常会用于撰写客观的数据分析及引用事实案例，是学术写作常用的句型。阅读部分的考核重点也有了改变。虽然阅读部分只有三篇文章，但考查了不同的阅读技能：既考查学生通过阅读快速查找关键信息，洞察作者写作意图和文章中潜在含义的能力，还考查学生对文章结构、上下文内容衔接的理解能力。而这项内容在前两个阶段的测试中没有考查。比如B2 First青少版阅读第二部分（图7），要求学生根据上下文将缺失的句子添加进相应的段落中。这既要求学生了解整篇文章的主题、段落之间的连贯性，也要求学生善于捕捉细节信息，并将不同的信息进行归类。

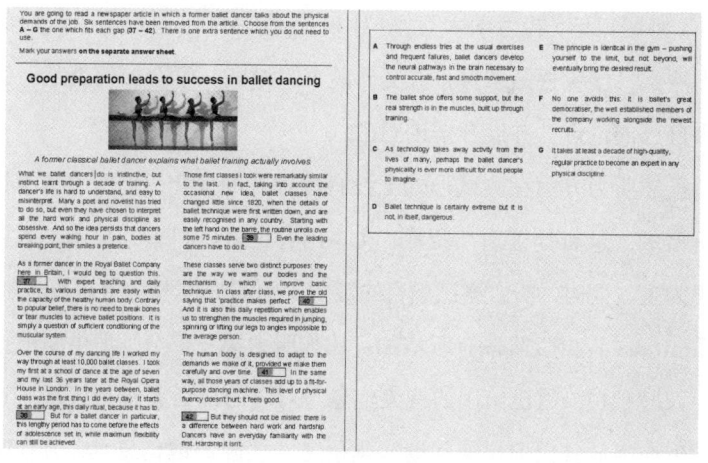

图7: B2 First青少版　阅读第二部分

在高等教育阶段，学生需要就某一学术问题查阅大量文献。这要求学生在浩如烟海的阅读资料中快速、准确地查找关键信息。因此，这个阶段的阅读训练可以培养学生抓住问题关键点，并在阅读资料中迅速锁定相关信息的能力。

在写作方面，B2 First青少版区别于B1 Preliminary青少版非正式文本写作，首次将议论文写作作为必选题目列入测试，着重考查学生使用正式文体进行写作的能力。在议论文写作中，学生不仅要针对既定论点给出具有相关性、合理性的论据进行支撑，还要给出自己的观点。在写作第二部分中，学生可以在三项写作任务中选择一项完成。写作虽保留了邮件、故事等相对轻松的文体，但同时增加了书评、影评等较严谨的评论性文体。在考查学生使用正式文体写作的同时，也考查学生用批判性思维对现实问题进行分析的能力。文章的字数也由100词增加到140—190词。严格地说，B2 First青少版阶段的写作还没有达到学术写作的高度，但这也是第一次要求学生从日常的非正式写作（如留口信）转为学术写作（如议论文写作）。通过这个阶段的学习和测试，学生逐渐掌握正式文体的书写模式，学会如何就某一论题提供自己的论点，并展开辩论（图8）。

虽然听力方面在测试形式上没有特别大的变化，但听力文本长度有所增加，录音语速有所提高；文本内容也多以科普、学术、人物传记类为主。同时，听力测试题目的数量、问题长度及考核难度也较B1 Preliminary青少版阶段有所增加。比如听力第三部分，学生要根据听到的五段独白，将已给出的线索信息与对应的说话者进行匹配。这要求学生在播放独白前快速阅读线索信息，掌握关键信息点，并在听独白的过程中作出判断。这考查了学生主动获取信息、分析信息并与已有信息进行比对的能力。在现实中，通过这种训练及测试，学生可以掌握在以英语为媒介的课堂上，准确捕捉老师授课的关键信息，并通过归纳总结将信息转变为自己所掌握知识的能力；这也为后续高等教育阶段的学习奠定了基础。

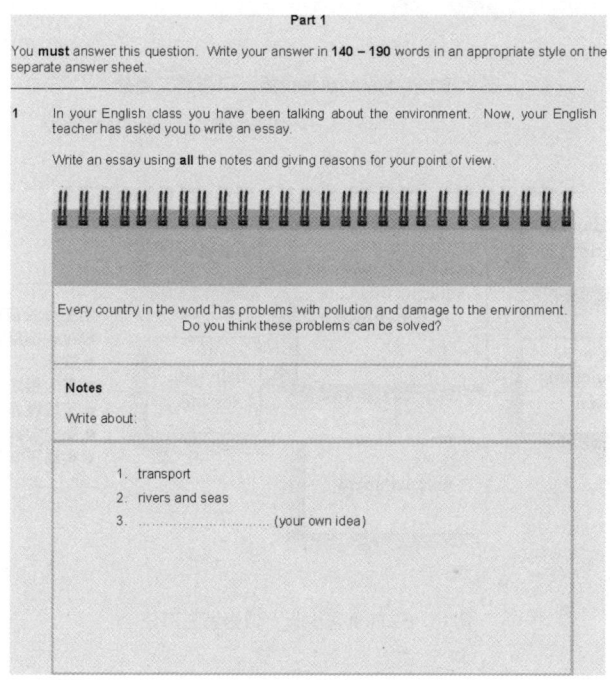

图8：B2 First青少版　写作第一部分

口语方面的测试更加注重学生批判性思维与主动沟通交流的能力。虽延续B1 Preliminary青少版阶段的自我介绍、图片对比、问题讨论环节，但B2 First青少版阶段更侧重考查学生就某个问题展开讨论，提出自己的观点并提供有效论证的能力（图9、图10）。

图9: B1 Preliminary 青少版　口语第二部分

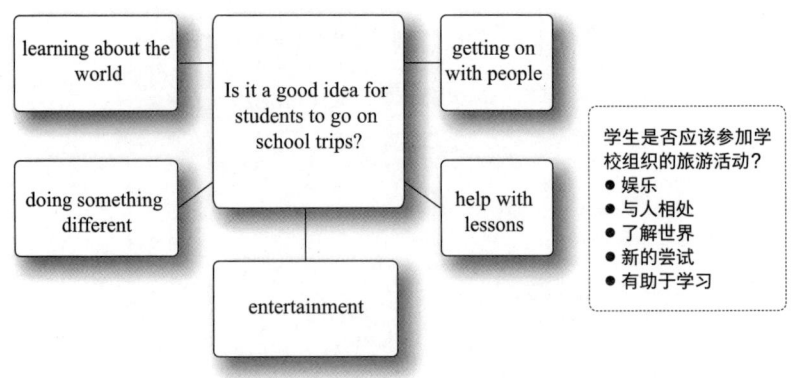

图10: B2 First 青少版　口语第三部分

虽然两种考试形式相同，但B2 First青少版采用更为严肃的呈现形式，直接展示需要讨论的问题及各种论点。在考查学生语音语调、语法词汇准确度的同时，对学生所陈述的论据相关性、话题的深度广度、与同伴沟通的主动性等方面也进行考查。这种测试设计培养了学生就某一课题与同学展开讨论的能力，而这种能力在海外留学或参加国际课程中非常重要，也是学生顺利完成分组式学习任务的关键。

3. 从校园英语测试到高等教育英语测试的超越

通过了剑桥校园英语测试三个级别的学习及测试，学生已经具备了基本的学术英语交流能力，为将来更好地融入海外高等教育作好了准备。在语言技能方面，剑桥高等教育英语测试（C1 Advanced、C2 Proficiency）要求学生进一步提升听、说、读、写综合技能；不仅考查学生自如地使用英语进行交流的能力，还考查学生听懂、读懂考试内容中隐含信息的能力。在B2 First青少版阶段，学生已经掌握了初级的学术写作、表达批判性思维的能力，比如认同或否定题目中已提出的观点，并且提供必要的判断论据。而在C1 Advanced阶段，必考的议论文虽然在文体方面没有变化，但写作字数要求从140—190词提高到260词；在文章内容逻辑性和论点深度方面也提出了更高要求，要求学生能够熟练掌握批判性思维，分析问题，针对某一特定主题给出自己的观点。以C1 Advanced写作测试第一题为例，题目会就一个论题给出两个不同观点，要求考生通过自己的分析判断作出选择。这要求考生不仅要理解问题、分析问题，还要就已给出的观点进行批判性的对比，并得出结论（图11）。

例子中的C1 Advanced写作考试要求考生针对这一话题进行讨论。在讨论过程中，考生要提及题目中给出的三个建议中的两个。由此可见，C1 Advanced阶段对学生使用英语进行学术探讨、准确表达批判性思维的能力有了更高要求。此外，C1 Advanced还要求学生能够自如地驾驭多种写作文体，如正式书信、书评、影评、项目提案、报告等等。这些能力都为学生后续进入高等学府从事学术研究奠定了良好的语言基础。

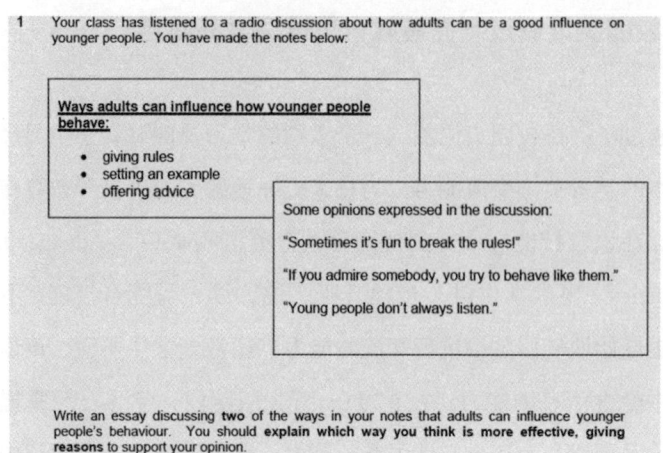

图11: C1 Advanced 写作第一部分

4. 结论

本文通过介绍剑桥校园英语测试（A2 Key青少版、B1 Preliminary青少版和B2 First青少版）的内容特点，分析了每个阶段英语语言测试重点考核内容的差异，这些差异对学生英语语言能力循序渐进地提出了更高要求。每个阶段的测试遵循学生的心理及社会认知规律，以学生熟悉的校园生活为背景，通过情景式语言学习使学生的英语语言能力不断提升：从兴趣培养到理性认知，从关键信息获取到信息分析并作出自我判断，从非正式文体写作到正式议论文写作，从日常交流到批判性观点陈述。这些发展过程使得学生的英语语言沟通技能从日常交流逐渐向学术科研过渡，为青少年从逐步适应并掌握用英语进行日常沟通，到将英语作为媒介从事专业学科学习奠定坚实的基础。

语言学习遵循人类的认知规律，是一个循序渐进、不能突击、不能搁置的过程。学生从一个级别提升到另一个级别，需要在听、说、读、写、语用等各方面均衡发展。每个级别都是在前一个级别基础上的递进，级别的提升至少需要一年时间的积累，不能跳跃。学生迫于考试或升学压力，有时会采取短期集中训练的方法，希望可以突击提高语言能力；或许在某些方面能暂时看到效果（如词汇量增加），但无法实现综合沟通能力的提升。比如，即便学生熟记了很多单词，但缺乏平时的阅读和实操积累，依然不能在特定语境中运用合适的词语进行表达。因此，语言学习不能突击。此外，人们学习的记忆会随时间推移逐渐消退。顺利通过剑桥校园英语测试，并不意味着可以终止英语语言学习。正如文中所提到的，B2 First青少版仅仅是学术英语的起点。为更好地适应海外知名高校的学习生活，学生仍然要继续坚持英语学习，并不断提升自己的沟通能力。

参考文献：

Assessment Tools & Strategies: Language Proficiency Assessment [R/OL]. Alberta Education (2012). https://www.learnalberta.ca/content/eslapb/documents/language_proficiency_assessment.pdf.

Cambridge Assessment English Sample Paper [EB/OL]. Cambridge Assessment English.
 https://www.cambridgeenglish.org/exams-and-tests/key-for-schools/preparation/.
 https://www.cambridgeenglish.org/exams-and-tests/preliminary-for-schools/preparation/.
 https://www.cambridgeenglish.org/exams-and-tests/first-for-schools/.
 https://www.cambridgeenglish.org/exams-and-tests/advanced/preparation/.

Cambridge English Scale [EB/OL]. Cambridge Assessment English. http://www.cambridgeenglish.cn/exams-and-tests/cambridge-english-scale/.

Europarat/Council of Europa. Gemeinsamer europäischer Referenzrahmen für Sprachen: lernen, lehren, beurteilen [R]. Munchen: Langenscheidt, 2001.

Iwai, Y. The Effects of Metacognitive Reading Strategies: Pedagogical Implications for EFL/ESL Teachers [J]. The Reading Matrix, 2011, 11 (2): 150-159.

Kenji, H., Yuko, G. B., & Daria, W. How Long Does It Take English Learners to Attend Proficiency [R]. The University of California Linguistic Minority Research Institute Policy Report, 2000.

2017年出国留学、回国服务规模双增长[EB/OL]. 中华人民共和国教育部(2018-03-30). http://www.moe.gov.cn/jyb_xwfb/gzdt_gzdt/s5987/201803/t20180329_331771.html.

教育部关于积极推进小学开设英语课程的指导意见[EB/OL]. 中华人民共和国教育部（2015-06）. http://old.moe.gov.cn//publicfiles/business/htmlfiles/moe/moe_12/200502/5939.html.

罗伯特·加涅. 学习的条件[M]. 北京：人民教育出版社，1985.

王京平. 欧洲语言测试标准与我国外语测试改革[J]. 外语测试与教学，2012,（1）：50—56.

王蓉. 教育蓝皮书：中国教育新业态发展报告(2017)——基础教育[M]. 北京：社会科学文献出版社，2018.

中信银行股份有限公司. 2018出国留学蓝皮书：基于留学中介评价指数[M]. 北京：中信出版社，2017.

用数字资源提升国际化特色学校的英语教学互动性

杨柳津垭、夏羽茜、李可歆、于笑宇[1]

【摘要】教育信息化是推动教育现代化发展和建设教育强国的关键。在全球教育信息化发展的背景下,对比和分析国内外英语教学中数字资源的应用情况,能帮助国内英语教育者更深入地了解国内外教育信息化发展的差异。通过了解国外英语教学中数字资源使用的现状,实际举例探讨如何借鉴优质的数字资源,总结如何在英语教学领域充分利用数字资源并进行推广和应用,能启发英语教育者思考如何从行动上缩小国内与国际教育信息化发展的差距,为实现我国与国际教育接轨提供更多思路。

1. 背景

自20世纪90年代开始,互联网在全球大范围普及,各国纷纷开始根据国情制定教育信息化发展规划及战略。许多发达国家,如美国,自互联网普及时便开始推动教育信息化发展;到目前为止,教育信息化已经发展得较为完善,取得了显著成果。

2001年,美国国会颁布《不让一个孩子落后法案》(No Child Left Behind Act,简称为NCLB),拉开了美国教育信息化发展的序幕。到

---

1. 北京外国语大学国际教育集团学术部课程研发中心。

目前为止，NCLB进行了四次调整；美国完成了从制定教育信息化初战略，到发展、稳固和创新的阶段（毛春华，2017）。2004年，原美国新媒体联盟（New Media Consortium，简称为NMC）组织专家对未来五年全球范围内会对教育产生重大影响的新兴技术进行了预测和描述；并于每年发布《地平线报告》，探究新兴技术的发展趋势及其在教育中的应用（高媛等，2017），包括可直接用于教学的技术（如"自适应学习""学习分析"等），以及数字化策略和模式（如"自带设备""翻转课堂"等）。从实际发展状况来看，以"慕课""翻转课堂"为代表的教学模式已成功进入应用，并在很多发达国家得到了迅速发展和普及（孙洪涛，2017）。

相比之下，我国互联网普及速度较慢；因此，相较于发达国家，我国教育信息化开始时间较晚。2012年，教育部正式发布《教育信息化十年发展规划（2011—2020年）》，重点强调了优质数字教育资源建设、信息技术与教育的融合及创新等任务的重要性（中华人民共和国教育部，2012）。《地平线报告》从2011年开始引进中国，受到我国教育专家、学者及一线教师的高度关注和广泛认可（高媛等，2017）。但总体而言，我国在教育技术领域的重要发展中，主要倾向于资源和方法，在新技术的深度应用上较为滞后，这一点尤其可以在与《地平线报告》所述发展的差异中体现出来。

数字教育资源的优化和教学是国家教育信息化发展的重点，深入研究两者及其融合对教育工作者有重要意义。本文分析数字教育资源在国内外教育中的应用情况；并以国外优秀的数字教育资源为例，简述其对国内英语教学的启示，为我国英语教育者在教学中实现数字创新提供思路。促进技术与教育的深度融合，可进一步实现我国英语教育的数字化，并实现与国际教育接轨。

2. 数字资源在国内英语教学中的应用情况

在英语课堂中，信息技术一般可从以下方面得到应用：从网站下载数字资源，利用电子邮件批改作业，在社交软件上建立班级社区交流观点，使用在线参考工具（如语料库），将科技软件（如互动白板软件）融入课堂教学等（Dudeney & Hockly，2007）。

在我国，经过多年的探索实践，信息技术对教育的革命性影响已初步显现，但与新时代的要求仍存在较大差距。2018年由教育部印发的《教育信息化2.0行动计划》直言，我国的"数字教育资源开发与服务能力不强，信息化学习环境建设与应用水平不高，教师信息技术应用能力基本具备但信息化教学创新能力尚显不足，信息技术与学科教学深度融合不够，高端研究和实践人才依然短缺"（中华人民共和国教育部，2018）。并且，部分地区受经济发展水平、地理环境差异等因素的影响，未能实现教育信息化，无法获得数字资源（王保卫，2015）。

由此可见，数字资源在我国英语学科的基础教育中尚需得到进一步开发、创新与融合。让中国基础教育阶段的英语教师享用优质的数字教育资源，并充分利用资源优势，提高英语教学质量并实现教学创新，显得尤为重要。

3. 数字资源对我国英语教学创新的启示

虽然我国数字教育资源使用情况与国外信息化发展现状存在差

距，但我国目前正在逐步实现教育信息化。自2012年教育部颁布《教育信息化十年发展规划（2011—2020年）》以来，各学校的信息化硬件设施建设、网络铺设已基本实现。《教育信息化十年发展规划（2011—2020年）》提出2020年基础教育、职业教育、高等教育、继续教育以及教育管理信息化发展水平框架，要求应用信息技术与教学深度融合的教学模式与方法，并培养教师信息化教学的习惯（中华人民共和国教育部，2012）。《教育信息化2.0行动计划》将"变革传统模式，推进新技术与教育教学的深度融合"列为教育信息化的基本原则之一（中华人民共和国教育部，2018）。但在实际应用中，大部分教师在课堂上对数字教育资源的利用仍较少，目前主要体现在使用网络搜集教学材料，使用PowerPoint代替传统黑板进行教学，使用微信等带有即时通讯功能的软件辅助家庭学习及家校沟通等方面。

然而，数字资源的应用，在范围和功能上早已超出上述场景。以下将在前文的探讨及国内实际情况的基础上，结合前沿数字教育资源的实例，浅谈数字资源应用对英语教学创新的启示。

3.1 社交媒体助力班级英语学习社群建立

互联网时代赋予用户在互联网使用时的多重身份。用户不仅是信息的接受者，也是信息的发布者，这在一定程度上提升了用户参与度。若能将网络社区的情景复制到英语课堂中，学生将从知识接受者转变为知识的分享与创造者，因而学习的主动性将得到大幅提升。

首先，社交媒体的使用不受时空限制，它可助力老师、学生和家长之间的实时沟通，帮助学生实现课内外学习时间透明化，打破班级的物理边界，提高学生学习积极性，从而提升学习效果。其次，社交媒体的社交属性可使学生与学生、学生与教师之间的互动实现最大化。即使在虚拟空间里，每个人也有足够的空间自由地表达自我、发表观点。此外，在社交媒体上进行的交互多以文字形式为主，这在很大程度上可以提高学生读写的频率。如果教师在班级社交媒体平台上规定使用语言为英语，那么学生浏览内容、书写评论的过程，均是对英语读写技能的实践和应用。现以ClassDojo（图1）为例，分析该社交平台是如何助力课堂，促进学生良性竞争，提高学生积极性和学习兴趣的。

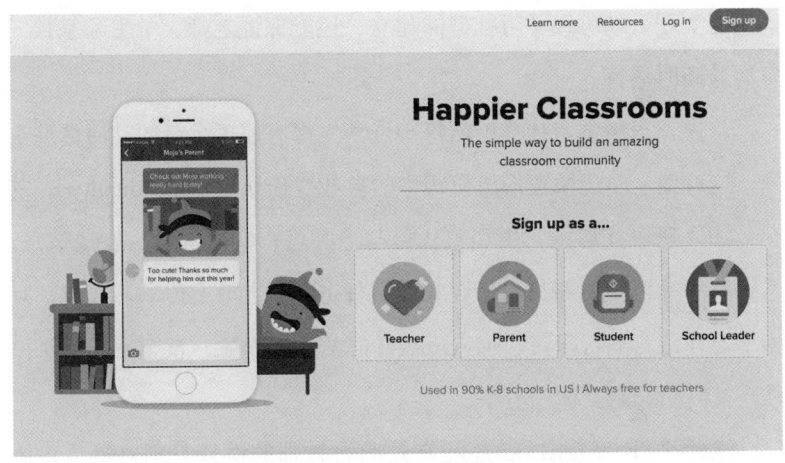

图1: ClassDojo网站（网址: www.classdojo.com）

ClassDojo不仅是一个专注于英语教学的社交平台，更是一个集沟通和分享于一体的学习社群。老师可创建班级社群，记录学生的课堂表现情况，给学生作业评分；学生可在班级社群里分享学习心得，上传照片和视频，与同学们进行交流；家长也可加入班级社群，查看孩子的学习情况，并参与讨论和分享。在ClassDojo上，老师还可给家长发送即时信息，将学生的学习和活动日程安排表通过私信告知家长。

ClassDojo以班级学习社群为理念，以提高学生学习积极性为目标，实现了教与学效果的双向提高，满足了老师、学生和家长三方有效沟通和积极分享的需求。

传统的班级社群主要建立在面对面沟通的基础上，如家长会和老师家访的形式。随着网络的发展，QQ和微信等即时通讯（instant messaging）工具应运而生。而ClassDojo不同于普通的即时通讯工具，不仅能实现云端班级学习社群的建立，还能保证老师、学生和家长三方沟通同时进行。

首先，班级学习社群里的每一位学生都有属于自己的动漫造型头像，这有助于学生快速形成班级中的自我身份认同（self-identity）。其次，加入班级社群的学生和家长可与老师进行实时沟通，发送信息。老师可在社群里发布讨论话题和课后任务；学生可上传学习成果，互相学习并留言进行探讨。加入班级社群的所有学生，甚至家长，都可以在社群里一起交流与分享。

除此之外，ClassDojo还能有效助力教师的课堂管理。每个班级都有类似光荣榜的记分系统，学生的学习因而变得游戏化。如果学生表现好，例如微笑、发言，回答问题有创意，帮助其他同学等，就能在光荣榜上获得加分；相反，如果学生在课堂上有不恰当的行为，例如说话，离开座位，不尊重老师，打断同学发言等，就会被减分。老师可将光荣榜通过投影显示在一个公共区域，每位学生都可以看到自己和其他同学的得分，得分会根据学生的表现情况实时变动。因此，光荣榜能有效激励学生产生正面表现并积极与同学互动。

ClassDojo简洁明了的操作平台能实现老师、学生和家长之间的实时沟通；能节省老师的课堂管理时间，从而提高授课效率；还能激发学生的课堂表现欲，巩固课堂知识，有助于学生更好地完成课后复习。学生通过对比自己与其他同学的得分，能在一定程度上进行自我激励；而家长也能看到反映孩子学习情况的各种数据，这达到了学习情况客观反馈的效果。

在创建班级社群时，老师首先需要以教师身份注册账号，设置班级名称和年级，将学生信息（姓名、性别等）输入班级库。创建完成后，系统会自动生成邀请函，老师可将邀请函打印出来或通过电子邮件发给家长，邀请家长加入班级社群。

老师上课时，可利用平台上的各种工具进行课堂管理，如检查学生出勤率，随机选择学生回答问题，布置分组课堂任务，给学生课堂表现和作业完成情况打分，等等。老师还可按天、周、月或学期来跟踪学生的课堂表现分数，再将分数报告提交给学生家长，家长则能客观地看到孩子的学习情况。

ClassDojo是一款免费、灵活、智能的教育平台；看似操作步骤简单，却精细地将学习游戏化；在如今数字化教育的背景下，以班级社群建立的创新理念，开辟了师生和家校沟通及鼓励学生学习与分享的新模式。

3.2 数字手段丰富教学任务类型

研究表明，英语课堂中数字资源使用的广度和深度与学生的学习兴趣呈现正相关关系（Munzur, 2013）。数字资源使用的广度指使用场景的丰富性，深度指使用数字资源的程度。如前文所述，我国目前数字教育资源在教学中应用的广度和深度都较为欠缺。教师主要以下载、组合、借用为主，倾向于利用有着真实语言的网络材料（如图片、动画、音频、YouTube视频、电影片段等），代替传统的教材与人为编写的对话段落，并丰富教学材料的视觉效果；抑或是直接使用已经制作完成的网络学习资源（如在线视频课程），作为课堂教学的补充。

然而，以上对数字教育资源的使用难免流于形式，在追求课堂外化效果"酷炫"的同时，并未对教学任务及活动进行模式上的创新，这类课堂缺乏对数字资源的充分应用。充分利用数字资源，除了能丰富教学材料的内容与形式，还能丰富课堂教学活动与任务的类型。

3.2.1 活用短视频

根据生产者的不同，短视频在英语教学中的应用有两种思路。由专业人士设计的视频是英语教学材料的补充，既可用作课堂导入的材料，也可作为英语课堂的拓展与延伸，都有助于提升课堂教学效果。若教师与学生是视频的生产者，并借助摄像机、相机或手机的帮助，则可在提升教学效果的同时，使英语课堂的任务形式更加丰富。例如，短视频的拍摄可以作为英语教学结束后的语言产出过程。此外，如今智能手机编辑短视频快捷方便，各种短视频软件受到学生欢迎；若教师加以引导，制作并发布与英语学习内容相关的视频，视频也将受到学生青睐。

对于学生而言，因短视频的内容在一定程度上可以保证学习自主权，并且活动过程需要团队紧密合作，成果物外化效果明显，因此短视频可在一定程度上提高目标语言的使用频率，激发学生的学习兴趣，并帮助学生养成良好的团队合作习惯。对于教师而言，视频可作为学生英语学习的成长记录，在学期或学年的首尾在班级中播放，让学生看到自己和同学的进步与成长；视频也可作为学生的学习成果向家长展示。现以VUE手机短视频软件（图2）为例，分析如何利用该软件实现教学形式多样化。

VUE作为专业的手机短视频软件，既可快捷地录制短视频，也可对视频进行简易的编辑。该软件聚焦于用户的日常生活和实用性，也更适合英语课堂内容的录制、编辑与展示。

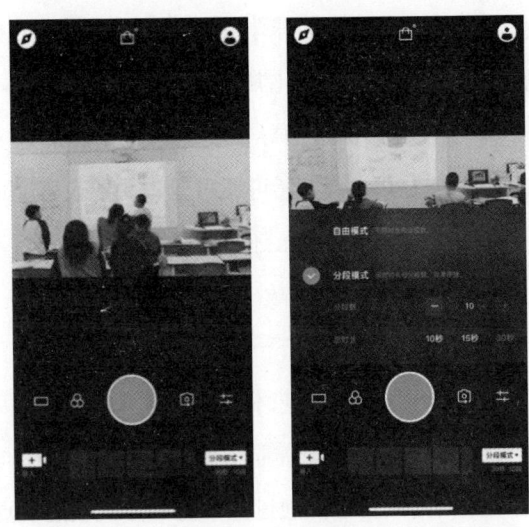

图2: VUE软件界面

该软件功能多样、操作便捷、趣味性强。教师与学生可通过前后置摄像头切换、视频画幅选择、分镜头数量（1—10个）与视频时长设置（10秒、15秒、30秒等）完成多样英语视频录制任务；还可导入已经拍摄好的视频进行简易的编辑，如调整视频播放速度、添加配音或文字等。该软件提供多种视频滤镜，画质清晰精致，还可让学生体验微电影的不同艺术效果。该软件可有以下两种用途：

（1）作为课堂话题引入的工具。教师可制作与学习内容相关的生活场景视频，为学生引入课堂话题。例如，在引入并探讨"改善交通状况"的话题前可播放一段表现学校附近街道车辆拥堵景象的小视频，以引起学生共鸣。

（2）作为英语教学结束后的语言产出形式。在语言知识的讲解、练习后，教师可布置拍摄短视频的课堂任务，帮助学生进一步拓展语言知识利用。例如，教师既可要求学生在课下通过团队合作将课堂内容（话题、新授词汇与句型、文化常识等）设计成迷你剧本，进行角色扮演，并制作小视频，也可指导学生将已经学过的课文、听力材料等进行改编、拓展和再演绎；还可通过分镜头的设置完成集体的口语展示任务（group presentation）；还可引导学生在课下将不同话题录制、编辑成微电影，讲述自己的故事（digital storytelling）。视频可以在班级的平台上进行分享，或在下一次课前进行展示。

该视频软件可协助教育者将艺术与设计融入日常教学，不仅能帮助学生进行语言产出，还可以培养学生的创造能力，提高学生学习的自主性与合作性；同时鼓励学生通过数字化的方式表达观点与情感。

3.2.2 妙用在线漫画

与短视频类似，在线漫画也能从视觉上达到促进学习的效果。它作为一种趣味性较强的学习工具，能根据老师和学生的使用方式，运用在课堂的多个阶段和任务中。

首先，学生能充分运用丰富且趣味性强的漫画素材，这是在传统英语课堂中少有的；其次，在学生学习兴趣得到激发的情况下，老师可利用漫画帮助学生完成不同任务，例如扩充词汇量、培养阅读技能（如预测和推断）、锻炼故事写作能力、扩展知识面、培养创造力、提升视觉审美及品味（Jenna，2013）。在漫画制作的网站上，学生和教师能在漫画阅读者和制作者的角色中进行切换，可借助漫画创作的形式，实现对口语和写作等英语技能的锻炼。现以Pixton在线漫画网站（图3）为例，探究其对英语教学不同阶段和任务的帮助。

该网站为在线漫画创作网站。网站提供丰富的人物、场景、对话框、故事情节等漫画创作元素，用户只需通过拖拽这些元素，调整人物表情和场景，添加对话和配音，进行排版，即可实现漫画创作。

图3: Pixton在线漫画网站(网址: www.pixton.com)

Pixton拥有优质的漫画素材，借助此工具，学生和教师都可以成为漫画的制作者。Pixton网站可以实现卡通人物形象、场景、对话框的设计，以及用英语编写对话；甚至可以实现给漫画角色加入真实的声音，让二维的漫画形象开口说话，极大地增强了学习趣味性。该网站可以实现如下应用：

（1）作为课堂导入材料。教师可根据学习话题和目标语言制作漫画，并展示给学生，引导他们讨论，引出学习主题。

（2）帮助学生完成口语、写作等任务。例如，若口语任务为讲述故事，则学生可借助自己创作漫画的方式，根据要求的主题，首先在网站上创作漫画，在创作中梳理故事情节；再根据每张图片的具体内容，在展示时看图说话，讲述故事，让创作和展示过程不枯燥。若写作任务为写故事，则学生可在创作的漫画中加入对话框，再次编辑故事情节；在完成漫画后，以对话或叙述的形式，将故事内容整理好后书写出来。

（3）设计针对词汇或语法的半控制练习。由于漫画的文字部分可以自定义编写，老师可编写好故事情节，将学习的重点词汇和语法编写进故事对话中；再根据学生的能力，适当将对话的词汇和句子挖空，变成填空练习。如此，便可令词汇和语法学习充满趣味，也利用漫画故事为语言学习创造了语境（context）。

该网站最大的特点是操作简单，漫画元素丰富，且趣味性强。学生不论是完成口语任务还是写作任务，自己创作漫画能在很大程度上提高学习兴趣。学生修改人物、衣着、场景等漫画元素，实际上也是对自己即将表达或书写的故事细节进行自查和完善。加入对话，则帮助学生修正语言，整理故事情节。这些材料改变了传统的口语和写作练习模式，将助力语言应用与学习的辅助，拓展学生的思维和视野。

因此，学生独立使用网站进行创作，或老师借用漫画作为教学工具，都能在很大程度上达到丰富课堂内容和任务的目标。

3.2.3 巧用电子问卷

线上电子问卷作为现代数字科技发展的应用型工具，常被应用于数据调研及意见搜集。常用的电子问卷形式有网页、微信小程序、专业的手机问卷应用程序等。电子问卷可通过设置，甚至可通过手机4G网络临时组群，对身处同一地点的人进行问卷调查，并快速导出数据及数据分析结果，十分便捷。利用其优势，电子问卷也可应用在英语课堂教学中。

首先，教师可以在课前设计与教学话题相关的问题，作为课堂导入活动，以了解学生对背景知识的掌握情况，以便更高效地设计后续教学活动；在教学过程中，电子问卷也可用来快速搜集学生的意见和想法。其次，电子问卷设计也可作为英语课堂任务。学生设计电子问卷并分析问卷结果，这有利于培养语言学习中的高阶思维（higher-order thinking），即用英语分析（analyse）、评价（evaluate）与创造（create）的能力。现以Free Online Surveys为例，探究该在线问卷网站对英语教学的帮助。

通过该网站，用户可根据调研需要创建在线问卷调查（survey）、考试测评（quiz）、电子表单（form）或投票评选（poll），并生成链接，由多渠道发布。各项测评工具均支持多种常见题型（如选择、简答、星级评定等），帮助教师与学生高效完成调研流程。调研结束后，网站可快速导出数据，并自动生成图表，呈现数据分析结果，使用流程简捷、便利。该网站的应用可以体现在如下几个方面：

（1）作为课堂导入活动。在展开话题内容前，教师可围绕阅读或听力材料的话题设计问卷调查或投票评选，引导学生预测材料内容。例如，在引入"国家历史知多少"的话题前，发布一份主题为"How do you know about History?"的问卷(如图4),了解学生对本国历史的掌握情况。另外,在写作课堂的"头脑风暴"环节中,教师也可引导学生填写电子问卷表达话题观点。讨论结束后,教师可向班级分享调查结果。

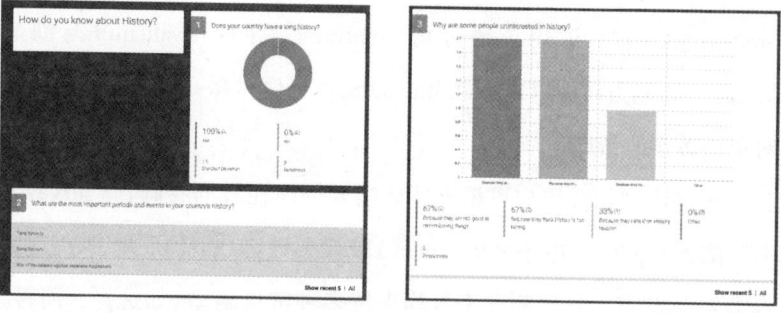

图4: Free Online Surveys在线问卷(网址: www.freeonlinesurvey.com)

(2)在教学过程中使用。学习完阅读、听力材料后,教师可立即发布与文章内容相关的电子问卷,收集学生反馈。学生也可根据学习内容,依自己的兴趣与理解设计电子问卷,在班级范围内分享,作为讨论的一种变化形式。并且,在特定的学习环节,如写作课中,学生可设计英文电子问卷,高效地从生活中搜集真实且有效的数据,为自己的文章增加可信度。

(3)作为教学结束后的语言产出形式。在掌握课文内容后,教师可布置调研任务,引导学生进一步延伸话题内容。学生需通过小组合作创建问卷,获取数据,并根据数据分析结果得出调研结论。例如,教师讲授"城市环境保护"的章节后,引导学生设计一份问卷,调查周围人是否支持文章中提出的环保主张。

通过该网站创建调查问卷可提高学生深入学习的能力。通过设计问卷与分析结论,学生的思辨能力、解决问题能力、合作能力均可得到锻炼。在此过程中,教师的角色也不再拘泥于信息的传播者,而更多地过渡到学生自主探索信息的支持者与指导者。另外,通过回答问卷、设计问卷、分析问卷,学生也获得了真实生活的学习体验,提前掌握未来工作所需的重要技能。

综上,在英语课堂中,数字教育资源不仅可以分享与借用,也可以超越材料本身,在形式上与英语教学的特点进行深度融合。无论是采用社交媒体构建班级的英语学习平台,为学生提供使用英语分享和讨论的空间,还是利用短视频、在线漫画、电子问卷,都可丰富课堂教学任务的形式,拓展学生应用英语的时空,完成对英语教学在形式上的创新。而这些数字化成果最后又可以回到班级的社交平台上进行传播,从而完成了信息化教育在教学环节的闭环。

需注意的是,数字教育资源在教学中的应用,需要教师全程对内容及使用进行监控,避免不良网络信息在班级中传播,以保证学生在数字资源使用过程中的身心安全。纵使数字教育资源的出现与普及极大地丰富了课堂内容与形式,提高了教学效率与效果,但数字资源作为一种尚未与传统教育行业深度融合的新兴工具，其出现也给英语教学带来了不少挑战。下文将对数字资源在英语教学中应用的潜在问题和挑战作简要分析和论述。

4. 数字资源在英语教学中应用的潜在问题和挑战

顺应全球教育信息化发展趋势，根据新时代新型学习者的需求，数字教育资源在国内英语教学中的应用势必会产生相应的效应和影响。如前文所述，数字资源的充分应用，能在很大程度上激发学生的学习兴趣，给课堂带来充分的活力。然而，将数字资源与中国传统的"面对面"课堂相融合的过程目前还存在不少潜在问题与挑战。

4.1 解决资源滥用问题，需"因地制宜"

首先，基于国内已有课程或课程体系，在何时、以何种方式、使用何种数字资源是需要慎重考虑的问题。缺乏深入思考，忽略与教学目标的有机结合，会造成课堂环节或课堂内容上的脱节；若"用力过猛"，则可能会导致资源乱用、滥用，甚至错用。教师在课堂上过量使用数字资源，过分追求形式，片面强调技术而非实用（如放映充斥着繁杂、夸张动画效果的幻灯片）等，对学生来说很容易造成注意力转移和视觉疲劳，错失学习重点，以致教学目标难以完成。以上文提到的VUE视频软件和Pixton在线漫画网站为例，其外化形式可用于课堂的不同环节。这就需要教师根据课堂主要目标和学生情况进行选择和匹配，在适当的环节加以运用，而不是让学生毫无目的地将大量时间花费在观看视频或制作漫画上。此外，若资源选择不当，脱离实际，不符合国内学生的现状及需求，则很难实现优质数字教育资源落地化及将其合理融入课程体系，这同样会导致课堂转型的失败。因此，必须充分考虑课程及学科特点，结合教与学的实际情况，将合适的资源恰当应用在合适的环节。

4.2 攻克教师技术短板，需技能培训

对于课堂资源的使用者，即教师和学生来说，他们必须掌握使用相应资源的技能。因此，在设计融合新型资源、技术的教学环境的过程中，教师和学生对数字资源和信息技术的了解程度、使用经验与独立操作能力也在很大程度上成为限制因素。数字科技的高速发展使学生获取知识的手段与速度超越以往，这在无形中对教师的职业技能提出了更高要求：与出生在数字时代的学生不同，教师除了提升专业知识技能，还需要有针对性地学习电子科技的相关知识。如上文提到的ClassDojo，同现如今许多教学设计平台一样，系统庞大，内容综合，功能众多，应充分挖掘并利用它们的各种功能，实现教与学、家与校各端的协同作用。这不仅需要教师了解这些网站，更需要教师具备操作并将其推及学生与家长的能力。因此，在必要时需集中对教师进行相应的技术培训，使教师在熟悉并习惯基本网络操作的基础上，提升对新型数字资源的检索能力与对专门性数字教育资源的使用能力。

4.3 应对教育创新挑战，需观念转变

在全球教育信息化背景下，转变教师的固有观念很关键。对于许多已经熟悉传统课堂及传统资源的教师来说，使用新型数字教育资源（如上文提到的将电子问卷）可能会增加备课时间，加重工作负担，

并且较难达到教学效果；数字教育资源甚至被认为多余或无意义。或者说，要想跳出对数字教育资源"流于形式"的使用模式，改变国内数字教育资源的使用现状，真正达到创新性深度融合，教师需要加强对教育信息化和新技术资源的认识和了解，提升转变传统观念意识的能力。然而，提升意识和转变观念是一个长期且艰难的过程，这也给国内广泛普及数字教育资源和开展数字化教育带来了一定难度。

因此，需加强信息化与数字教育的宣传与普及力度，将其与教师自身建立联系，让教师意识到使用数字资源并非难事，从而将数字资源的使用生活化、习惯化，进而让教师体会到数字化教学的便利与高效。比如，上文分析了电子问卷可通过网页、微信小程序、手机组群等多种与个人日常生活息息相关的形式实现，且电子问卷的巧妙利用可切实助力教学。此外，应调动教师亲身参与数字教育发展及相关资源建设的积极性；打造数字教育资源建设队伍，例如开展专题培训课程、信息教育工作坊、数字公开课等；引导更多一线教师积极成为教育信息化发展战略的建设者和执行者；推进数字教育的常态化应用及全方位创新（毛春华，2017）。

5. 结论

综上所述，为顺应全球教育信息化发展趋势，合理有效地利用数字教育资源，使之在国内英语教学应用中扬长避短，必须充分了解和学习先进信息技术和数字资源，借鉴国内外各类数字化教育经验；做到以语言教学为基础，以学习者需求为中心；在不断实践和开拓创新中，活用、妙用、巧用各类数字教育资源，使国内现有课程向国外优秀课程看齐。

此外，还需持续不断地探索如何提升数字资源的开发、服务与创新能力，实现除英语外，在各学科的教学中充足供给和利用数字资源；同时，积极寻求更新、转变教师意识及提升教师新资源使用能力的有效方法，让数字化教学成为教师的习惯。这样才能真正实现信息技术与教学的深入融合，进一步推进优质数字教育资源在中国的广泛普及，使数字化教育做到真正与国际接轨。

参考文献：

Dudeney, G., & Hockly, N. How to Teach English with Technology [M]. London: Pearson, 2007.

Jenna. 10 Benefits of Reading Comics Handout [EB/OL]. (2013-07-17). https://librarianjenna.wordpress.com/2013/07/17/10-benefits-of-reading-comics-handout/.

Munzur, Z. Technology is Our Friend: Using Technology to Teach English Learning Strategies [J]. Journal of Education and Future, 2013, (04).

高媛，黄荣怀.《2017新媒体联盟中国高等教育技术展望：地平线项目区域报告》解读与启示[J]. 电化教育研究，2017，(4)：15—22．

教育部关于印发《教育信息化2.0行动计划》的通知[EB/OL]. 中华人民共和国教育部(2018-04-18). http://www.moe.gov.cn/srcsite/A16/s3342/201804/t20180425_334188.html.

教育部关于印发《教育信息化十年发展规划(2011—2020年)》的通知[EB/OL]. 中华人民共和国教育部(2012-03-13). http://www.moe.gov.cn/srcsite/A16/s3342/201203/t20120313_133322.html.

毛春华. 国外教育信息化发展战略对我国的启示[J]. 中国成人教育，2017，(22)：103—106．

孙洪涛. 共生与演进——地平线报告中技术的教育应用趋势解析[J]. 开放学习研究，2017，(2)：21—26．

王保卫. 教学点数字资源有效应用开展策略探讨[J]. 中国教育信息化，2015，(17)：34—35．

国际课程中的科学教学实践
—— 聚焦高中物理课程
Teaching Science Courses in International Programs - A Focus on High School Physics Courses

Dr. Mostafa Ibrahim[1]

1. 背景

阿尔伯特·爱因斯坦是历史上最著名的物理学家之一，他为现代物理学做出了巨大贡献[1]，以创立相对论和量子物理相关概念而闻名。这位才华横溢的科学家对生活的各方面都有很多评论[2]，但让我和大家分享他关于教育的一条格言。他说："教育不是学习事实，而是培养思维。"

从爱因斯坦的观点看来，教育的概念非常清楚。教育是要培养学生成为独立思考者，赋予他们观察力、好奇心、反思和关心他人的能力；培养学生使其具有国际思维，在尊重民族传统、道德规范、价值观的同时关注全人类共有的价值观和问题；培养学生使其知道如何独立获取知识，以及如何确保这些知识是正确的。学生应能够将知识应用于陌生情景，而不是熟悉的情景。

---

1. 北京外国语大学国际课程中心物理教师。译者：江欣杨，北京外国语大学国际教育集团办公室外事专员。

国际教育课程项目遵循具体的科学实践来培养上述技能[3,4]。这些实践可以概括为七点：第一，学生能用表象和模型来阐述科学现象，解决科学问题；第二，学生能适当地运用数学；第三，学生能进行科学提问，以拓展思维或开展与课程相关的调查研究；第四，学生能设计并实施适合科学问题的数据收集方案；第五，学生能进行数据分析和证据评估；第六，学生能运用科学解释和科学理论；第七，学生能在不同的领域之中和领域之间，将知识和各种不同的尺度、概念和表象联系起来。

2. 将科学实践融入国际物理课程

高中生的三个主要国际教育课程项目是：英国国际初中课程（International General Certificate of Secondary Education，简称为IGCSE）和英国高中课程（Advanced Level，简称为A Level）[5]，国际文凭课程（International Baccalaureate，简称为IB）[6]，以及美国大学先修课程（Advanced Placement，简称为AP）[7]。比较课程的教学材料时可发现，这些项目的科学课程（物理、化学和生物）的内容几乎没有区别。然而，这三个课程项目的评估和教学方法却有所区别。

这三个国际教育课程项目以不同方式融合了上述科学实践。然而，这些项目的常见做法是在科学课程教学中增加分配给实验和研究工作的时间，至少20%的课程教学时间应分配给实验室工作。接下来，我将描述这三个国际课程项目的物理课程是如何将科学实践融入其中的。

2.1 AP物理课程

AP课程的代数物理课1和2[3，4]，要求学生作一项科学研究（例如，应用他们的力学知识和相关理解，建造一座过山车）。学生以小组形式进行研究，但每名学生都要写一份研究报告，并且要向同学作口头报告，展示自己的研究发现。为了提高书面和口头的科学论证技能，AP课程的学生需要在现实生活中进行研究（例如，使用可再生和不可再生资源发电）。学生将被分成几个小组，每个小组会准备一份所作研究的科学报告。然后，学生将针对研究发现进行课堂讨论。除了这些活动之外，AP物理课程还包括涉及课程各个部分的标准实验（在AP课程中，这样的实验被称为"调查"），学生进行实际操作和模拟实验。应让更多学生参与设计实施这些实验，以提高他们的实验水平、批判性思维能力，以及解决问题的能力。图1总结了提高学生批判性思维能力的四个层次的实验工作[3，4]。

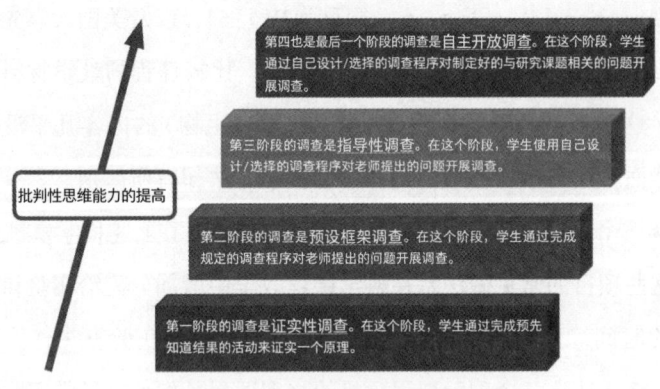

图1：学生参与科学工作的四个层次

2.2 IB物理课程

IB高级物理课程要求每位学生进行一项科学研究。研究可能涉及实际操作方法、数据库使用、建模、模拟实验，或兼而有之[8]。这被称为"内部评估"（internal assessment，简称为IA），因为学生的工作会由老师进行内部评估，由IB进行外部审核。在内部评估过程中，每个学生都可以设计一项研究，收集数据，分析结果，并根据特定标准撰写完整的科学报告；学生会自行培养出独立工作和合作的能力。课程材料中涵盖不同课程主题的实验均由学生进行。IB项目通过知识理论（Theory of Knowledge，简称为TOK）培养学生的批判性思维和好奇心。TOK可以回答两个问题：我们如何获得知识，以及如何确保知识正确无误。

根据IB物理指南[8]，认知方式共有八种：理性、情感、语言、感知、直觉、想象、信念，以及记忆。而K. A. Tsokos所著的《IB文凭物理》（第六版，剑桥大学出版社2014年出版）中提到，"知识理论在不同学科之间建立了跨学科的联系，激发了我们对批判性思维的思考，并让我们思考应怎样表达自认为知道的内容"[9]。在物理课的各个主题中，都会有一些可供课堂讨论的有趣知识问题。这些讨论一般由教师发起并指导，引导学生在学习知识的方法和所学主题之间建立清晰的联系。

2.3 A Level物理课程

唯一有两项评估，能衡量学生实践技能的课程是A Level课程。这两项评估是试卷3（高级实践技能）和试卷5（计划、分析和评估）。在两张试卷中，出题者出题不局限于课程材料的内容主题，学生则需在陌生情况下应用知识和技能。试卷3是由两个实验（主要是力学和电学）组成的实操考试；试卷5是由两个问题组成的结构化考试，考查学生计划、分析和评估的实践技能。虽然试卷5不要求实操考试，但学生针对课程材料的不同内容都进行过实操实验，这是最好的实践。试卷3和5的相关培训内容贯穿课程，学生会针对课程不同内容进行15次以上的实操实验。

3. 高中物理课程的教学理念和要点

物理学是一门基于成熟理论的基础科学。这导致无论高中选择哪种课程项目，其中的物理课程都比较相似，这带来了下列适用于任何高中物理课程的探讨。典型的高中物理课程包含一些特定主题：力学（运动学和动力学），流体力学，热和热力学，振动和波，物理光学和几何光学，电和磁，原子、核和粒子物理，最后还有量子物理。每一种国际课程项目都会在两年内教授这些主题。在下文中，我将举几个教学理念和要点的例子，它们适用于任何物理课中特定主题的教学。

3.1 国际物理课程的总体教学要点

不建议由两位老师同时为同一组学生讲授物理课，而应该由一位老师负责一门课程。这是因为大多数课程主题是相互关联的，因此课程材料不能被分割成两个独立的部分。例如，学习电场问题需要知道匀加速运动方程和运动学中的抛物线运动。

对于为期两年的物理课程，强烈建议第一年教授第一部分课程的老师在第二年继续为同一组学生教授第二部分课程。例如，教 As

Level 的老师应该继续教 A Level（A 2 Level）。这是因为学生已经习惯了老师的教学技巧，而老师也很了解学生的学术水平。

由于国际物理课程教材较多，根据我在 A Level、IB、AP 这三类课程中的教学经验，我建议使用以下教材。对于 A Level，我推荐由 Mike Crundell、Geoff Goodwin 和 Chris Mee 合著的教材《剑桥国际 AS 与 A 级物理》（第二版，霍德教育出版社 2014 年出版），这本书根据目前的教学大纲组织得很好。对于 IB 物理课程，我推荐由 K. A. Tsokos 所著的教材《IB 文凭物理》（第六版，剑桥大学出版社 2014 年出版）作为课程材料，由 John Allum 和 Christopher Talbot 所著的教材《IB 文凭物理》（第二版，霍德教育出版社 2014 年出版）作为选修课教材。对于 AP 代数物理 1 和 2，我推荐由 Raymond A. Serway 和 Chris Vuille 所著的教材《大学物理》（第九版或以上，Brooks/Cole 出版社出版）。对于 AP 物理 C——电、磁与力学，我推荐由 Raymond A. Serway 和 John W. Jewett 所著的教材《现代物理学——适用于科学家与工程师》（第九版或以上，Brooks/Cole 出版社出版）。

在给新生上的第一节课上，我喜欢给他们看一部指出"物理就是生活"的电影。我们周围一切事物的基础都是学生将在物理课上学到的一些现象。然后，我就开始上一节我称之为"回到基础"的课。在课堂上，我回顾了代数的一些基本规则，比如二次方程、幂、线性方程和对数。我还回顾了一些几何基础，比如弧度测量，以及几种几何图形、几何体的面积和体积计算。然后复习三角函数，确保所有学生都知道三个基本三角函数——正弦（sin）、余弦（cos）和正切（tan）；我还给学生们展示了这些三角函数与角度的关系，并提醒他们勾股定理。最后我会回顾如何确定线性或非线性图的斜率。

3.2 在物理课上使用模拟器演示

基于我长期的物理教学经验,在物理课堂上使用计算机模拟器和演示有助于加深学生对物理概念的理解。在日常教学课程中使用模拟器有以下优点:

(1)缩短了老师向学生讲解特定主题所需的时间。与传统手段相比,一段简单的视频或音频模拟能让学生更快地理解物理现象。

(2)学生在观看模拟时会更投入,更感兴趣。例如,对学生来说,观看一个空中的抛物线飞行过程,并观察其速度分量如何变化,会比看老师画出抛射体的路径并试图给出解释更有趣,也更有效。

(3)教师可在模拟器上进行实验,以代替实操所需的昂贵实验设备。例如,利用PhET模拟器[10]可以进行完整的光电效应实验。

(4)在某些物理领域,进行实操实验需要采取特殊的防护措施。例如,研究平行板电容器的电场和电容需要一个高压电源(电压高达10000伏特)(图2)。这种电源不仅非常昂贵,而且操作起来危险。计算机模拟器有助于安全实验。

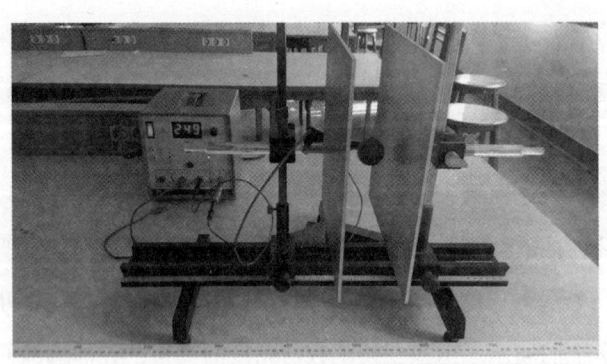

图2:用平行板电容器和高压电源解释电场

我正在使用的三个最有效、最简单的物理模拟器是：PhET模拟器、高级物理实验室（Advanced Physics Lab，简称为APL）[11]和虚拟物理实验室（Virtual Physics Lab，简称为VPL）[12]。前两个模拟器是免费的，可以下载到计算机上；第三个模拟器可以购买下载，价格合理。PhET模拟器对所有模拟均提供简体和繁体中文以及其他多种语言的版本，但另外两个模拟器只提供英语版本。PhET模拟器还涵盖化学、生物和数学的一些领域。

在下一部分，我将描述高中物理课程各部分所要求的实验。这些实验有些是实际操作完成的，有些是使用上述模拟器完成的。

3.3 高中物理课程建议的实验

我建议实验涵盖以下主题：力学（运动学和动力学），流体力学，热和热力学，振动和波，物理光学和几何光学，电和磁，原子、核和粒子物理，以及量子物理。（具体内容请参阅英文附录。）

4. 结论

"我没有特殊的天赋，我只是非常好奇。"[2] 这就是爱因斯坦对自己的描述。国际教育课程项目的重点是培养具有探究精神和好奇心的学生，这主要是通过让学生参与到更多实践和研究中来实现的。我在本文中分享了详细的调研，鼓励我的老师同事们将这些调研结果融入物理课堂。最后，使用模拟器和播放科学短片能让学生在课堂上更加投入，对课程更感兴趣。

1. Background

One of the most famous physicists of all times who radically contributed to modern physics is Albert Einstein [1]. He is famous for introducing the concepts of relativity and quantum physics. This brilliant scientist has many quotes regarding different aspects of life [2], but let me share with you one of his quotes regarding education. He said: "Education is not the learning of facts, it's rather the training of the mind to think."

The concept of education is very clear from Einstein's point of view. Education is about training a student to become an independent thinker, observative, curious, reflective, and caring; to have an international mind by being involved in human values and problems side by side with his nation traditions, morals, and values; to know how to gain knowledge independently and how to make sure that this knowledge is correct. A student should be able to apply his knowledge to new situations rather than applying it to familiar ones.

International education programs follow specific science practices to develop the above skills in students [3, 4]. These practices can be summarized in seven points. The first practice: the student can use representations and models to communicate scientific phenomena and solve scientific problems. The second practice: the student can use mathematics appropriately. The third practice: the student can engage in scientific questioning to extend thinking or to guide investigations within the context of the course. The fourth practice: the student can plan and implement data collection strategies appropriate for a scientific question. The fifth practice: the student can perform data analysis and evaluation of evidence. The sixth practice: the student can work with scientific explanations and theories. Finally, the seventh practice: the student can connect and relate knowledge across various scales, concepts, and representations in and across domains.

2. Integrating Science Practices in International Physics Courses

The three main international education programs for high school students are: International General Certificate of Secondary Education (IGCSE) and Advanced Level Courses (A Level) [5], International Baccalaureate (IB) [6], and Advanced Placement (AP) [7]. The science courses (physics, chemistry and biology) in these programs are almost similar when comparing the material covered by these courses. However, the assessments and methodologies are different in the three programs.

The three international education programs integrate the previous science practices in different ways. However, the common technique used in all these programs is to increase the time assigned for experimental and research work during teaching science courses. At least 20 % of the course instructional time should be allocated to lab work. In the following, I will describe how the science practices are integrated in the physics courses in the three international programs.

2.1 AP Physics Courses

In AP physics algebra-based 1 and 2 courses [3,4], students are required to do one scientific investigation (such as building a roller coaster to apply their mechanics knowledge and understanding). Students work in groups; however, each student is required to write a report of this investigation and will make a presentation to introduce his findings to his colleagues. To improve the written and oral scientific argumentation skills, AP students are required to do a research in a real-world activity (for example, to generate electricity using renewable and non-renewable sources). Students will be divided into groups. Each group will prepare a scientific-based report studying their activity. The students then will engage in a classroom debate discussing their findings. Besides these activities, AP physics courses contain the standard experiments (called inquiries in AP courses) that cover different parts of the course. Students conduct both hands-on and simulation experiments. These experiments should be designed and implemented with increasing student involvement to help enhance inquiry learning and the development of critical-thinking and problem-solving skills and abilities. Figure 1 summarizes the four different levels of experimental work to increase the students' critical thinking skills [3,4].

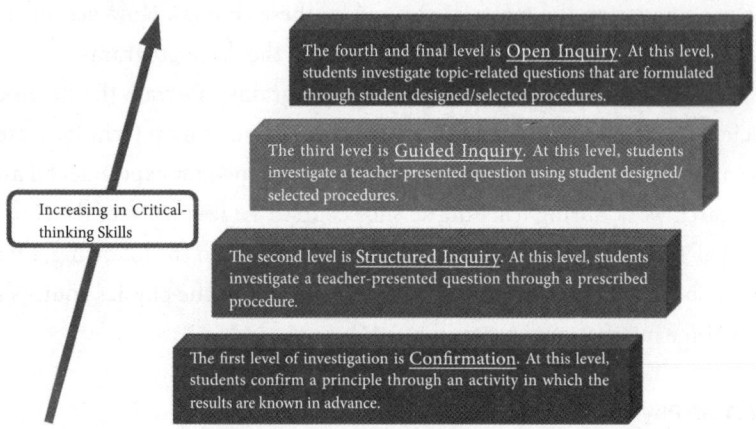

Figure 1: The four levels of student's involvement in scientific work.

2.2 IB Physics Course

Each student studying IB high-level physics course is required to conduct a single scientific investigation. This investigation may involve a hands-on approach, use of databases, modeling, simulation or a hybrid [8]. This is called "internal assessment" (IA) because a student work is internally assessed by his teacher and externally moderated by the IB. Through the IA, each student can design an investigation, collect data, analyze results, and write a full scientific report following specific criteria. Students develop the skills to work independently on their own design, but also collegiately. Throughout the course material, experiments that cover different course topics are conducted by students. The IB program develops the critical thinking and curiosity in students through the Theory of Knowledge (TOK). TOK is about answering two questions: how we gain knowledge, and how we can make sure that our knowledge is correct.

According to the IB physics guide [8], there are eight ways of knowing: reason, emotion, language, sense perception, intuition, imagination, faith, and memory. Quoting from *Physics for the IB Diploma* (Sixth Edition, by K. A. Tsokos, published by Cambridge University Press in 2014), "Theory of Knowledge provides a cross-curricular link between different subjects. It stimulates thought about critical thinking and how we can say we know what we claim to know"[9]. In every topic in the physics course, there are always interesting knowledge questions for discussion in class. These discussions that a teacher starts and guides, lead students to make a clear link between knowledge means and the topics they are studying.

2.3 A Level Physics Course

The only program that has two assessments that measure the practical skills of students is the A Level program. These assessments are paper 3 (Advanced Practical Skills) and paper 5 (Planning, Analysis and Evaluation). In both papers, the examiners are not restricted to the content subjects of the course material, then students will apply their knowledge and skills in unfamiliar situations. Paper 3 is a hands-on practical exam consisting of two experiments (mainly mechanics and electricity). Paper 5 is a structured questions paper consisting of two questions that measure students' practical skills of planning, analysis and evaluation. While no hands-on exam is required for paper 5, the best practice for this assessment is that students do hands-on experiments in different areas of the course material. Students are trained for papers 3 and 5 throughout the course as well as conduct over 15 hands-on experiments in different areas of the course.

3. Teaching Ideas and Tips for a High School Physics Course

Physics is a fundamental science that is based on well-established theories. This fact leads to similarities between all physics courses taught in the high school physics courses regardless of the program offered. This makes the following discussion valid for any high school physics course. A typical high school physics course consists of some specific topics. These topics are: mechanics (kinematics and dynamics); fluid mechanics; heat and thermodynamics; oscillations and waves; physical and geometrical optics; electricity and magnetism; atomic, nuclear and particle physics; and finally, quantum physics. All international programs teach these topics over a two-year period. In the following, I will give some examples of ideas and tips to teach some topics in any physics course.

3.1 General Teaching Tips for International Physics Courses

It is not advised that a physics course is taught by two teachers at the same time for the same group of students. One teacher should be responsible for one course at a time. This is because most of the course topics depend on each other, hence material can't be splitted up into two independent parts. For example, problems of electric fields need knowledge of equations of motion at a constant acceleration and projectile motion in kinematics.

For the two-year physics courses, it is strongly advised that the teacher who taught the first part of the course in the first year to continue teaching the second part of the course during the second year to the same group of students. For example, the teacher who teaches As Level should continue teaching the rest of the A Level (A 2 Level). This is because students are used to the teaching technique of this teacher, and this teacher knows the academic levels of his students well.

Because there are many textbooks that can be used for teaching international physics courses, I am suggesting the following textbooks for A Level, IB and AP physics courses based on my experience teaching the three courses. For A Level, I recommend the textbook *Cambridge International AS and A Level Physics* (Second Edition, by Mike Crundell, Geoff Goodwin, and Chris Mee, published by Hodder Education in 2014). It is well-organized according to the current syllabus. For the IB physics course, I recommend the textbook *Physics for the IB Diploma* (Sixth Edition, by K. A. Tsokos, published by Cambridge University Press in 2014) for the course material; however, I recommend the textbook *Physics for the IB Diploma* (Second Edition, by John Allum and Christopher Talbot, published by Hodder Education in 2014) for teaching the options. For AP physics 1 and 2 (algebra-based), I recommend the textbook *College Physics* (Ninth Edition or above, by Raymond A. Serway and Chris Vuille, published by Brooks/Cole). For AP physics C: Electricity and Magnetism and Mechanics, I recommend the textbook *Physics for Scientists and Engineers with Modern Physics* (Ninth Edition or above, by Raymond A. Serway and John W. Jewett, published by Brooks/Cole).

At my first class with new students, I love to show them a movie about "physics is life". Everything around us is based on some phenomenon that they will study in their physics course. Then, I start a class that I call "Back to Basics". In this class I review some basic rules of algebra such as solving quadratic equations, powers, linear equations, and logarithms. I also review some geometry basics like radian measure and the areas and volumes of several geometric shapes. Then I review trigonometry to make sure that all students know the three basic trigonometric functions, sine (sin), cosine (cos), and tangent (tan). I also show the students the graphs of these trigonometric functions versus angle. I also remind the students by Pythagorean Theorem. The last thing to review is how to determine the slope of linear or non-linear graphs.

3.2 Using Simulators and Demonstrations in Physics Classes

Based on my long experience teaching physics, using computer simulators and demonstrations in physics classes helps students to acquire a deeper understanding of physics concepts. Integrating simulators in your everyday teaching classes has many advantages. These advantages are as follows.

It reduces the time needed by the teacher to deliver a specific topic to students. A simple visual or audio simulation helps students to understand a physical phenomenon much faster than using any other traditional method.

Students are more involved and more interested when watching a simulation. For example, watching a projectile flying in air and seeing how the velocity components are changing is more interesting and more effective to students than watching their teacher drawing the path of the projectile and trying to give explanation.

Simulators can be used to conduct lab experiments to replace expensive equipment needed for hands-on lab skills. For example, the photoelectric effect experiment can be fully conducted using the PhET simulator [10].

In some physics areas, conducting hands-on experiments needs special precautions. For example, to study electric fields and capacitance of a parallel-plate capacitor, a high-voltage power supply (up to 10000 volts) is needed (Figure 2). Besides being very expensive, this power supply can be dangerous to handle, and a computer simulator will help conducting the experiment safely.

Figure 2: Explaining electric field using a parallel-plate capacitor and a high-voltage power supply.

The three most efficient and simplest physics simulators that I am using are: PhET simulator, Advanced Physics Lab (APL) [11], and Virtual Physics Lab (VPL) [12]. The first two simulators are free of charge and can be fully downloaded to your computer. The third simulator is available to download at a reasonable price. The PhET simulator offers all the simulations in simplified and traditional Chinese as well as many other languages, but the other two simulators are offered only in English. PhET simulator also covers some areas in chemistry, biology, and mathematics.

In the following section, I will describe some of the experiments required in each part of the full high school physics course. Some of these experiments are hands-on and some are conducted using the above simulators.

3.3 Suggested Experiments for a High School Physics Course

I have suggested experiments covering the following topics: mechanics (kinematics and dynamics); fluid mechanics; heat and thermodynamics; oscillations and waves; physical and geometrical optics; electricity and magnetism; atomic, nuclear and particle physics; and quantum physics. (Please see the attachment.)

4. Conclusion

"I have no special talent. I am only passionately curious." [2] This is how Albert Einstein described himself. International education programs focus on creating inquiring and curious students. This is mainly achieved by making students involved in increasing level of practices and research investigations. I shared detailed investigations in this paper to encourage my colleague teachers to integrate these investigations in their physics classes. Finally, using simulators and scientific short movies keeps students more involved and interested in classes.

References:

[1] https://en.wikipedia.org/wiki/Albert_Einstein.
[2] https://www.goalcast.com/2017/03/29/top-30-most-inspiring-albert-einstein-quotes/.
[3] https://secure-media.collegeboard.org/digitalServices/pdf/ap/ap-physics-1-course-and-exam-description.pdf.
[4] https://secure-media.collegeboard.org/digitalServices/pdf/ap/ap-physics-2-course-and-exam-description.pdf.
[5] http://www.cambridgeinternational.org/programmes-and-qualifications/cambridge-advanced/cambridge-international-as-and-a-levels/curriculum/.
[6] https://www.ibo.org/en/programmes/diploma-programme/curriculum/.
[7] https://apcentral.collegeboard.org/about-ap/ap-a-glance.
[8] https://www.ibo.org/programmes/diploma-programme/curriculum/sciences/physics/.
[9] Tsokos, K. A. Physics for the IB Diploma (Sixth Edition) [M]. Cambridge: Cambridge University Press, 2014.
[10] https://PhET.colorado.edu/en/offline-access.
[11] http://www.physicslab.co.uk.
[12] http://www.vplab.co.uk.

Attachment

1. Mechanics

◎ **Lab 1: Moving Man**

Objectives:

(1) To explore position, velocity and acceleration graphs of an object moving in different ways.

(2) To draw position, velocity, acceleration and graphs in different types of motion.

(3) To explain how the graphs relate to one another.

Equipment: PhET simulator - Moving Man simulation.

Type of Lab: Simulation

◎ **Lab 2: Free Fall**

Objective: To determine the acceleration due to gravity by recording the time for a free-falling object from various heights.

Equipment: Virtual Physics Lab simulator - Gravity simulation/Kinematics.

Type of Lab: Simulation

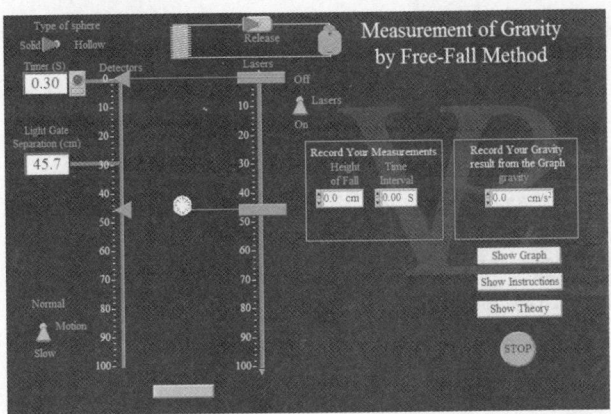

◎ **Lab 3: Projectile Motion**

Part I: Horizontal projection

Objective: To determine the initial velocity of a horizontally projected ball by measuring the horizontal and vertical displacements.

Equipment: An inclined plane, a table, a metal ball and a meter stick.

Type of Lab: Hands-on

Part II: Projection at an angle

Objectives:

(1) To determine the initial velocity of a projectile by measuring its range and the time of flight.

(2) To find the angle for maximum range.

Equipment: PhET simulator - Projectile Motion simulation.

Type of Lab: Simulation

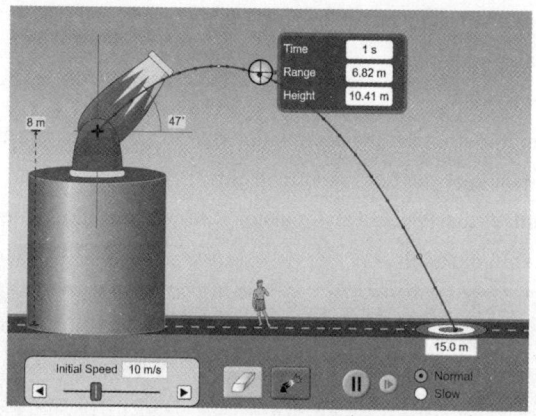

◎ **Lab 4: Statics**

Objective: To measure the tension forces of different configurations of suspended masses under static equilibrium and compare the measurements to theoretical free-body diagrams.

Equipment: A set of masses, strings and spring scales.

Type of Lab: Hands-on

◎ **Lab 5: Newton's Second Law**

Objective: To verify Newton's Second Law of motion by measuring the variation of the acceleration of a dynamics cart in two cases, (i) the total mass of the system is kept constant while the net force varies, and (ii) the net force is kept constant while the total mass of the system varies.

Equipment: Virtual Physics Lab simulator - Force and Acceleration experiment.

Type of Lab: Simulation

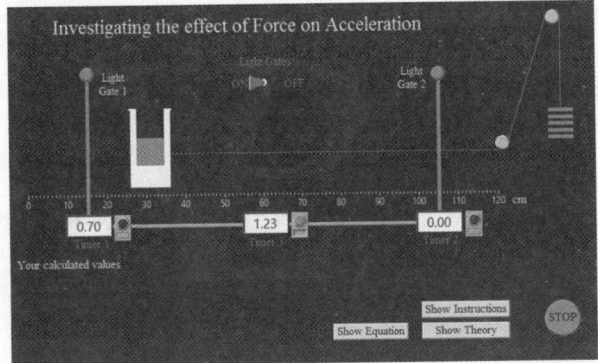

◎ **Lab 6: Frictional Forces**

Objective: To determine the static and the kinetic coefficients of friction for different blocks of wood placed on a wooden table.

Equipment: Rectangular wooden blocks of different surface roughness, a spring balance, a wooden board that can be used as an inclined plane, and a protractor.

Type of Lab: Hands-on

◎ **Lab 7: Atwood's Machine**

Objective: To determine the acceleration of a hanging mass and the tension in the string.

Equipment: Two masses, a string, a pulley, a meter stick, and a timer.

Type of Lab: Hands-on

◎ **Lab 8: Torque**

Objective: To study torque and conditions for equilibrium.

Equipment: PhET simulator - Balancing Act simulation.

Type of Lab: Simulation

◎ **Lab 9: Centripetal Force**

Objectives:

(1) To determine the tangential speed of a flying toy undergoing uniform circular motion at different radii of rotation.

(2) To determine the tension in the string and the centripetal acceleration of

the flying toy.

Equipment: A flying toy, a meter stick, a stop watch, a top pan balance, and a spring balance.

Type of Lab: Hands-on

◎ **Lab 10: Gravity, Orbits and Kepler's Laws**

Objectives:

(1) To learn how the shape and period of a planet orbiting a star depend on the mass of the star and the planet.

(2) To learn how the shape of the orbit depends on the speed and radius of the planet.

(3) To verify Kepler's laws.

Equipment: PhET simulator - Gravity and Orbits simulation.

Type of Lab: Simulation

◎ **Lab 11: Conservation of Mechanical Energy**

Objectives:

(1) To study kinetic and gravitational potential energies.

(2) To study the conservation of mechanical energy.

(3) To study work, powe, and efficiency.

Equipment: PhET simulator - Energy Skate Park Basics simulation. Work simulation in Advanced Physics Lab simulator.

Type of Lab: Simulation

◎ **Lab 12: Hook's Law and Conservation of Mechanical Energy**
Objectives:
(1) To determine the spring constant for: (i) single spring, (ii) two springs in series, and (iii) two springs in parallel.
(2) To study the conservation of mechanical energy as gravitational potential energy is transferred into elastic potential energy stored in a spring.
Equipment: Hook's law apparatus, a meter stick, a set of masses, and a set of springs.
Type of Lab: Hands-on

◎ **Lab 13: Elastic and Inelastic Collisions**
Objective: To investigate conservation of momentum and conservation of energy during elastic and inelastic collisions between two balls (of equal or different masses) at different initial conditions.
Equipment: PhET simulator - Collision Lab.
Type of Lab: Simulation

◎ **Lab 14: Ballistic Pendulum**
Objective: To determine the speed of a bullet using conservation of momentum and conservation of energy using a ballistic pendulum.
Equipment: Virtual Physics Lab simulator - Ballistic Pendulum simulation/Dynamics.
Type of Lab: Simulation

2. Fluid Mechanics

◎ Lab 1: Static Fluids

Objective: To determine the density of unknown oil.

Equipment: A U-tube manometer, water, oil, and a ruler.

Type of Lab: Hands-on

◎ Lab 2: Archimedes' Principle

Objective: To determine the densities of a wooden block and of a metal object using Archimedes' Principle.

Equipment: A spring balance, a top pan balance, an overflow can, a plastic container, a beaker, a wooden block, and metal objects.

Type of Lab: Hands-on

◎ Lab 3: Fluid Pressure and Flow

Objectives:

(1) To investigate how the pressure of a static liquid changes with depth and liquid density.

(2) To collect data to draw graphs of variation of pressure with depth and liquid density.

(3) To predict pressure in a variety of situations.

(4) To determine how fluid velocity affects the pressure.

(5) To apply the continuity and Bernoulli's equations.

(6) To determine the exit speed of water from holes at different heights in a water tower to verify Torricelli's Theorem.

Equipment: PhET simulator - Fluid Pressure and Flow simulation.

Type of Lab: Simulation

3. Heat and Thermodynamics

◎ Lab 1: Ideal Gas Laws

Objectives:

(1) To design experiments to measure the relationships between pressure, volume, and temperature.

(2) To create graphs based on predictions and observations.

(3) To make qualitative statements about the relationships between pressure, volume, and temperature using molecular models.

(4) To predict how changing temperature will affect the speed of molecules.

Equipment: PhET simulator - Gas Properties simulation.

Type of Lab: Simulation

◎ **Lab 2: Measuring the Specific Heat of Metals**

Objective: To determine the specific heat capacity of three different metals using calorimetry.

Equipment: A heater, a balance, a calorimeter, metal bodies, and a thermometer.

Type of Lab: Hands-on

4. Oscillations and Waves

◎ **Lab 1: The Simple Pendulum**

Objectives:

(1) To study the simple harmonic motion of the simple pendulum.

(2) To investigate the dependence of the pendulum period on the mass, length, and the angle of deflection.

(3) To determine the acceleration due to gravity.

Equipment: A simple pendulum, a stop watch, a meter stick, and a protractor.

Type of Lab: Hands-on

◎ **Lab 2: Harmonic Oscillations of Spiral Springs**

Objectives:

(1) To study the simple harmonic motion of a mass attached to a spring.

(2) To determine the spring constant of (i) single spring, (ii) two springs linked in parallel, and (iii) two springs linked in series, by measuring the oscillation period and the suspended mass.

Equipment: Hook's law apparatus, a meter stick, a set of masses, a stop watch, and a set of springs.

Type of Lab: Hands-on

◎ **Lab 3: Standing Waves in a String Fixed at Both Ends**
Objectives:
(1) At constant string tension and length, the frequency is varied to identify the frequencies of the fundamental and higher harmonics and find the relationship between harmonics frequencies. Wavelength is measured using a ruler and wave speed is calculated at each harmonic.
(2) To study the standing waves formed in a string under different tension values.
(3) To measure the wavelength under different tension values at a constant wave frequency.
(4) To plot a graph of the square of the wave speed versus the tension in the string and determine the mass per unit length of the string from this graph.
Equipment: A mechanical wave driver, a meter stick, a power supply, a string, a set of masses, and a pulley with rod support.
Type of Lab: Hands-on

◎ **Lab 4: Velocity of Sound in Air**
Objectives:
(1) To measure the wavelength of a sound wave generated by a tuning fork in an air pipe closed at one end for six different tuning forks.
(2) To plot a graph of the frequency versus the reciprocal of the wavelength and determine the velocity of sound in air from the slope of this graph.
Equipment: A cylindrical glass tube filled with water, an open cylindrical glass tube of smaller radius, a set of tuning forks, and a meter stick.
Type of Lab: Hands-on

5. Physical and Geometrical Optics
◎ **Lab 1: Refraction and Total Internal Reflection**
Objectives:
(1) To verify the laws of reflection.
(2) To verify the laws of refraction and observe total internal reflection of a light beam in a rectangular glass block.
(3) To determine the index of refraction of a semi-circular glass block and de-

termine the critical angle of laser beam.

(4) To observe the spectrum of white light after passing through in a glass prism and study the dispersion.

Equipment: A rectangular glass block, a semi-circular glass block, a right-angle glass prism, a light box, and a 360-degree protractor.

Type of Lab: Hands-on

◎ **Lab 2: Wavelength of a Laser Source**

Objective: To determine the wavelength of a laser source using (i) a double-slit, and (ii) a diffraction grating.

Equipment: A laser source, a plate of double-slits of different separations, a plane transmitting diffraction grating, a screen, an optical bench, and a meter stick.

Type of Lab: Hands-on

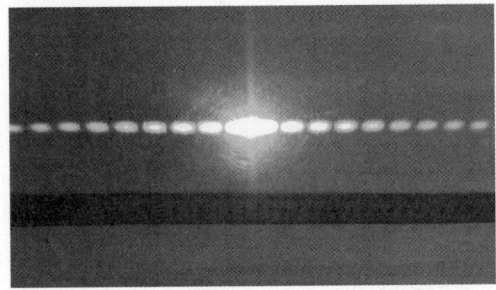

◎ **Lab 3: Diffraction of Light at a Slit**

Objectives:

(1) To measure the intensity distribution of the diffraction pattern of monochromatic light when incident on single rectangular slits of different widths.

(2) To determine the widths of these slits.

Equipment: A laser source, a photocell, a digital multimeter, a lens with holder, a plate of single slits of different widths, a screen, an optical bench, and a meter stick.

Type of Lab: Hands-on

6. Electricity and Magnetism

◎ Lab 1: Introduction to Electrostatics

Objectives:

(1) To explain what it means that an object is positively or negatively charged.

(2) To explain conservation of charge and what "net charge" means and how to find it.

(3) To explain ways in which something can become charged (charging by induction or by contact).

(4) To explain electrostatic forces between charges and the factors affecting the magnitude and direction of these forces.

Equipment:

(1) PhET simulator - Balloons and Static Electricity Lab.

(2) An electrometer, a glass rod, a rubber rod, an aluminum rod, a piece of wool and a piece of silk.

Type of Lab: Simulation and hands-on

◎ Lab 2: Charges and Fields

Objectives:

(1) To determine the variables that affect how charged bodies interact.

(2) To predict how charged bodies will interact.

(3) To describe the strength and direction of the electric field around a charged body.

(4) To study the variation of electric potential as a function of distance from a point charge and collect data to draw a graph of this variation.

(5) To study the variation of magnitude of the electric field strength as a function of distance from a point charge and collect data to draw a graph of this variation.

(6) To study field of combination of charges at different positions.

Equipment: PhET simulator - Charges and Fields simulation.

Type of Lab: Simulation

◎ Lab 3: Electric Potential and Field Mapping

Objectives:

(1) To explore the electric potential surrounding two equally and oppositely

charged conductors.

(2) To identify equipotential surfaces/lines.

(3) To show how the electric field and electric potential are related.

Equipment: A DC power supply, a digital multimeter, conducting paper, and electrodes.

Type of Lab: Hands-on

◎ **Lab 4: Parallel-Plate Capacitor**

Objectives:

(1) To determine the relationship between charge and voltage for a capacitor.

(2) To determine the energy stored in a capacitor or a set of capacitors in a circuit.

(3) To explore the effect of space and dielectric materials inserted between the conductors of the capacitor in a circuit.

(4) To determine the equivalent capacitance of a set of capacitors in series and in parallel in a circuit.

Equipment: PhET simulator - Capacitor Lab simulation.

Type of Lab: Simulation

◎ **Lab 5: Measurement of a Resistance Using Ohm's Law**

Objectives:

Measurement of the current-voltage characteristics to determine:

(1) The resistance of an unknown resistor.

(2) The resistivity of the resistor material (knowing length and cross-sectional area).

(3) The equivalent resistance of resistors connected in series.

(4) The equivalent resistance of resistors connected in parallel.

Equipment: A DC power supply, two digital multimeters, a rheostat, a switch, and a set of resistors of different values.

Type of Lab: Hands-on

◎ **Lab 6: Internal Resistance of a Voltage Source**

Objective: To determine the internal resistance and the electromotive force of some voltage sources by measuring the terminal voltage of these sources as a function of the current using a variable resistor.

Equipment: A cell battery, a power supply, a rheostat, and two digital multi-meters.

Type of Lab: Hands-on

◎ **Lab 7: Transient Phenomena in RC-Circuit**

Objectives:

(1) To study transient current and voltage in a series RC-circuit during charging and discharging of a capacitor.

(2) To determine the time constant of RC-circuit.

Equipment: A DC power supply, a micro ammeter, a voltmeter, a resistor, a stop watch, and a double switch.

Type of Lab: Hands-on

◎ **Lab 8: Magnetic Force on a Current-carrying Wire in a Magnetic Field**

Objectives:

(1) To measure the magnitude of the magnetic force on a current-carrying wire as a function of:

    (i) The current in the wire.

    (ii) The length of the wire.

    (iii) The strength of the magnetic field.

(2) To study the factors that affect the direction of the magnetic force.

Equipment: A DC power supply, an ammeter, a PASCO basic current balance, six current loop PC boards, a magnet assembly with six magnets and a top pan balance.

Type of Lab: Hands-on

◎ **Lab 9: Faraday's Law (Magnetic Induction)**

Objective:

To measure the induction voltage in a coil as a function of:

    (i) The strength of the magnetic field.

    (ii) The frequency of the magnetic field.

    (iii) The number of turns of the induction coil.

    (iv) The cross-sectional area of the induction coil.

Equipment: A function generator, a digital counter, a digital multimeter, a field coil and different induction coils (of different number of turns and cross-sectional areas).

Type of Lab: Hands-on

◎ **Lab 10: Transformer**

Objective:

To verify the basic relationships of the transformer by measuring the secondary voltage on an open circuited transformer as a function of:

(i) The number of turns in the primary coil.

(ii) The number of turns in the secondary coil.

(iii) The primary voltage.

Equipment: An AC power supply, a multi-tap transformer, a rheostat, and three digital multimeters.

Type of Lab: Hands-on

7. Quantum Physics

◎ **Lab 1: The Photoelectric Effect**

Objectives:

(1) To plot a graph of the maximum kinetic energy of photoelectrons versus light frequency and determine from such a graph the threshold frequency and Planck's constant.

(2) To plot a graph of the photocurrent versus applied voltage at different light intensities and determine from such a graph the stopping voltage.

(3) To plot a graph of the stopping potential versus frequency for different cathode materials and determine from such a graph the threshold frequency and work function, and calculate an approximate value of h/e.

Equipment: PhET simulator - Photoelectric Effect simulation.

Type of Lab: Simulation

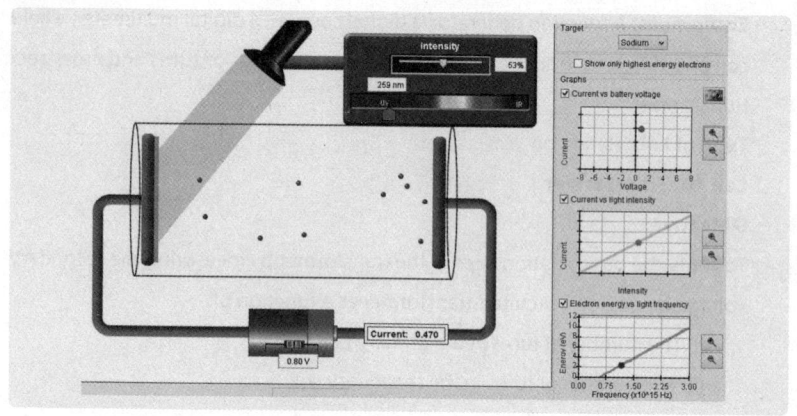

◎ **Lab 2: Diffraction Grating and Emission Spectra**

Objectives:

(1) To study the continuous emission spectrum of a filament lamb and compare it with the line spectrum of a mercury discharge tube.

(2) To determine the wavelengths emitted by the atomic element in a discharge tube and to identify the element.

Equipment: A Vernier spectrometer, a diffraction grating, a sodium discharge tube, a mercury discharge tube, and a power supply.

Type of Lab: Hands-on

国际课程中的语文教学实践[1]

赵慧[2]

【摘要】 国际课程体系中的语文教学与普通高中语文教学有着极大的不同,对学校、老师、家长以及学生的意义,更多地在于文化传承、传播,以及思维方式的转变。本文将从教学内容、教材设计以及教学方法三个方面探讨国际课程中的语文教学具有哪些特点,以及如何通过在以上三个方面的转变,使中国学生的思维由适应国内学习与考试转向适应国际学习与考试。

1. 背景

语文教学一直是教育界、家长和学生在教育过程中非常重视的一个部分。党的十八大以来,习近平总书记曾在多个场合提到文化自信。随着中国综合国力的日渐增强、国民经济的发展和居民消费水平的日益提升,精神文明建设显得尤为重要。而要建立文化自信,对中国优秀传统文化的继承和发扬是基础。唯有了解中国自古以来的优秀传统文化,才能建立起一个人的文化自信与爱国主义情怀,从而使整个社会、整个国家都在文化自信的土壤上稳步发展,使中华民族屹立于世界民族之林。

---

1. 感谢北京外国语大学国际课程中心学生 Agness Liu、Steven Wang、Kelvin Cai 为本文提供作业范例。
2. 北京外国语大学国际课程中心语文教师。

中国普通高中课程与国际课程的语文教学在对中国语言文字（以普通话为主）运用能力的提高这一点上有着相同追求；除此之外，共同点还包括对中国文化了解的需求、对辩证思维的锻炼。不同之处笔者认为可总结为以下五点：学习诉求、教学内容、教学方法、教材设计，以及教学实践，而第一点的不同造就了后四点的差异。

根据教育部下发的《全日制普通高级中学语文教学大纲》[3]，高中语文教学目标是在初中的基础上，进一步提高学生的语文素养……进一步培养学生热爱祖国语言文字、热爱中华优秀文化的感情，培养社会主义思想道德和爱国主义精神，等等。与此同时，学生的学习目的之一是在高中毕业的升学考试中取得优异成绩，因此相较于审美教育和文化教育，针对不同考试内容（例如文学常识、语言知识运用、阅读理解、诗词赏析、作文写作等）的练习成为学生学习诉求中最被看重和最需要下功夫的部分。

国际课程中的语文教育诉求，则不仅要求学生能够稳步提升语言能力、考试技巧；更为重要的是，通过学习中国传统文化并将其与西方文化、思想作对比，学生能在充分了解中西文化差异、逐步开拓国际视野的基础上，培养自己作为中国人的民族自豪感，在未来留学中能够有能力担当"文化使者"这一角色。要让学生清晰地意识到，他们出国留学，不仅是去学习西方优秀的文化和理念，同时也可以承担向外国人传播中华优秀传统文化的责任。

本文以笔者任职的国际课程中心的语文教学为主要研究对象，对在国际课程中开展特色语文教学的教学内容、教材设计以及教学方法

---

3. 全日制普通高级中学语文教学大纲[J]. 语文建设，2002，(8)：45—48.

进行分析和阐述。

2. 教学内容

鉴于国际课程对于语文教学的特殊诉求，教学内容降低了专门进行的语言方面训练的比例，而把这部分直接归入文化学习的过程。老师会对学生提交的作业、展示的报告中出现的语言问题进行及时纠正，但不再要求学生花费大量精力做练习题。教学内容更多地集中在文化拓展、学习技能提升以及思维方式训练方面。表1总结了三年国际课程中语文教学的内容和目标。

表1：国际课程中语文教学的内容和目标

学年	内容	目标
第一学年	传统文化、四书五经、诗词鉴赏、古典小说品鉴	1. 引发学生对传统文化的兴趣； 2. 鼓励学生在未来不断自学，从而不断提高对传统文化的领悟力。
第二学年	剧本创作、拍摄脚本创作、拍摄及后期制作技能训练	1. 学习音频、视频拍摄及剪辑，为学生未来海外学习中所必需的汇报展示(presentation)辅助手段的利用打下一定基础； 2. 通过故事创作，持续引发学生对文学写作的兴趣，锻炼学生的结构框架搭建能力即逻辑思维能力，以及故事情节创作能力即想象力。
第三学年	辩论技巧、辩论思维、逻辑思维训练，中西文化差异讨论	讨论中西文化中存在差异的话题，通过讨论能够指导学生未来海外生活的话题，引导学生思考引起文化差异的历史、文化传统原因，让学生更好地理解本国文化。

以上教学内容使学生在文化学识和思辨能力两个方面都能够得到有效提升，为学生将来在海外学习与生活中建立文化自信奠定基础。

3. 教材设计

国际课程对语文教育的特殊需求要求老师开发和使用富有国际教育特色的课程教材。教材设计的特色首先体现在封面上，以简约的米白色为底，以国画风格的工笔静物勾勒图为主体对象，以英文单词Chinese为标题，其中，字母C以软笔书法写就（见图1）。高中第一年的语文教材设四个单元，每个单元单独成册，共四册。每册封面的静物勾勒图分别为中国传统文化中的"花中四君子"——梅、兰、竹、菊。同时，简单的线条勾勒可以让学生自行填色（类似于流行的填色本）或补充画面，让学生打造属于自己的独特课本。

图1：教材封面

在课本内容的设计上，第一学年课程教材由正文主体、对比阅读（中/英文材料）、拓展思维组成；四册教材，分别由四个文学范畴内的不同时间、不同体裁组成。教材内容选自《诗经》《论语》、中国古代议论文、叙事抒情散文、古典小说、诗词等；通过课文表演、诵读、改写、配乐、填词等方式，让学生感受中国古典文学之美，培养学生阅读古典诗文的语感，同时提高学生阅读及写作的能力。

第二学年课程教材基于编剧界优秀的专著，即Robert McKee的Story。课程以老师的讲义和PPT为主，学生的作业为辅。在这一学年中，教学的主要任务是通过课堂理论学习（表演练习）—学生独立创作剧本大纲—小组合作完成剧本成稿—合作拍摄的过程，达到提高学生想象力，提升学生逻辑思维能力，加强学生小组合作能力的目的。

第三学年课程教材由辩题设计、思维训练、表达训练组成。教学主要目的在于通过结合学生的现实生活提出文化差异性问题，以"不分对错，只论文化"为指导思想，引导学生多角度看待问题，培养学生的批判性思维，加强辩论能力与语言表达能力。

与普通高中语文教材不同的是，国际课程的教材中始终贯穿着中西文化的比较，这些比较体现在语言表达、文化传统、处世态度等各个方面。例如，第一学年中比较突出的中西文化比较例子有两例，第一例是《诗经·小雅·采薇》三个翻译版本的比较，三个版本分别来自英国著名汉学家James Legge、Arthur Waley，以及中国著名翻译家许渊冲。由学生分析三个版本的特点，选择自己最喜欢的翻译版本并阐述理由。第二例是《过秦论》中秦王朝灭亡和欧洲西罗马帝国灭亡原因的对比。学生在大量阅读史料的基础上，对两国当时的历史、地理、文化、经济政策等进行探讨，产生继续阅读并了解中国史和欧洲史的热情。

第二学年中比较突出的几个例子包括：莎士比亚戏剧《罗密欧

与朱丽叶》《仲夏夜之梦》与同时期的明代传奇《牡丹亭》《玉簪记》的不同情感表达方式比较——热烈直接与含蓄蕴藉；现代话剧和中国传统戏曲在表演方式上的不同——实景实物与虚拟现场；好莱坞动作与战争电影（漫威系列、《拯救大兵瑞恩》）与国产优秀战争电影（《集结号》等）在价值取向上的不同——个人英雄梦与集体主义；骑士传说与武侠小说（文本及影视）在思想追求上的不同——庙堂（入世）与江湖（出世）。学生通过许多中西类似主题的比较，逐步融合双方优点，进行自己的创作。

第三学年中设计的辩题基本是在以往剑桥IGCSE（International General Certificate of Secondary Education）考试题目的基础上，探讨中西文化差异，如：谦虚究竟是不是美德？滴水之恩是否应该涌泉相报？

4．教学方法

国际课程中心的语文课堂由前期60％的时间用于老师讲授及评价、40％的时间用于学生自主学习及探讨，逐渐转向后期20％的时间用于老师讲授及评价、80％的时间用于学生练习和展示的教学安排模式。学生将从课堂的"听众"，真正变成课堂的"主人"。笔者在下文将用三个教学方法和相关案例进行具体分析。

4.1 随机提问法

在国际课程中心的语文课堂里，笔者最重视的就是让学生从"回答者"变成"提问者"，而要做到这一点，让学生敢在课堂上发言，是第一步。为了改变一个班级只有少数几名学生发言踊跃,大部分学生是课堂上的沉默者这种情况,笔者在课堂上采取随机提问法:使用不同方式随机抽取学生在课堂上发言,例如使用名字卡片抽签,以生日月份、日期尾数抽取,击鼓传花等方式,使每个学生都有公平发言的机会。同时,允许学生有"这个问题我没有什么想法""需要多一点时间思考""不太明白问题"等回答,但作出这些回答的学生,必须承担这节课结束前的总结工作,将其他同学的回答用自己的话总结出来,分享给老师和同学。

随机提问法的好处,最主要的是所有学生会把注意力放在课堂上,走神、打瞌睡的情况会大大减少。此外,由于允许学生在暂时没有想法的时候坦诚直言,学生逐渐克服了"说错会遭到老师指责和同学取笑"的心理障碍,在课堂上敢于开口说话了。

在学生逐渐敢于发言的基础上,笔者会在开学一个月左右时对课堂结构进行调整,从80%的时间用于老师讲授、20%的时间用于学生发言,调整到50%的时间用于老师讲授、50%的时间用于学生思考和分享,使国际课程中心的语文课堂成为开放式课堂。

开放式课堂,即老师的教学设计具有极大的弹性,能"割舍"自己准备内容的课堂。国际课程中心的一节课时长50分钟,因此笔者在设计课堂教学时,会把课堂时间分成40%用于必须完成的知识与技能教授、10%用于知识深入解析、50%用于拓展思维。但最后的这50%,在实际教学中经常被笔者舍弃,盖因在10%知识深入解析的部分,班级中会有部分知识结构比较丰富的学生提出异议和疑问。在这种情况下,笔者会舍弃原本的设计,顺着学生的思维延伸开去,让所有学生都参与讨论。毕竟,教师的准备内容可以挪到其他合适的时候继续讲授，但学生思维中的火花稍纵即逝，必须在第一时间抓住并加以引导，使他们真正成为课堂的"主人"。

以下举一例说明：

《国风·周南·卷耳》

采采卷耳，不盈顷筐。嗟我怀人，寘彼周行。

陟彼崔嵬，我马虺隤。我姑酌彼金罍，维以不永怀。

陟彼高冈，我马玄黄。我姑酌彼兕觥，维以不永伤。

陟彼砠矣，我马瘏矣，我仆痡矣，云何吁矣。

教师提出问题，学界关于此诗的写作手法有两种说法：

（1）此诗为男女对唱，或女子思念征夫，想象征夫在外漂泊的景象[4,5]；

（2）此诗为两残篇合为一首[6]。

你更同意哪一种说法？

学生1：更同意第一种说法。人的思维是有跳跃性的，可能就是这个女孩子在采卷耳的过程中，突然想起了自己的丈夫，然后就坐下来，想象着自己的丈夫在外漂泊，很担心。

学生2：更同意第二种说法。后三句的事件描述太具体了，不像是想象。而且诗中女子需要出去劳作采桑，可诗中男子有马，还有仆人，应该不是平民，两人的身份不同。（老师提示：西周时期平民能不能有马有仆人？众学生疑惑，老师将此问题留作课后研究作业。）

学生3：诗歌是有可能跨越时间的，如果是在外漂泊的男子思念

---

4. 王秀梅译注. 诗经(上)：国风[M]. 北京：中华书局，2015.
5. 姜亮夫. 先秦诗鉴赏辞典[M]. 上海：上海辞书出版社，1998.
6.《诗经》研究专家孙作云提出。

自己在家中的妻子，也是可以的。这样的话，"采采卷耳，不盈顷筐"可能是过去时，是男子想起了曾经自己在家时妻子的劳作；"嗟我怀人，寘彼周行"则是男子此刻想象中妻子在做的事。诗歌中的事件可能并不发生在同一时间。（此时有学生4提出异议：学生3说的是假设，没有实际证据，而且诗歌如果写的是过去的事情，应该会有时间提示，比如苏轼在《江城子》中提到的"十年生死两茫茫"。）

从这里开始，老师引导学生思考民歌和文人创作的诗词的不同之处，学生马上利用电脑查阅民歌特点，在讨论中有分别支持学生3和学生4观点的。老师在引导学生思考这一问题的基础上，加入对《国风·周南·卷耳》内容的探讨，最终学生对《国风·周南·卷耳》中诗歌形式和情感表达的掌握都达到了老师认为比较理想的程度。

尽管这堂课最终没有按照老师设计的思路探讨"乡思"这一题材在诗歌中的运用，但学生通过对民歌和文人诗词特点的查阅，对《诗经》中比兴手法的运用理解得更加深刻。而对"乡思"这一题材的探讨，是在之后学习《诗经·小雅·采薇》时完成的。

4.2 "从一而'中'"法

由于考试要求不同，在和考试相关的阅读和写作练习上，笔者采取的方法与以往单练阅读和写作的方法不同，将之命名为"从一而'中'法"，即仅从一个作文题目或热点话题切入，为学生打造一个"剑桥中文考试世界"。

IGCSE考试与中国高考的不同之处在于，IGCSE考试更侧重对学生感悟能力的测试。相较于中国高考对书写精准度、知识准确度的高要求，IGCSE考试更加看重学生对文章是否具有自己独特的看法和领悟。中国高考中很重要的一部分是对基础知识记忆的考查，如字词书写、词语运用、诗词默写及鉴赏等；而IGCSE考试则只有阅读和写作两个部分，对学生能力的考查更侧重于领悟力和语言表达能力，因此对这两部分的考试技巧训练非常重要。实践证明，相较于直接使用IGCSE以往的考卷对学生进行测评，学生更喜欢使用自己的习作进行练习，所以笔者通过尝试和教学实践，发现One to Universe这种方法在提高学生写作、阅读能力及兴趣方面非常有效。该方法详细步骤如下：

（1）选取IGCSE考试中的一个作文题目或当下某个学生感兴趣的国际热点话题作为周末作业，让学生完成一篇作文。

（2）将学生的作文整理成册，作为评讲作文的材料。

（3）从学生作文中选择写得比较好的文章，确定文章主题（在这一环节，议论文的主题较易确定，记叙文则要结合作文题目和作文内容确定）。

（4）教师以相同主题写作一篇议论文，将一篇学生作文和一篇教师作文作为阅读材料。

（5）教师根据IGCSE考试考查的四项能力，为两篇文章出题；或者由学生自己根据IGCSE考试考查的四项能力，为两篇文章出题，教师选取合适的题目来测试其他班的学生。

（6）学生在课堂做阅读练习，计入平时成绩。

（7）教师评判答案，被选中作文的学生解读自己的创作心路（此处允许学生提出异议）。

（8）以IGCSE考卷为材料，为学生布置阅读练习，巩固学生能力。

4.3 "'众'在参与"法

在国际课程中心的语文课程里,除了随堂小测和考试仅由老师批改之外,其他所有作业都由老师和全体同学一起评价,最终由老师汇总意见后给出成绩。具体的做法大致有如下几步:

(1)老师布置作业,并规定好提交作业的截止时间。

(2)学生在截止时间前将作业交到课代表处或发送邮件给老师(这一步还可以顺带教会并规范学生发邮件的格式)。

(3)老师进行作业的第一次批改,保存成绩,但不呈现给学生。

(4)老师将学生作业结集成册,发放到每名学生手里,讲清批改规则(规则根据不同作业进行调整)。

(5)学生在课后对其他同学的作业进行批改,之后老师在课堂上与学生一起讨论最优质的作业、最有趣的想法、最独特的想法、作业中存在的最大问题等等。

(6)老师将第一次批改的成绩呈现给学生,学生对比老师和自己对同一份作业给出的成绩是否有较大差异,如有异议,老师和学生可以继续在课堂上集思广益。

这样的批改作业练习大约两到三周一次,学生在适应了这种新的作业批改方式后,做作业的态度更加认真,对语文课也更有兴趣。

例如在学习了《国风·郑风·出其东门》之后,课后练习之一为翻译爱尔兰诗人叶芝的著名诗篇"When You Are Old"。学生可自行选择形式,教师将批改后的作业在课堂上进行展示(批改的部分暂不显示),由学生进行评价分析,指出好的部分,修改不足之处;最终通过老师的批改和同学的评价,帮助展示作业的学生获得提高。学生对身边人习作的阅读热情远高于教师准备的文章,在评价、修改的过程中,学生参与度非常高。

以下是得到同学一致好评的三位学生的翻译习作,分别采用了不同形式,各具特色。

怎止花落(诗经体)

Agness Liu

流光成往,发染秋霜。

就火假寐,徐读此章。

红袖添香,朱唇点绛。

历历往事,灼灼目光。

众生思慕,念君若狂。

惟吾悦君,陌上新桑。

流年匆忙,一地枯黄。

不现花红,我亦痴狂。

许作真心,心思成网。

灯火阑珊,静静思量。

此去经年,自难相忘。

轻歌慢诵,难解愁肠。

慕君之意,于彼高岗。

慕君之意,掩此星光。

君当老矣(古诗体)

Steven Wang

君当老矣鬓已霜,叩首执书炉火旁。

缓阅梦回朦胧样,唯有老泪两行。

旧时芳草花正茂，千百君子为卿伤。
独有一人因神醉，十余载仍彷徨。
炉边光影渐消沉，旧情已随东流江。
远望山峦上穹苍，星海为君脸庞。

当你老了（现代诗）

Kelvin Cai

当你老了，灰白的长发遮掩不住浑浊的双瞳，
睡思昏沉，蜷缩在火炉旁。
轻轻取下这篇诗歌，缓缓翻开，
细细品味，追忆似水年华，
与你黑曜石般深邃的瞳孔中温柔的晕彩；
多少人曾爱慕你欢畅且优雅的身影，
爱慕你的一颦一笑，无论虚假或真心，
但有一个男人所痴迷的，是你那朝圣者般无瑕的灵魂，
是你那日渐苍老，泛起层层皱纹的脸庞；
还有你那佝偻的身躯，微颤着依于呼呼作响的炉台旁。
轻声呢喃，轻怆于心，
那追随时光渐逝的爱情啊！
漫步于群山之巅，
看到他的脸庞若隐若现浮于众星之间。

尽管在诗歌的翻译和再创作中，学生的作品不算非常成熟，但他们在整个翻译过程中不断加深对诗歌的理解，表现出认真的态度和高

涨的学习热情，并且在最终修改时反复讨论和推敲。这些都体现出：没有不喜欢做作业的学生，只有无法引起学生兴趣的作业。

自主参与到课堂教学中，是学生未来在海外学习中必须具备的素质。在国际课程的语文课堂教学中，教师应当尽量"少教多学"，让学生成为课堂的主体；教师应当转变身份，成为课堂教学的辅助者、勘误者。而当教师明确了自己的这一身份后，学生的想法也会逐渐从之前"为老师（家长）而学习/做作业"，转变成"自己的学业要自己负责任"。

5. 结语

在国际课程环境下，语文课程似乎成了传统说法里的"副课"。尽管部分家长逐渐意识到学习中华文化的重要性，但相较于最终成绩会影响学生申请海外大学的科目，语文在国际学校中的位置始终显得不那么重要。很多国际学校的语文教学处在一个非常矛盾的境地：一方面是学校、家长对这一科目的逐渐认可和对IGCSE考试成绩的要求，另一方面却是每周不多的课时数与学生自身对这一科目兴趣和重视度的缺失。因此，教师必须让自己的课堂能够生动、有趣，让学生乐于做作业；更为重要的是，让学生培养起对这一科目的兴趣，能够在课后主动阅读和写作。

教师必须采取和普通高中语文教学不同的方法，让学生主导课堂教学、课后评价；在考试技巧的训练上，充分发挥学生自身的能力，让他们通过自己创造考试材料来理解出题者的意图，以达到更好的教学效果。

国际课程体系中的语文教学近些年已经起步，但从剑桥考试中心对中文考试的不断改革来看，这几年正是国际考试对中文学习进行深化的关键期。摸索出一套适合中国学生的教学方法，使其能够快速从国内学习的考试思维转换到国际学习的考试思维，让母语成为他们思维转换的一座桥梁，是国际学校里语文教师应当承担的责任，也是这篇文章写作的初衷。希望此文能够抛砖引玉，让国际课程体系里的语文教学更加繁荣而多元化。

参考文献：

姜亮夫. 先秦诗鉴赏辞典[M]. 上海：上海辞书出版社，1998.

全日制普通高级中学语文教学大纲[J]. 语文建设，2002，(8)：45—48.

王秀梅译注. 诗经(上)：国风[M]. 北京：中华书局，2015.

国际教育视野下国际高中升学指导课的探索与反思

刘文婕、马心悦[1]、刘乙晨[2]

【摘要】本文根据文献检索的结果综述了升学指导的概念及发展趋势,通过问卷调查和访谈的方式调研了国际高中升学指导老师和学习体验过升学指导课程的学生的反馈,并从调研中分析发现了国际高中升学指导课程的现状与面临的困难;结合在国际高中升学指导课程中的实践经验,对国际教育视野下国际高中升学指导课进行了探索与反思。

1. 研究背景

在经济全球化、文化多元化和教育国际化进程的发展与推动下,中国的国际教育蓬勃发展,各类国际课程和多元的西方教育资源与理念被引进中国各阶段的教育体系中。其中,国际高中呈现多样化发展趋势,包括开展中外合作办学项目、英国高中课程(General Certificate of Education - Advanced Level,简称为 A Level)、国际文凭课程(International Baccalaureate Programmes,简称为 IB)、美国大学先修课程(Advanced Placement,简称为 AP)等。在国际教育背景下,

---

1. 北京外国语大学国际教育学院升学规划部升学指导老师。
2. 北京外国语大学国际教育学院升学规划部主任。

国际高中不仅注重对学生学术水平和全球视野的培养,还关注学生为能顺利接受海外高等教育而作的准备。因此,升学指导在国际高中逐步发展并日益凸显其重要性。

高中学生指导,即 High School Counseling,是美国学校在高中阶段为帮助学生解决除学科学习以外的各方面问题而开展的工作。学生指导办公室,即 Counseling Office,需要负责学生的排课、考试安排与管理、学校日常管理、心理咨询、升学指导、家长沟通、学业督导等工作(Perna, 2008; McDonough, 2005)。概括来说,美国本土的学生指导老师主要负责三个方面的工作:管理性工作、心理咨询与辅导工作、升学指导工作。管理性工作主要包括排课、活动安排、教务管理、考试安排等教务方面的支援性工作。心理咨询与辅导工作主要涉及帮助学生疏导遇到的心理及精神方面的问题,如学习障碍、进食障碍、酒精成瘾、自残问题(如伤害自己来缓解焦虑)、非法药物依赖等(Gallagher, 2012)。升学指导工作主要是帮助与指导学生顺利升入适合的大学,具体工作内容包括学生的高中学业与活动安排、考试建议、大学介绍、各大学助学金政策介绍、大学专业选择与未来职业路径规划指导,以及为学生建立高中档案、为学生写推荐信等。

升学指导,即 College Counseling,在美国公立高中对提高学生的大学升学率起到重要作用;在美国私立高中,家长十分愿意为升学指导支付高昂的费用,以指导子女进入竞争激烈的优秀大学(McDonough, 2005)。升学指导老师,即 Counselors,是高效的专业人士,持续且经常地为学生和家长提供直接服务,积极影响学生的期望、成就和奖学金申请知识(Adelman, 1999; McDonough, 1997, 2004; Orfield & Paul, 1993; Plank & Jordan, 2001)。Hossler 等(1999

和McDonough（2004）指出，升学指导老师在大学准备和任务建议方面有以下积极影响：（1）构建信息和组织活动，培养和支持学生的大学期望和对大学及其重要性的理解；（2）帮助家长了解他们在培养和支持子女大学期望、指导子女树立大学目标、激励子女中的作用；（3）协助学生作好大学升学的学术准备；（4）支持和影响学生的大学决策；（5）有组织地把学校的重点放在大学升学这一使命上。因此，升学指导老师在高中学生的升学过程中起着重要作用。

升学指导在美国已有80多年的历史[3]，目前有三个主要的升学指导协会：美国升学指导协会（American Counseling Association，简称为ACA）、美国学校顾问协会（American School Counselor Association，简称为ASCA）和美国大学招生咨询协会（National Association for College Admission Counseling，简称为NACAC）。其中，隶属于NACAC的国际升学指导协会（International Association for College Admission Counseling，简称为IACAC）致力于为学生提供服务，帮助学生选择并接受高等教育，协助学生顺利过渡到高等教育[4]。

随着美国升学指导概念引进中国各类国际教育和开展国际课程的高中，中国的升学指导在结合中国学生实际情况方面进行了越来越多的尝试。在中国的国际教育背景下，升学指导办公室是连接中国高中和海外大学的桥梁。升学指导老师从学生的兴趣与性格特点出发，帮助学生了解海外大学教育的特色和专业，帮助学生明确专业发展方向，并根据学生各学科成绩与目标，规划课外活动，指导学生选校和完

---

3. https://www.nacacnet.org/about/history/.
4. https://www.internationalacac.org/.

善大学申请流程（覃巧云等，2015）。由此可见，在中国，升学指导老师在大多数情况下是以提供海外升学服务为主的人群，即College Counselors，而不包括学校的心理咨询老师、教务老师等。中国的升学指导老师通常采用传统的一对一咨询方式，这虽然便于升学指导老师了解学生，有助于提高升学指导老师和学生问题交流的针对性，但在提高受众数量、提升普及度方面存在一定限制。基于学生和家长的需求，线上升学指导课程形式的资源逐步兴起，如Magellan College Counseling[5]的线上升学指导课程资源，旨在帮助学生探索自我、确定偏好、研究匹配大学，指导学生进行大学搜索和申请。由此可见，升学课程形式的升学指导咨询已成为一个趋势，而中国的国际高中把升学指导纳入课程体系也将成为一个趋势。

本文对国际教育视野下中国国际高中升学指导课程的开发设计和具体实施进行了探索与反思。

2. 研究方法与研究步骤

本文的研究方法包括文献研究方法、问卷调查方法、抽样访谈方法、数据收集和分析方法，以及经验总结方法。

2.1 文献研究方法

通过检索ACA关于升学指导的文献，了解该领域的相关概念和发展趋势，结合行业工作经验与实践，提出本文的研究问题并设计问

---

5. https://magellancounseling.com/.

卷；在数据分析和论文撰写阶段，对文献检索结果进行分析、对比和总结。

2.2 问卷调查方法

调研采用类型抽样的方法，抽样调查对象为升学指导老师，调研共回收43份有效问卷。表1—表3分别总结了问卷调查所选择的省市、升学指导老师的从业年限以及所来自的学校类型的构成情况。

表1：问卷调查的省市构成（样本量N=43）

省市	样本人数	人数占比	省市	样本人数	人数占比
北京	15	34.9%	四川	1	2.3%
山东	5	11.6%	重庆	1	2.3%
上海	4	9.3%	湖南	1	2.3%
广东	4	9.3%	河南	1	2.3%
江苏	4	9.3%	天津	1	2.3%
浙江	3	7.0%	未知	1	2.3%
黑龙江	2	4.7%			

表2：参与问卷调查的升学指导老师的从业年限构成（样本量N=43）

从业年限	样本人数	人数占比	从业年限	样本人数	人数占比
1年以下	8	18.6%	6—10年	14	32.6%
1—2年	14	32.6%	10年以上	2	4.7%
3—5年	5	11.6%			

注：表1和表2中人数占比相加分别小于和大于100%是由保留一位小数的四舍五入所致。

表3：参与问卷调查的升学指导老师所来自学校的类型构成（样本量N=43）

学校类型	样本人数	人数占比
公立学校（普通高中和国际课程）	14	32.6%
私立学校（普通高中和国际课程）	13	30.2%
私立学校（面向中外籍学生的国际课程）	15	34.9%
私立学校（面向外籍学生的国际课程）	1	2.3%

2.3 抽样访谈方法

抽样访谈在一所选定的A Level国际课程学校中进行，共有9名A Level学生接受采访，受访学生的男女比例为1∶2，有效数据为9组。所有受访的A Level学生都体验并学习过系统的升学指导课程。

采用结构式访谈，按照访谈提纲对每位受访学生进行提问，不随意增加或减少访谈问题。访谈问题如下：

（1）你觉得升学课有必要吗？升学课对你有什么帮助？

（2）你印象最深的升学课主题是什么？

（3）你最不感兴趣的升学课主题是什么？

（4）你在升学课上表现积极/不积极的原因是什么？

（5）你怎么看待升学课作业，包括难度、作业量和作业形式？

（6）你认为升学课安排在哪个年级帮助最大？

（7）你期待的升学课内容有哪些？

（8）你对升学课有什么建议？

2.4 数据收集和分析方法

通过针对升学指导老师的调查问卷和针对体验过升学指导课程的

国际课程学校学生的抽样访谈来收集数据，随后进行数据编码、分析和汇总。

2.5 经验总结方法

通过对升学指导课程中具体实践情况的归纳与分析，揭示教学措施、教学现象和教学效果之间的必然或偶然联系，发现或认识升学指导课程中存在的困难与挑战，为以后相同或类似的升学指导课程提供借鉴。

3. 调查研究发现与讨论

升学指导课，即 Counseling Class，是围绕升学指导开展的一门课程，课程设置主要包括海外大学教育特色、大学类型和专业分类、课外活动和职业规划、大学申请要素准备、大学申请指导等，旨在引导与帮助学生作好海外大学升学准备，协助学生更好地过渡到海外大学的学习与生活。

围绕升学指导课，本节对升学指导老师的调查问卷反馈与学生抽样访谈的发现进行总结与详细讨论；下一节从已进行实践的部分中梳理实践经验及发现。经分析和讨论发现，调查研究与实践的发现有紧密的相关性和契合性。

升学指导老师的调查问卷反馈主要集中在五个方面：升学课的普及程度、授课语言、上课与测评形式、课程体系性研发，以及课堂效果。而对学生的抽样访谈主要关注学生在升学课的认知理解程度、主题内容、课堂表现、作业形式与难度、课程时间安排等方面的反馈。

下文将对研究发现作详细说明与分析。

3.1 升学指导课的认可程度高

在调查与访谈中，90.7%的升学指导老师反馈，在其工作的教育体系中设有升学指导课程，其中69.2%的升学指导老师参与过升学指导课程的开发与教学；100%的受访学生表示升学课程有开设的必要性。

由此可见，升学指导老师和国际高中学生对升学指导课的认可程度高。这一发现也反映了在教育国际化背景下，学生为顺利升入海外大学而作准备并重视升学指导的趋势，以及升学指导课程体系的发展趋势。

3.2 升学指导课的普及程度高

在反馈其工作的教育体系中设有升学指导课程的老师中，61.5%的受访老师表示所在学校的升学指导课程以固定频次且围绕学生相关主题开展，其中有83.3%的老师反馈每周有一次升学指导课程，超过80%的学校从高一年级开始开设升学指导课。教授过1年以下和3—5年升学指导课程的受访老师各占50%。

由此可见，升学指导作为一门课程是很有必要且被广泛接受的。在国际学校中，学生均以进入海外大学为目标，目的国主要集中在美国、英国、加拿大、澳大利亚这些主流英语国家，这些主流留学目的国在大学录取要素方面也有一些重合。因此在日常课程设置中，一些通用的知识讲授和升学指导不仅能增加受众数量，还能帮助学生提高时间利用与学习的效率。

3.3 升学指导课授课语言符合国际教育的需求

关于升学指导课的授课语言，升学指导老师选择使用不同的授课语言。调查数据显示，59.0%的受访老师选择中文为主、英文为辅的形式来讲授升学指导课，30.8%的受访老师选择中英文相结合的授课形式。由此可见，中文和英文是升学指导课的主要授课语言，而这两门语言也是国际教育背景下学生需要掌握的基本语言。

3.4 升学指导课的上课形式与测评形式新颖多样

升学指导课不同于课内物理、数学等常规的科学性学科课程，不需要学生掌握扎实的学科知识和清晰的解题逻辑。升学指导课包含的更多是海外大学教育系统与学校、自我探索与专业职业探索、申请要素准备等与海外升学相关的了解型知识与应用型内容，其目的是帮助学生更好地适应海外大学的学习方式，顺利过渡到海外大学的学习与生活。因此，升学指导课的上课形式也区别于传统课堂，更加新颖和多样，还借鉴了海外大学的一些上课形式。

调查对象表示，升学指导课常用的课堂形式有以下四种：(1) Lecture&Quiz，一般是知识科普型讲座；老师为加强师生的课堂互动性和了解学生的知识吸收和掌握程度，在讲座过程中或结束后设置问题抢答环节。(2) Workshop，让学生以讨论的形式参与到课堂中，发表自己的看法，在讨论中学习和交流观点。(3) Project，将小组任务发布给学生，锻炼学生的研究和自主学习能力。(4) Activity，通过游戏和活动的形式，增加课堂趣味性，帮助学生巩固知识及加深对技能的理解和掌握程度。四种课堂形式被提及的情况见表4。

表4: 升学指导课程的课堂形式被提及的百分比

课堂形式	Lecture&Quiz	Workshop	Project	Activity
受访升学指导老师的反馈占比	53.9%	30.8%	18.0%	23.1%
受访学生的反馈占比	33.3%	11.1%	66.7%	22.2%

与丰富的课堂形式对应，升学指导课的测评形式也多种多样。受访升学指导老师反馈，个人作业（74.4%）、小组展示（51.3%）、小组项目（38.5%）、当堂小测（25.6%）是四种最常用的测评形式。有趣的是，没有升学指导老师采用考试来进行升学指导课的测评。

3.5 升学指导课体系研发存在困难

56.4%的受访老师参与过有体系的升学指导课程研发，其中有45.5%的老师参与过课程设计。然而，几乎每个老师都提及升学指导课程研发中遇到的困难，集中表现在课程内容的设置（66.7%），课程大纲的建立（56.4%）和测评方式的设置（53.9%）。遇到的其他困难也与这几个主要困难相关，包括教学方式的选择（48.7%）和课程教案的准备（46.2%）。

目前，在各个成熟的国际课程体系，如IB和A Level中，在学科课程的学习内容方面，有明确的要求和指导；但是在升学方面，并没有针对性的学习内容和要求规范。因此，升学指导课程主要由各学校的升学指导老师团队自行设计和研发，依靠老师多年的从业经验和往届学生的反馈不断补充和完善。在缺乏官方机构评估或课程体系指导，单靠升学指导老师个人经验与往届学生反馈的情况下，升学指导课程的体系性研发确实存在困难。

3.6 升学指导课的课程内容多样且与海外升学紧密相关

根据受访学生反馈，学生期待的升学指导课内容主要包括留学国家介绍（22.2%）、大学概况介绍（44.4%）、专业介绍（22.2%）和职业介绍（11.1%）四方面，如表5所示。

表5：学生期待的升学指导课内容

课程主题	具体课程内容	受访学生的反馈占比
留学国家介绍	国家安全性	11.1%
	国家人文社会	11.1%
大学概况介绍	理想大学	11.1%
	匹配大学	11.1%
	申请量大的大学	11.1%
	大学搜索	11.1%
专业介绍	专业介绍	22.2%
职业介绍	职业介绍	11.1%

受访学生在体验且学习过升学指导课后，认为升学课在国家概况、大学申请、职业规划和学习方法方面给予自己帮助，如表6所示。

表6：升学指导课给予学生的帮助

课程宗旨	具体课程成果	受访学生的反馈占比
国家概况	风土人情	55.6%
	教育体系	22.2%
大学申请	升学要素	33.3%
	入学要求	33.3%
	大学排名	11.1%

续表

课程宗旨	具体课程成果	受访学生的反馈占比
大学申请	大学概况	77.8%
职业规划	职业规划	22.2%
学习方法	小组活动	11.1%
	检索方法	11.1%

从调查数据中可见,升学指导课内容丰富,且与海外大学对学生的升学要求紧密相关,符合指导学生作好海外大学升学准备、协助学生更好地过渡到海外大学学习和生活的宗旨。

3.7 升学指导课的课堂效果和反馈与预期存在差距

受访老师对升学指导课的整体评价多样化,约61.5%的老师对升学指导课的课程效果表示满意,认为达到预期,而33.3%的老师认为效果一般。有趣的是,5.1%的老师表示学生的课堂参与度非常高。学生的课堂参与度是老师衡量课堂效果的一个重要指标。

课程效果的衡量指标除了当堂的学生参与度之外,还有学生的课后作业反馈。绝大多数升学指导老师都会布置各种形式的课后作业,其中有69.2%的受访老师指出学生会完成课后作业,30.8%的老师表示学生不会完成课后作业。本文分析学生作业完成度较低的一个原因是学生在升学指导课上的表现不反映在成绩单上:91.7%的调查对象表示在他们的学校,升学指导课不会在最终的成绩单上显示,这可能导致有些同学的重视程度不够,不积极主动参与。

通过分析调查反馈,本文总结了以下影响课堂效果和反馈的因素。

（1）课程设计的吸引力

66.7%的受访老师认为，课程设计的吸引力是影响学生参与度的一个重要因素。升学指导课区别于传统的学科课程，没有统一的课程设计标准和测评标准；而且升学指导课是一门技能型课程，需要知识讲解和实操性练习，授课老师在研发升学指导课时，需平衡且恰当地把握知识讲解与实操练习的比例；授课老师凭借工作经验来设计课程也存在一定难度。因而，吸引力不够的课程设计对课堂效果和反馈有一定的消极影响。

（2）课堂内容与学生需求的一致性

41.0%的受访老师提及，使课堂内容与学生需求相符是教授升学指导课的一大困难。课堂内容越符合学生需求，课程的吸引力越大。

在同一个自然班，学生的升学需求在意向国家、意向专业、意向大学、兴趣爱好、目标规划等方面会有所不同。若课堂内容与学生需求相符，则学生的课堂参与度高，课堂表现积极；若学生认为课堂内容与自己没有直接关系，则参与度有所降低。课程内容与自身需求的相关性也被33.3%的受访学生提及。

此外，学生对课堂内容呈现形式的偏好不一致，对不同课程形式的接受度也不一致，所以学生在不喜欢的课程内容和形式上的表现积极程度不及预期。在学生访谈中，有学生明确表示不喜欢大班观点陈述的形式，也有学生表示更倾向于老师讲授知识点的形式。

（3）课堂时间安排

41.0%的受访老师和33.3%的受访学生同时提到，升学指导课的时间安排是影响课堂效果和反馈的一个因素。有受访老师表明，升学指导课被安排在周末前的最后一节课，学生心情躁动，听课效率较低。同时，有学生反馈，"因为升学课安排在周五放学前，而且有些升学课是临时通知的，所以影响了上课心情"。

（4）授课老师的教学能力与课堂掌控能力

33.3%的受访老师认为，老师自身的教学能力与课堂掌控能力在一定程度上影响课堂效果和反馈。大多数升学指导老师的经验来自传统的一对一咨询和辅导，他们并没有受过专业教学法与教学技巧的培训，因此缺乏教学与课堂掌控能力，难以掌握课堂效果和反馈。

（5）授课老师对学生的了解与熟悉程度

28.2%的受访老师反馈，授课老师对学生的了解与熟悉程度也对课堂效果和反馈产生一定影响。在大多数国际高中，一名升学指导老师同时负责几十到几百名学生是一个较普遍的现象。升学指导老师很难了解全部学生，而对学生的不了解与不熟悉在一定程度上也会影响课堂互动。

4. 实践发现与讨论

实践发现来自笔者所在的北京外国语大学国际课程中心开设升学指导课程的具体实践经历，本文对遇到的问题和探索的解决方案进行归纳分析。实践发现也与上一节的调查发现相关联，尤其在升学指导课程的普及趋势，课程大纲、教案和课件，课程形式和课内活动设计，课内评价这四个方面存在紧密联系。

4.1 升学指导课程可提高升学知识的普及程度

如前文所述,在许多国际高中,开设升学指导课的初衷是弥补学生升学知识的不足,以及通过课堂形式从很大程度上提高升学指导老师进行相关知识(如学生关心的海外各国教育体制的区别等)普及的程度。但升学指导老师若完全依靠传统一对一形式,则需要将相关知识给每名学生讲解一遍,甚至多遍;而在多数国际高中,升学指导老师与学生相比数量较少,传统一对一形式的讲解几乎不可能实现。

基于这一现状,笔者所在的学校尝试升学指导课程的设计与开发,并将升学指导课程纳入有固定课时安排的课程表中。经过第一年的探索,升学指导课作为一个以讯息和实际操作为主而非以学科知识为主的课程,在一定程度上扩大了升学指导的受众面,也提高了传达升学指导内容的效率。

4.2 升学指导课程大纲、教案和课件的重要性

升学指导课程,作为一个不以学科为主的课程,是否需要课程大纲与教案,在各校升学指导老师中存在争议。有些升学指导老师本身并不愿将其称为"课",而更愿意将它看成带领学生完成升学所需完成步骤的活动。然而,以笔者的实践经历来看,在北外国际课程中心升学指导课开设的第一年,老师并没有提前制作课程大纲、教案和课件,仅圈定了一系列话题内容,如留学国家概况、主流留学国教育体制、自我探索等;根据不同话题内容,选择最熟悉该话题的升学指导老师进行授课。第一年实践的本意是充分利用各升学指导老师的学科背景优势;然而,由于没有固定的课程大纲,且授课老师时常轮换,升学指导老师对学生的熟悉程度无法累积,学生也无法通过递进的课程积累起对老师的熟悉和信任。在第二年的实践中，升学指导课回归与学科课程相仿的设置，即有固定的课程时间、班级人员、课程内容和授课老师。课程的系统化要求升学指导老师有更加全面的知识储备，这对授课老师个人提出了更高要求，带来了更大挑战。升学指导课作为一个系统性课程，在北外国际课程中心第二年开展的成效明显好于第一年。

此外，在以较为松散的课程内容进行了第一年的探索后，全体升学指导老师在第二年有计划、有组织地共同参与了升学指导课程设置，完善了升学指导课程教学大纲、每节课的教案，以及各升学指导老师的个性化课件。结构化的课程大纲至今已试行数月，相比松散的、无结构的课程设计，现阶段的课程设计有以下优势：(1)授课老师可根据课程大纲，制定出前后有关联的讲授内容；(2)各升学指导老师均按照课程大纲安排讲授内容，各个班级讲授升学课程的进度较为一致，这有利于学校整体性活动的开展；(3)有结构的课程设计具有一定的可复制性，这使得课程的进一步体系化研发和有多个分校、校区、附属学校的集团校的课程开发更加可控，还可实现课程设计的复制和推广。

4.3 升学指导课程形式和课内活动设计的重要性

升学指导课程以信息传递而非知识讲授为主，因此需要多元化的课程形式，需要根据不同的课程内容安排不同的课程形式和课内活动。在对升学指导课初步探索的第一年，北外国际课程中心广泛采用了项目制（Project-based）学习和小组活动（Group Activity）的形式。在探索过程中，发现了一些困难，如学生参与项目制学习的积极程度不如预期，老师在小组活动中无法把控学生的学习效果等。

在第二年的课程系统研发中，课程形式设计更为多元化，并根据不同的课程内容采用不同的授课形式。针对资讯较多的各国教育体制、各国对升学要素的不同需求等话题，广泛采用传统的讲授（Lecture）方式。这类话题通常有"标准答案"，且学生了解甚少。传统的讲授方式尽管缺少互动，但依然能够充分调动学生的注意力。而与此相关的各国概况话题，如地理环境、文化、校园生活等，由于没有"标准答案"，每个学生的视角也不同，因此设计以小组活动为主的授课形式，以小组为单位进行调研和课堂展示。

在课内活动设计上，需要考虑更多因素：课程时间、学生年龄层、学生人数、课程可操作性、课程趣味性、活动规则复杂程度、活动场地、活动结果等。通过探索多种不同的活动形式发现，教师培训中的课堂活动设计在升学指导课内是可以被广泛借鉴的。

4.4 升学指导课程课内评价的必要性

升学指导课程作为结构化课程的一大问题是难以进行课程评价。升学指导课的性质使其无法像其他学科课程一样设置考试，然而课程评价依旧是有必要的。课内评价在一定程度上能够检验出学生课内的学习效率和讯息获取的有效性。具体的有效方法，笔者也仍在探索。

从目前北外国际课程中心升学指导课的实践情况来看，一些比较有效的评价方法包括：课堂的随机提问（Quiz），能够直观看到全部学生对有答案的重点问题的理解情况，并能帮助未能理解问题的学生再次理解；课后的学生自我反思（Reflection），能够让学生主动思考课程内容，并与自身情况相结合；作业（Assignment），可直观体现学生对升学指导课内容的掌握情况，在北外国际课程中心，升学指导课作为一门课程计入成绩单，因此学生作业完成情况良好。

5.总结

随着经济的蓬勃发展、全球化进程的推进和国际视野的拓宽，中国对教育多元化的诉求日益增强。在国际教育背景下，各类国际课程和优质的西方教育资源被引入国内各阶段的教育体制中。其中，高中阶段的国际教育选择呈现多样化发展，包括开展中外合作办学项目、A Level、IB等。在这些国际高中里，学生不仅学习学科知识，还为顺利升入海外优秀的高等学府作准备。因此，升学指导是国际学校中不可或缺的角色。

升学指导旨在从学生自身的特点和兴趣出发，帮助学生了解海外大学教育特点、学校特色、专业内容等；根据学生的成绩和能力，指导学生进行时间规划和申请准备等。传统的升学指导大多以一对一咨询的形式进行，但随着选择国际教育的学生数量不断攀升，传统的形式在增加受众数量、提高普及度方面很受限制。因此，本文对国际学校中升学指导课程体系化的实施情况进行了探索与反思。

本文调查发现，升学指导课的认可和普及程度高，学生和老师均认为升学指导课很有必要；授课语言为中英文结合；升学指导课在课程内容设置上为学生顺利升入海外高等学府作了充分准备；上课与测评形式丰富多样，十分贴近海外大学的实际形式，为学生吸收升学指导课的技能型知识和将来适应海外大学的学习方式打好了基础。但是，在升学指导课程的体系化研发和课堂实际效果的反馈中还存在问题。升学指导课程目前缺乏官方评估机构或课程体系标准与指导，仅依靠升学指导老师团队的经验，确实面临一些困难。另外，课堂实际效果的反馈与预期存在差距，老师的授课技巧、课程时间安排、授课内容与学生个性化需求的相关性等都是影响课堂实际效果的因素。

而笔者在教授升学指导课程的实践探索中，发现了升学指导课程对普及升学指导知识的重要作用，系统的课程大纲、教案和课件对教授升学课的重要性，多元化的课程形式和课内活动设计的重要性，以及课内评价的必要性。基于实践探索，升学指导课程在解决课程研发和授课阶段的困难上有了初步进展，如建立体系性的课程、结合课程情况设计多样性的课堂形式与测评方式。但是，由于开设结构化的升学指导课程仍是新的尝试，并且升学指导理念普及的美国并没有将其作为一门课程，我们可借鉴的资源和可用的渠道较少。因此，国际教育视野下的中国国际高中的升学指导课在开发设计和具体施行阶段依然需要继续探索与反思。

参考文献：

Adelman, C. Answers in the Tool Box: Academic Intensity, Attendance Patterns, and Bachelor's Degree Attainment [R]. Washington, D.C.: U.S. Department of Education, 1999.

Gallagher, R. P. National Survey of College Counseling 2012 [R/OL]. The International Association of Counseling Services, Inc [2018-11-09]. http://d-scholarship.pitt.edu/28175/1/NSCCD_Survey_2012.pdf.

Hossler, D., Schmit, J., & Vesper, N. Going to College: How Social, Economic, and

Educational Factors Influence the Decisions Students Make [M]. Baltimore: Johns Hopkins University Press, 1999.

International Association for College Admission Counseling [EB/OL] [2018-11-09]. https://www.internationalacac.org/.

Magellan College Counseling [EB/OL] [2018-11-09]. https://magellancounseling.com/.

McDonough, P. M. Choosing Colleges: How Social Class and Schools Structure Opportunity [M]. New York: State University of New York Press, 1997.

——. Counseling and College Counseling in America's High Schools [R/OL]. National Association for College Admission Counseling (2005-01)[2018-11-09]. http://www.docin.com/p-345529654.html.

——. Counseling Matters: Knowledge, Assistance, and Organizational Commitment in College Preparation [M] // William, G. T., Zoe, B. C., & Julia, E. C. (Eds). Preparing for College: Nine Elements of Effective Outreach. New York: State University of New York Press, 2004.

National Association for College Admission Counseling [EB/OL] [2018-11-09]. https://www.nacacnet.org/about/history/.

Orfield, G., & Paul, F. G. High Hopes, Long Odds: A Major Report on Hoosier Teens and the American Dream [R]. Indianapolis: Indiana Youth Institute, 1993.

Perna, L. W. The Role of College Counseling in Shaping College Opportunity: Variations across High Schools [J]. The Review of Higher Education, 2008, 31 (2): 131-159.

Plank, S. B., & Jordan, W. J. Effects of Information, Guidance, and Actions on Postsecondary Destinations: A Study of Talent Loss [J]. American Educational Research Journal, 2001, 38 (4): 947-979.

覃巧云, 董德. 挑选国际课程学校: 四大考察指标[J]. 留学, 2015, (9).

国际课程教师发展框架研究及应用

<u>冯理[1]、王腾飞[2]</u>

【摘要】近年来,基础教育阶段的培训机构和以国际课程为特色的公立学校、私立学校快速发展,但除了对教师的基本专业素质、基本行为规范进行界定的标准文件以外,没有相关文件对教师持续的、动态的专业能力提升途径和方向作明确说明。教师的专业发展标准是教师长期提升专业能力的保证和依据,面对这一现状,我们对国内外现有的39项教师专业发展框架进行了调研,并以此制定了国际课程教师专业发展框架。本文将从文献评述、核心概念频度和适用性分析,以及结合多种调研模式的修正与调整三个方面介绍框架制定的主要过程,并梳理框架所衍生出的多种应用方向,如教师发展路线、教师自评标准、教学评估标准等。

1. 研究背景

教师的专业发展是指教师专业水平的提升和专业实践的改善,是教师职业生涯中动态变化的过程。教师为认清自己在专业发展中所处的位置以及今后努力的方向,需要体系化的发展框架作为参考依据。我国在《国家中长期教育改革和发展规划纲要(2010—2020年)》中

---

1. 北京外国语大学国际教育集团学术部教师发展中心主任。
2. 北京外国语大学国际教育集团学术部教师发展中心培训专员。

提出要"完善培养培训体系,做好培养培训规划,优化队伍结构,提高教师专业水平和教学能力"(中华人民共和国教育部,2010),强调教师专业发展与体制机制建立的紧密联系。国内目前唯一的基础教育阶段教师专业标准,即教育部2012年颁布的《幼儿园教师专业标准(试行)》《小学教师专业标准(试行)》《中学教师专业标准(试行)》,也旨在"落实教育规划纲要,构建教师专业标准体系"。然而,三项标准是国家对幼儿园、小学和中学"合格教师专业素质的基本要求",教学行为的"基本规范",教师专业发展的"基本准则",标准主要作为"教师培养、准入、培训、考核等工作的重要依据"。(中华人民共和国教育部,2012)对于近几年快速发展的基础教育阶段培训机构和以外语和国际课程为特色的公立学校、公立学校国际部和私立学校的教师,国内尚没有形成体系化、分层次、具有实践指导作用的教师专业发展框架和标准。

为了更好地服务于基础教育阶段国际课程教师的发展,建立符合地区情况的教师发展体系,我们对国内外现有的39个教师专业发展框架、体系或标准进行了文献研究,选取了其中最具代表性的材料进行详细分析。本文以其中4份文献评述为例,介绍研究过程,提出基于国内情况的国际课程教师发展框架,并说明框架在教师职业发展中的5类应用及后续研究计划。

2. 研究过程

教师发展框架的制定经历了文献研读、核心概念频度及适用性分析,以及针对框架初稿研制的调研与访谈三个主要过程。下文将简述研究过程，并着重介绍研究所形成的三项成果，即核心文献评述、维度与指标制定、访谈与调研分析。

2.1 核心文献评述

在文献研读过程中，我们参考了包括亚洲（不含中国）、欧洲（不含英国）等大洲，及中国、美国、英国、澳大利亚等国家的共39项教师专业发展框架。为保证所形成的框架构想更具指导意义和可操作性，我们依据机构权威性、研究专业性、框架应用广度和发布地域，对文献进行筛选并最终确定了9个主要参考框架（对各框架基本情况、结构、主要内容的概述已发表于《2017中国基础教育年度报告》）。下面将从文献涉及的国家和地区中选取几个具有代表性的框架，着重说明不同框架对我国基础教育阶段国际课程教师发展框架建立所带来的启示。

北美地区，丹尼尔森教学框架（Danielson's Framework）指标包含不合格、基本合格、精通以及卓越4个层次的行为评价等级。为更清晰地界定教学行为等级，此框架还包含教师在每个等级的核心行为特点和具体行为案例。丹尼尔森教学框架对于教师发展框架制定的借鉴意义首先在于其丰富翔实的内容。相比很多过于抽象或理论化的教师专业标准，此框架注重对教师行为的描述，为应用标准完成评价提供了操作性很强的参考依据。同时，行为等级的界定反映了教师在不同教学指标下非线性发展的真实情况。例如：学习教学法的应届毕业生在教学理论方面可能处于精通甚至卓越等级，但课堂实际操作却还停留在基本合格甚至不合格等级；有经验的教师在教学设计方面已经达到精通，却可能不擅长课堂管理，仅能做到基本合格。丹尼尔森教学框架的行为等级合理呈现了教师在不同指标下可能存在的差异化发展。表1总结了丹尼尔森教学框架结构。

表1：丹尼尔森教学框架结构

Domain 1: Planning and Preparation	Domain 2: Classroom Environment
1a. Demonstrating Knowledge of Content and Pedagogy 1b. Demonstrating Knowledge of Students 1c. Setting Instructional Outcomes 1d. Demonstrating Knowledge of Resources 1e. Designing Coherent Instruction 1f. Designing Student Assessments	2a. Creating an Environment of Respect and Rapport 2b. Establishing a Culture for Learning 2c. Managing Classroom Procedures 2d. Managing Student Behavior 2e. Organizing Physical Space
Domain 3: Instruction	**Domain 4: Professional Responsibilities**
3a. Communicating with Students 3b. Using Questioning and Discussion Techniques 3c. Engaging Students in Learning 3d. Using Assessment in Instruction 3e. Demonstrating Flexibility and Responsiveness	4a. Reflecting on Teaching 4b. Maintaining Accurate Records 4c. Communicating with Families 4d. Participating in the Professional Community 4e. Growing and Developing Professionally 4f. Showing Professionalism

欧洲地区，我们主要参考了欧洲教师专业能力描述表格（European Profiling Grid，以下简称EPG）。EPG由欧盟委员会和来自9个国家的语言权威专家共同制定，包含9个语言版本，在欧盟多国广泛使用。EPG纵向为教师发展的3个阶段，共6个等级；横向为评价教师的维度，共13项能力指标（表2为EPG节选）。与丹尼尔森教学框架类似，EPG对教师的评价存在不同指标上的差异化认定，并为不同等级提供了详细的行为描述。不仅如此，为方便使用，该框架还提供了面向教师、培训者和教学管理者的详细说明，包含使用方法、常见问题、专业词汇等参考内容。然而，此框架的6个等级数量与大多数教师评价标准有一定差异，例如我国通常界定为初级、中级、高级、特级四个阶段，更容易与国际上的其他教师专业标准对应。

表2：欧洲教师专业能力描述表格节选

		THE EUROPEAN PROFILING GRID TRAINING AND QUALIFICATIONS			
		Language Proficiency	Education & Training	Assessed Teaching	Teaching Experience
DEVELOPMENT PHASE 1	1.1	• is studying the target language at tertiary level • has achieved B1 proficiency in the target language	• is undertaking preliminary training as a language teacher at a teacher training college, university or a private institution offering a recognised language teaching qualification	• is gaining experience by teaching parts of lessons and sharing experience with a colleague who is providing feedback	• has taught some lessons or parts of lessons at one or two levels
	1.2	• is studying the target language at tertiary level • has achieved B2 proficiency in the target language	• has completed part of her/his initial training in language awareness and methodology, enabling her/him to begin teaching the target language, but has not yet gained a qualification	• has had experience of being supervised, observed and positively assessed while teaching individual lessons • has had experience of running teaching activities with small groups of students or fellow trainees ("micro-teaching")	• has own class(es) but only experience at one or two levels

续表

THE EUROPEAN PROFILING GRID
TRAINING AND QUALIFICATIONS

		Language Proficiency	Education & Training	Assessed Teaching	Teaching Experience
DEVELOPMENT PHASE 2	2.1	• has gained a B2 examination certificate in the target language and has oral competence at C1 level	• has gained an initial qualification after successfully completing a minimum of 60 hours of documented structured training in teaching the target language, which included supervised teaching practice, **or:** • has completed a number of courses or modules of her/his degree in the target language and/or language teaching pedagogy without yet gaining the degree	• in initial training, has had a total of at least 2 hours of successful documented, assessed teaching practice at at least two levels • in real teaching has been observed and had positive documented feedback on 3 hours of lessons	• has between 200 and 800 hours of documented unassisted teaching experience • has taught classes at several levels
	2.2	• has gained a C1 examination certificate in the target language, **or:** • has a degree in the target language and proven proficiency at C1 level	• has a degree in the target language with a language pedagogy component involving supervised teaching practice, **or:** • has an internationally recognised (minimum 120 hours) certificate in teaching the target language	• in training, has had a total of at least 6 hours of successful documented, assessed teaching practice at at least two levels • in real teaching has been observed and had positive documented feedback on 6 hours of lessons at three or more levels	has between 800 and 2,400 hours of documented teaching experience: • at various levels • in more than one teaching and learning context

续表

THE EUROPEAN PROFILING GRID
TRAINING AND QUALIFICATIONS

		Language Proficiency	Education & Training	Assessed Teaching	Teaching Experience
DEVELOPMENT PHASE 3	3.1	• has gained a C2 examination certificate, **or:** • has a degree in the target language and proven proficiency at C2 level	• has a degree or degree module in teaching the target language involving supervised teaching practice, **or:** • has an internationally recognised (minimum 120 hours) certificate in teaching the target language and **also:** • has participated in at least 100 hours of further structured in-service training	• has been observed and assessed for at least 10 hours during teaching practice and real teaching at various levels and with different types of learner, and has received positive documented feedback on this	has between 2,400 and 4,000 hours of documented teaching experience, including: • at all levels except C2 • in several different teaching and learning contexts
	3.2	• has a language degree or C2 examination certificate plus a natural command of the target language, **or:** • has native speaker competence in the target language	• has completed a master's degree or degree module in language pedagogy or applied linguistics, involving supervised teaching practice if this was not part of earlier training, **or:** • has a post graduate or professional diploma in language teaching (minimum 200 hours course length) • has had additional training in specialist areas (e.g. teaching the language for specific purposes, testing, teacher training)	• has been observed and assessed for at least 14 hours during teaching practice and real teaching, and has received documented feedback on this • has been assessed as a mentor or observer of less experienced teachers	• has at least 6,000 hours of documented teaching • has taught in many different teaching and learning contexts • has experience of mentoring/training other teachers

剑桥大学英语考评部（Cambridge Assessment English）将教师发展界定为基础、发展、精通及专家4个阶段，整个框架包含5个维度（详见表3），共37项指标[3]。该框架旨在帮助教师评估自身的专业发展阶段，并确定未来发展方向和实现途径。颁布机构为框架提供了较为详细的理论基础，针对每一个发展阶段的各项指标均进行了相应的教师行为描述。框架内容丰富，在几项材料中指标数量最多。然而不同于丹尼尔森教学框架和EPG，其某一指标在不同阶段的行为描述差异主要集中在形容词或副词上，而非具体内容的变化。例如，所有指标第一部分主要以4个形容词basic、reasonable、good、sophisticated区分4个阶段。但在实际的教师评价中，到底什么样的行为可以界定为basic或reasonable，较为抽象，主观因素可能在很大程度上影响最终的判定结果。

---

3. https://www.cambridgeenglish.org/Images/172992-full-level-descriptors-cambridge-english-teaching-framework.pdf.

表3：剑桥大学英语考评部教师专业发展框架结构图

	Foundation	Developing	Proficient	Expert
Learning and the Learner	• Has a basic understanding of some language-learning concepts. • Demonstrates a little of this understanding when planning and teaching.	• Has a reasonable understanding of many language-learning concepts. • Demonstrates some of this understanding when planning and teaching.	• Has a good understanding of many language-learning concepts. • Frequently demonstrates this understanding when planning and teaching.	• Has a sophisticated understanding of language-learning concepts. • Consistently demonstrates this understanding when planning and teaching.
Teaching, Learning and Assessment	• Has a basic understanding of some key principles of teaching, learning and assessment. • Can plan and deliver simple lessons with a basic awareness of learners' needs, using core teaching techniques. • Can use available tests and basic assessment procedures to support and promote learning.	• Has a reasonable understanding of many key principles of teaching, learning and assessment. • Can plan and deliver lessons with some awareness of learners' needs, using a number of different teaching techniques. • Can design simple tests and use some assessment procedures to support and promote learning.	• Has a good understanding of key principles of teaching, learning and assessment. • Can plan and deliver detailed lessons with good awareness of learners' needs, using a wide range of teaching techniques. • Can design effective tests and use a range of assessment procedures to support and promote learning.	• Has a sophisticated understanding of key principles of teaching, learning and assessment. • Can plan and deliver detailed and sophisticated lessons with a thorough understanding of learners' needs, using a comprehensive range of teaching techniques. • Can design a range of effective tests and use individualised assessment procedures consistently to support and promote learning.

续表

	Foundation	Developing	Proficient	Expert
Language Ability	• Provides accurate examples of language points taught at A1 and A2 levels. • Uses basic classroom language which is mostly accurate.	• Provides accurate examples of language points taught at A1, A2 and B1 levels. • Uses classroom language which is mostly accurate.	• Provides accurate examples of language points taught at A1, A2, B1 and B2 levels. • Uses classroom language which is consistently accurate throughout the lesson.	• Provides accurate examples of language points taught at A1 - C2 levels. • Uses a wide range of classroom language which is consistently accurate throughout the lesson.
Language Knowledge and Awareness	• Is aware of some key terms for describing language. • Can answer simple learner questions with the help of reference materials.	• Has reasonable knowledge of many key terms for describing language. • Can answer most learner questions with the help of reference materials.	• Has good knowledge of key terms for describing language. • Can answer most learner questions with minimal use of reference materials.	• Has sophisticated knowledge of key terms for describing language. • Can answer most learner questions in detail with minimal use of reference materials.
Professional Development and Values	• Can reflect on a lesson with guidance and learn from feedback. • Requires guidance in self-assessing own needs.	• Can reflect on a lesson without guidance and respond positively to feedback. • Can self-assess own needs and identify some areas for improvement.	• Can reflect critically and actively seeks feedback. • Can identify own strengths and weaknesses as a teacher, and can support other teachers.	• Consistently reflects critically, observes other colleagues and is highly committed to professional development. • Is highly aware of own strengths and weaknesses, and actively supports the development of other teachers.

澳大利亚教师专业标准（Australian Professional Standards for Teachers）由澳大利亚教育部部长理事会、青少年发展协会、澳大利亚教学与校务指导协会共同制定，旨在通过提升教学有效性与教学质量来提升学生成就。该标准包含3个维度，共7项指标（详见图1），每项指标中有详细的文字说明教师在该指标下应当关注的领域（focus area）。教师的专业发展在此标准中被分为4个阶段：graduate teachers、proficient teachers、highly accomplished teachers、lead teachers。与丹尼尔森教学框架和EPG类似，每一个focus area都按照教师发展的4个阶段配有行为描述，并作了清晰界定，辅助教师自评。同时，教师的专业能力对学生成就的影响在该标准中得到了重点强调。

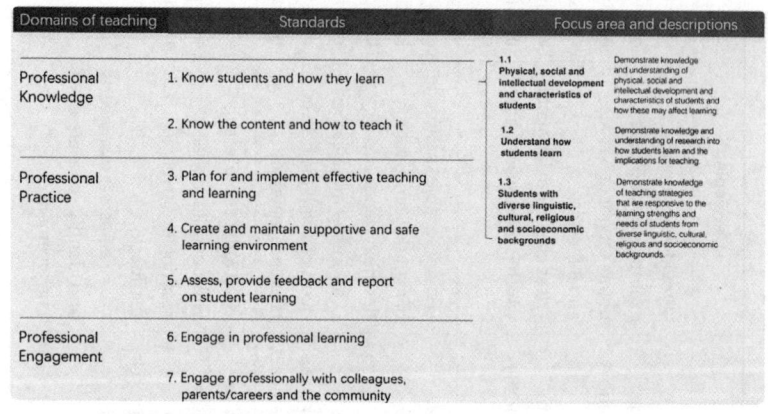

图1：澳大利亚教师专业标准节选（以第一个指标和其关注领域为例）

2.2 维度与指标制定

维度与指标的制定方法主要包含三个步骤：（1）整理主要文献中的核心概念，完成初步归纳；（2）分析核心概念，对表意相近但文字阐述有差异的概念进行合并，再统计其在主要文献中的出现频次；

（3）根据核心概念的频次统计，结合国内教师发展实际情况，最终确定维度和指标内容。

2.2.1 维度制定

为结合国内情况并为维度（一级标题）的确定提供更多参考，我们在该部分核心概念的统计中收集了包括上述四个文献外的另外三个标准，分别是英语作为新语言的标准（NBPTS Framework）、ESOL教师科目说明（ESOL Specification）和中国幼儿园及中小学教师专业标准（详见表4）。

我们将这些一级标题进行分析，并对类似指标进行归纳（详见表5）。以"专业技能"为例：在所有指标中，Teaching, Learning and Assessment、Key Teaching Competences、Enabling Competences、Professional Practice、Skills and Attributes 明显体现了教师的专业技能；The Classroom Environment、Instruction、Advancing Student Learning、Key Areas of Teaching 体现的则是专业技能的不同方面。因此，我们将以上指标统一纳入"专业技能"维度。

其中，由于专业理念与师德的内容与专业发展有重合，并且师德本身难以进行分级描述，我们将专业理念与师德归并到专业发展中。最终根据归纳的指标复现率，将维度划分为三个部分，即专业知识、专业技能和专业发展。

表4：教师专业发展框架维度制定参考标准

	1	2	3	4	5
Cambridge English Teaching Framework	1. Learning and the Learner	2. Teaching, Learning and Assessment	3. Language Ability	4. Language Knowledge and Awareness	5. Professional Development and Values
EPG	1. Training and Qualification	2. Key Teaching Competences	3. Enabling Competences	4. Professionalism	
Australian Professional Standards for Teachers (AITSL)	1. Professional Knowledge	2. Professional Practice	3. Professional Engagement		
Danielson's Framework	1. Planning and Preparation	2. The Classroom Environment	3. Instruction	4. Professional Responsibilities	
English as a New Language Standards (NBPTS)	1. Preparing for Students Learning	2. Advancing Student Learning	3. Supporting Student Learning		
Subject Specification for ESOL Teachers	1. Professional Knowledge and Understanding	2. Skills and Attributes	3. Key Areas of Teaching		
幼儿园、中小学教师专业标准	1. 专业理念与师德	2. 专业知识	3. 专业能力		

表5：维度频次统计表

一级标题	专业知识	专业技能	专业发展	专业理念与师德
出现次数	7	9	7	2

2.2.2 指标制定

指标（二级标题）的设置方式在此以其中一项，即"学习环境"（Learning Environment）为例，进行说明。经过归纳与统计，我们发现主要参考的9个教师专业发展框架中，有6个都提到了和营造学习环境相关的内容（详见表6）。通过其出现频率的统计，我们认为这是教师专业发展不能缺少的一项指标。

表6：指标归纳统计

Items/Framework	Establishing and maintaining a positive learning environment
Cambridge English Teaching Framework	√ Creating an inclusive learning environment
CPD framework of British Council	√
Australian Professional Standards for Teachers (AITSL)	√ Create and maintain supportive and safe learning environment
Danielson's Framework	√ Establishing a Culture for Learning
Subject Specification for ESOL Teachers	√ Establish and maintain an effective learning environment
English as a New Language Standards (NBPTS)	√ Learning Environment

其次，我们分析了指标的具体内容，对文字描述有差异但实际表意相同的指标进行了归纳合并。例如，同为描述营造学习环境的能

力，剑桥大学英语考评部的教师专业发展框架为Creating an inclusive learning environment，澳大利亚的教师标准里是Create and maintain supportive and safe learning environment，在美国的丹尼尔森教学框架中为Establishing a Culture for Learning，而在ESOL教师科目说明中描述为Establish and maintain an effective learning environment。能看到，尽管各个标准中对营造学习环境的描述方式有所不同，且各有侧重点——比如剑桥大学英语考评部的框架强调学习环境的包容性和多样性，丹尼尔森教学框架强调积极学习的氛围——但总体特征是一致的，即为了提高教学质量，需营造并维持一个良性的学习环境。因此，我们将这一指标归纳为：Establishing and maintaining a positive learning environment。

最后是对不同指标的第二次合并筛选。由于不同地区、国家的教师专业发展各有侧重，如将所有指标全部采纳，分类过多，在实际操作中难免因为条目繁杂而不易运用；如完全按照统计频次进行筛选，则可能遗漏重要内容。因此，团队对统计后的指标进行了二次分析：出现频率最高的指标直接保留；中等复现频率的指标再次根据意义整合；对于出现频率较低的，在考虑国内实际情况后，再决定删除或与其他指标合并。至此，通过总结归纳、筛选对比的方法，确定了专业发展框架的维度和指标（详见表7）。

表7：指标频率统计

指标频率对比		
Domains	Indicators	Frequency
Domain 1	Establishing and maintaining a positive learning environment	6

续表

Domains	指标频率对比		
	Indicators		Frequency
Domain 1	Define learning goals	5	|||||||||||||
	Introducing appropriate teaching materials	5	|||||||||||||
	Selecting class activities	5	|||||||||||||
	Developing teaching-aids materials	5	|||||||||||||
	Know my students	4	||||||||||||
	Understand my learners' needs	4	||||||||||||
	Class timing	4	||||||||||||
	Monitoring learners' engagement	4	||||||||||||
	Anticipating unexpected problems	3	|||||||||
	Using language appropriate to my learners' level	3	|||||||||
	Setting various class interaction patterns	3	|||||||||
	Developing my learners' learning strategy	2	||||||
	Differentiated learning for individuals	1	||||

2.3 访谈与调研分析

在完成了专业发展框架的维度和指标设定后，我们通过访谈与调研对专业发展框架的内容进行了调整修订。修订工作包含三个环节，即面向不同教师群体的个人访谈、基于线上问卷的调研，以及最终的修订、翻译与校对。

2.3.1 个人访谈

在个人访谈中,我们采访了北京外国语大学国际教育集团学术委员会的全部成员,覆盖了全日制小学、初中、高中、国际课程中心和考试培训机构的教师代表,目的在于对框架进行整体反馈,并确保收集的修改意见能代表不同专业背景、学校情况和学生学段的教师。

我们按照预先设定的流程对受访者进行了访谈,整个访谈过程包括如下四个步骤:介绍框架内容,邀请受访者对全部内容进行阅读并提出疑问或建议,解答受访者疑问并提供修订后的文字,邀请受访者再次反馈并最终定稿。通过访谈我们发现了框架在表述上和内容上存在的一些细节问题,特别增加了国际课程中学科教师的需求,对学科教师的专业发展内容进行了补充。同时,我们调整了一些指标中教学行为的描述,使不同级别间的文字差异更为清晰。

2.3.2 线上调研

基于个人访谈后的修订,我们拓展了调研范围;通过在线平台上传专业发展框架内容,招募测试者,并以问卷方式实施调研,最终收集有效问卷30余份。此轮调研目的在于通过定量的数据分析,核查发展框架的行为描述与教师实际专业发展阶段间的关系是否基本对应。

在此部分,我们主要采用交叉对比常量和变量的方式对框架内容进行定量分析。研究主流教师专业发展文献发现,教师的专业背景(如教龄和教育背景)与教师发展框架内容的大部分指标(如专业技能维度和专业知识维度)应呈现正相关关系。以此为依据,我们以教师教龄、受教育程度等信息为常量,以专业知识、专业技能等具体维度为变量，将两组数据进行交叉对比，发现框架内容与预设目标基本吻合，即教师的专业知识和专业技能的选择趋势与教龄、受教育程度等呈现正相关。为可视化考虑，我们将数据通过图2、图3展示出来，此处图例的数据为教师的教龄与专业技能维度下两项指标"课程设计"和"学习环境"的分布对比。

此外，我们在问卷中也设计了主观题目，旨在充分收集不同教师的意见，发现框架在文字表述、内容设计上的潜在问题。通过反馈，我们发现了部分描述过于冗余，一些选项对于非英语或非师范专业毕业的教师不够友好等问题。为此，团队再次对指标的设置和文字表述进行了针对性调整，确保符合不同阶段教师的使用习惯，即新教师能够通过简明的语言描述判断自己的定位，具有较丰富经验的教师也能通过较高级别的专业性描述进行准确选择。

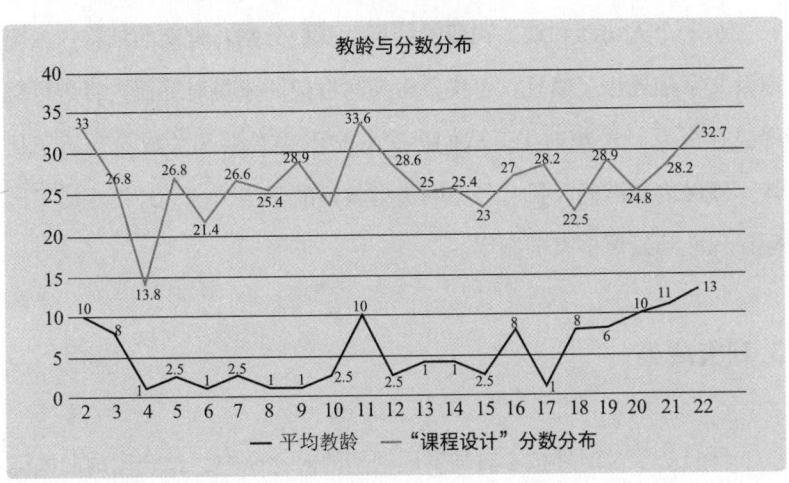

图2：线上调研中"平均教龄"与"课程设计"指标分布对比

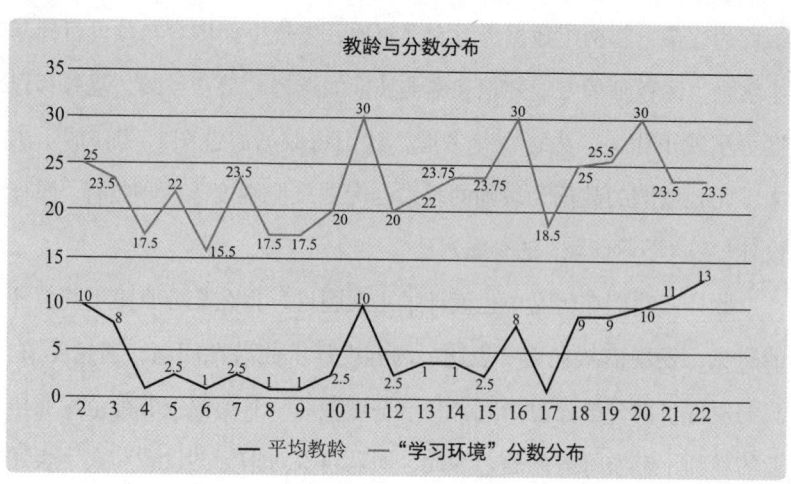

图3：线上调研中"平均教龄"与"学习环境"指标分布对比

2.3.3 校对与翻译

基于个人访谈和线上调研的结果，我们分别对框架的结构、内容以及文字描述作了修订，召集负责编写框架的成员对终稿内容进行翻译。在最后一轮校对中，我们再次对学术委员会相关成员进行了访谈，确保内容准确、符合各不同类型教师的基本情况，最终完成了国际课程教师发展框架的制定。

3. 研究成果

我们基于对国外核心教师发展框架的对比研究，结合国内的国际课程教师的实际情况，通过文献研读、核心概念频度及适用性分析，以及针对研制框架初稿的访谈与调研三个主要过程，提出了国际课程教师发展框架的设置构想。

我们采用饼状辐射图的形式来呈现教师的发展框架，用辐射线条标注核心指标，同心饼状图圈定发展的不同阶段，每项指标由低到高分别为Band 1、Band 2、Band 3和Band 4（详见图4）。这样的设计有助于帮助教师确定自己在某一指标下所处的位置；教师在绝大部分指标下均达到某一阶段的能力要求时，可以认定教师达到该阶段的标准。除专业指标外，我们还依据国内教授国际课程教师的实际情况，增添了三项与教师职业发展密切相关的维度，即语言能力、学术研究能力、教育背景和执教经验，作为评价教师职业发展阶段的参考依据。

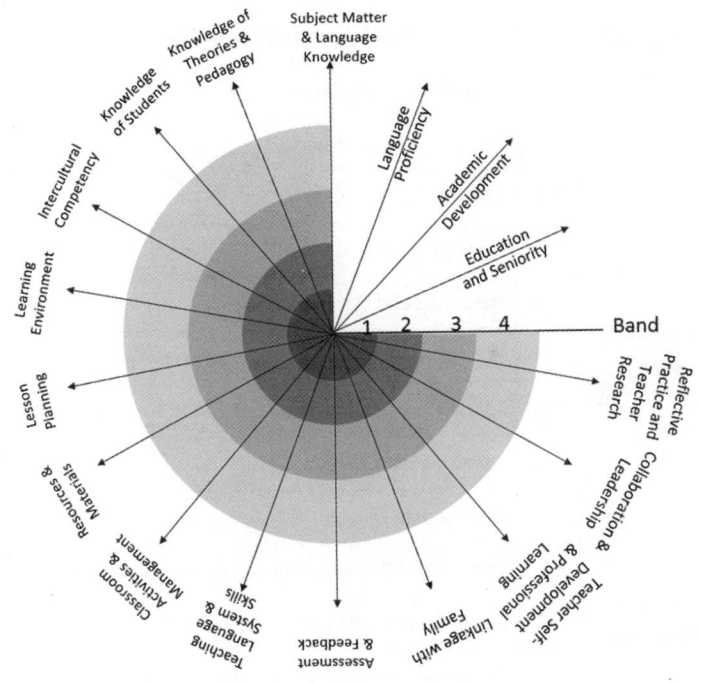

图4：国际课程教师发展框架结构

为避免能力指标过于繁复，给教师造成专业发展要求过多、不易于实现的负面影响，我们确定了三个维度，涵盖14项指标，即专业知识、专业技能、专业发展（详见表8）。这三大维度和14项指标将作为国际课程教师专业发展的核心评价内容；另三个维度，即语言能力、学术研究能力、教育背景和执教经验，可依据学校对教师职业发展的规划进行单独认定。

表8：国际课程教师专业发展的三个维度与14项指标

Domains		Indicators
Professional Knowledge	1.1	Subject Matter and Language Knowledge
	1.2	Knowledge of Theories and Pedagogy
	1.3	Knowledge of Students
	1.4	Intercultural Competency
Professional Skills	2.1	Learning Environment
	2.2	Lesson Planning
	2.3	Resources and Materials
	2.4	Classroom Activities and Management
	2.5	Teaching Language System and Skills
	2.6	Assessment and Feedback
	2.7	Linkage with Family
Professional Development	3.1	Teacher Self-Development and Professional Learning
	3.2	Collaboration and Leadership
	3.3	Reflective Practice and Teacher Research

除教师发展框架的维度与指标外，为帮助教师明确其专业水平，

我们针对每个指标的四个等级均提供了详细的教师行为描述。以图5为例，指标1.1学科知识与语言知识，Band 1—4的行为描述分别提供了教师在不同级别上通常能够具备的教学知识或能力。每项行为描述一般包含四个核心要素，例如指标1.1的核心要素为学科知识、课程知识、语言知识、语言辅助学习等四项，每一单项对教师的要求随级别的升高而逐渐提高。考虑到在国内教授国际课程的教师通常既包含中教也有使用英语进行教学的国际教师，发展框架包含中文和英文两个版本，并专门针对群体数量较大的英语教师，提供了英语教师的发展指标。

1.1 Subject Matter and Language Knowledge

Band 1
- Knows the basic knowledge of the subject matter in the textbooks.
- Knows the subject's curriculum of the grade level assigned to teach.
- Understands specific language skills, such as reading and communicative skills.
- Uses reference resources, such as dictionaries and grammar books, to research language form, meaning, use and pronunciation.

Band 2
- Understands the subject and is familiar with the curriculum.
- Understands the curriculum for three years of assigned teaching.
- Understands specific language skills of reading, speaking and writing for the subject.
- Understands the necessity of using language appropriate to learners' proficiency levels for grading instructional language.

Band 3
- Applies and adapts knowledge of the subject for specific lessons.
- Understands the whole curriculum of a subject and examination content.
- Grades instructional language to suit learners' various levels of proficiency and learning needs.
- Uses language appropriate to learners' language proficiency levels for grading instructional language.

Band 4
- Maintains knowledge on the subject and identifies and explains the main ideas, essential questions, knowledge and skills.
- Constructs a holistic view of the curriculum and applies knowledge to learners' study based on their current situation.
- Responds effectively and comprehensively to learners' errors in language form, meaning, use and pronunciation.
- Assists learners to solve language problems through communicative, cognitive-code and direct strategies.

图5: 教师行为描述样例　指标1.1

4. 发展框架应用

在学校人才管理与发展的具体实践中，教师发展框架可以在多个领域进行应用。本文将简要介绍其在北京外国语大学国际教育集团体系内，北外附属及合作学校中的五类应用，即教师发展路线、教师自评标准、培训课程体系、教学评估标准和教师认证体系。

依托国际课程教师发展框架，我们将教师职业发展路线分为四个阶段，从新教师起，由低到高分别为：发展型教师（Developing Teachers）、独立型教师（Independent Teachers）、成熟型教师（Proficient Teachers）、卓越型教师（Distinguished Teachers）（见图6）。教师发展阶段的评定以14项专业指标为主要依据，同时参考语言能力、学术研究能力、教育背景和执教经验三项基本信息。

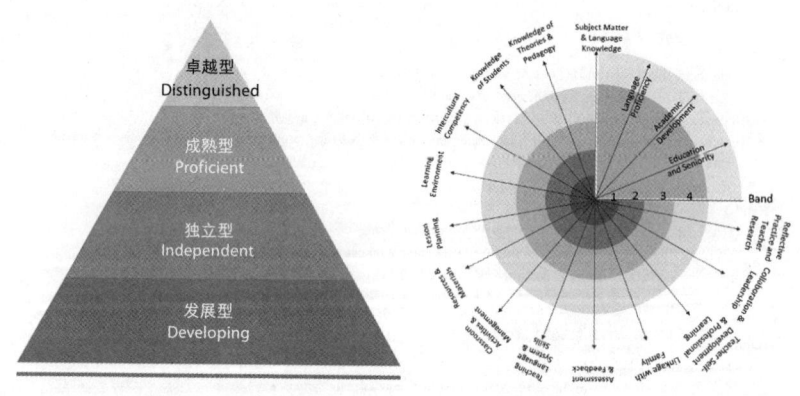

图6：教师发展路线四个阶段及评定维度

关于教师自评，教师发展框架14项指标中的教学行为描述可作为自评的标准和依据。我们通过线上系统，将不同阶段的教学行为描述由低到高赋予1—4分（见图7），以电子问卷形式进行调研。教师在系统上选择符合自身教学行为的描述，系统通过分值与级别对应关系，帮助教师确定自己在不同指标上的级别（Band）。由此，教师可以了解自己在某一指标上所处的发展阶段，系统也会自动为其推荐课程，为教师选择合适的培训话题和了解自身的发展方向提供了可靠依据。

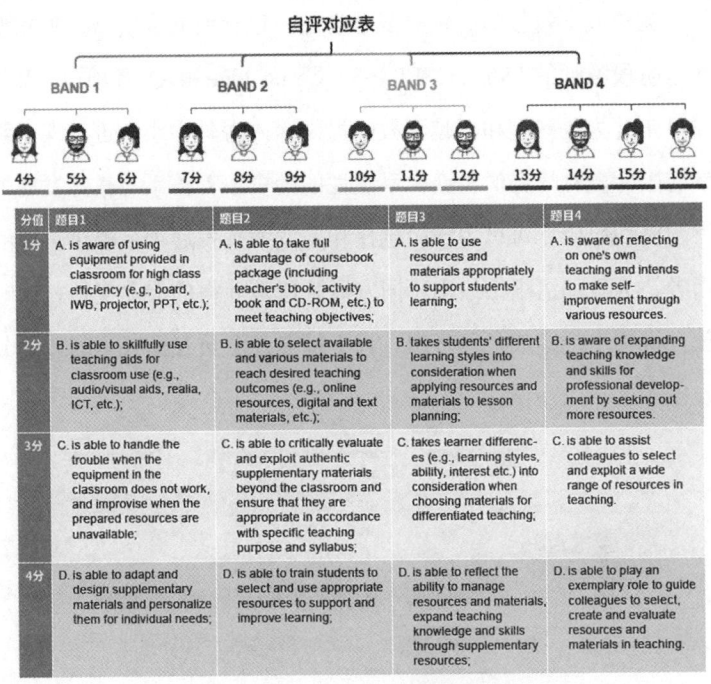

图7：教师自评标准　分值与级别对应表及试题样例

培训课程体系设置，也是教师发展框架的一项重要应用。发展框架不同指标下的核心要素为确定各发展阶段教师的培训主题提供了明确参考。将培训主题与现有的培训课程对应，可以帮助学校和教育机构形成清晰的课程体系。以北京外国语大学国际教育集团为例（详见图8），教师专业发展课程分为三个类别，即自主研发项目、合作研发项目及海外研修项目，完整覆盖教师发展的四个阶段。自主研发项目由北外国际学术团队根据发展框架中四个阶段的教师发展需求设计，包含岗前课程（Course-based Programmes）和主题式专业发展课程（Topic-based Courses）；合作研发项目由学术团队依据剑桥大学考评部对英语或学科教师的发展要求设计，包含面向发展型、独立型及成熟型阶段教师的TKT、CELT-P/S、Cambridge PDQs等项目；海外研修项目主要为成熟型和卓越型教师提供深入海外中小学进行课堂观察及参与国际教育峰会的机会。系统性的师资培养体系与教师发展框架的主题密切照应，可以为学校选择和开发教师发展项目提供重要的专业指导，为教师清晰描绘出不同发展阶段可获得的专业支持，同时促进教育机构内部形成名师带领、骨干辐射、全员互助共享的教师分层发展模式。

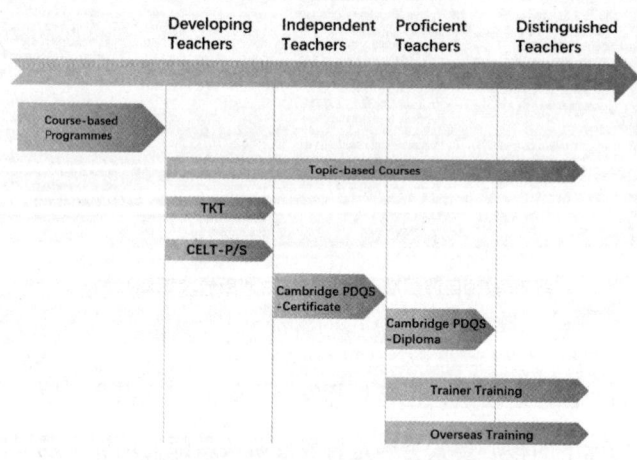

图8：培训课程体系　不同阶段教师发展课程样例

应用教师发展框架确定教学评估标准有助于将教师自我评价、培训课程学习与课堂教学效果检测有机结合，用一致的指标去衡量教师处于哪个发展阶段，适合通过哪些专业课程提升教学能力，并通过教学评估考察课堂的实际落实情况，为教师的专业能力提升提供标准明确的发展建议。鉴于发展框架中有关专业知识和专业发展的部分指标很难仅依据课堂观察进行评价，我们在设计《课堂观察评价表》时主要参考专业技能部分的指标，根据具体行为描述确定所观察课堂在某一指标下的级别，再依据下一级别的行为描述为教师提供发展建议。清晰的发展框架帮助教师明确了解自己的教学表现，也方便教师确定今后的发展目标，并根据目标选择专业发展课程。

应用教师发展框架确定教学评估标准还有助于制定系统的听课评估方案，解决听评课过程中观察角度过多，或每次听评课中缺乏明确观察重点的问题。在设计《课堂观察评价表》的过程中，学校或教育机构可选取教师发展框架中的一些重点指标作为"必要观察项目"，例如教学设计中教学目标的达成、学习环境中积极学习气氛的营造；同时，结合某一阶段的具体教学问题或培训课程中的重点话题确定"本阶段重点观察项目"，为教师明确不同阶段的主要发展方向，通过系统的听课评估指导，逐步向更高的能力阶段迈进。

教师认证体系是国际课程教师发展框架的综合应用，旨在鼓励教师持续学习，通过在教学岗位上的专业发展和经验积累，实现职业进阶。教师发展框架中的14项专业指标可以通过教师自评、培训课程学习、课堂观察评价等方式进行认定；另外三个维度，即语言能力、学术研究能力、教育背景和执教经验，可依据学校或教育机构对教师的要求，作为评价教师职业发展阶段的参考依据。依据教师发展框架设定的教师认证体系包含三种证书类型,即培训证书、专业证书和职业证书(见图10)。教师在完成每门培训课程学习后将获得该主题的培训证书;完成培训课程学习并同时通过课堂观察在相关维度上的评估,获得专业证书;通过专业培训、教学评估,并达到学校在教师发展其他三个维度的任职标准,将获得职业证书。这三类证书,秉承"获得难度由易到难,考核维度由少到多"的原则,为教师专业和职业发展提供多维度、多层次的评价依据。

Domains	Indicators	Skills	Competencies
Professional Skills	2.1 Learning Environment	2.1.1 Classroom environment	☐Band 1 ☐Band 2 ☐Band 3 ☐Band 4
		2.1.2 Interaction with learners	☐Band 1 ☐Band 2 ☐Band 3 ☐Band 4
		2.1.3 Culture of Learning	☐Band 1 ☐Band 2 ☐Band 3 ☐Band 4
		2.1.4 Being supportive	☐Band 1 ☐Band 2 ☐Band 3 ☐Band 4
	2.2 Lesson Planning	2.2.1 Planning a lesson	☐Band 1 ☐Band 2 ☐Band 3 ☐Band 4
		2.2.2 Knowledge of lesson planning	☐Band 1 ☐Band 2 ☐Band 3 ☐Band 4
		2.2.3 Planning & practice	☐Band 1 ☐Band 2 ☐Band 3 ☐Band 4
		2.2.4 Improving lesson planning	☐Band 1 ☐Band 2 ☐Band 3 ☐Band 4
	2.3 Resources & Materials	2.3.1 Teaching aids	☐Band 1 ☐Band 2 ☐Band 3 ☐Band 4
		2.3.2 Supplementary materials	☐Band 1 ☐Band 2 ☐Band 3 ☐Band 4
		2.3.3 Resources for differentiation	☐Band 1 ☐Band 2 ☐Band 3 ☐Band 4
		2.3.4 Resources for professional development	☐Band 1 ☐Band 2 ☐Band 3 ☐Band 4
	2.4 Classroom Activities & Management	2.4.1 Setting up classroom activities	☐Band 1 ☐Band 2 ☐Band 3 ☐Band 4
		2.4.2 Classroom language	☐Band 1 ☐Band 2 ☐Band 3 ☐Band 4
		2.4.3 Classroom arrangements	☐Band 1 ☐Band 2 ☐Band 3 ☐Band 4
		2.4.4 Classroom routines	☐Band 1 ☐Band 2 ☐Band 3 ☐Band 4
	2.5 Teaching Language Systems & Skills	2.5.1 Vocabulary	☐Band 1 ☐Band 2 ☐Band 3 ☐Band 4
		2.5.2 Grammar	☐Band 1 ☐Band 2 ☐Band 3 ☐Band 4
		2.5.3 Listening & speaking	☐Band 1 ☐Band 2 ☐Band 3 ☐Band 4
		2.5.4 Reading & writing	☐Band 1 ☐Band 2 ☐Band 3 ☐Band 4
	2.6 Assessment & Feedback	2.6.1 Designing assessment	☐Band 1 ☐Band 2 ☐Band 3 ☐Band 4
		2.6.2 Using assessment in instruction	☐Band 1 ☐Band 2 ☐Band 3 ☐Band 4
		2.6.3 Participation of learners	☐Band 1 ☐Band 2 ☐Band 3 ☐Band 4
		2.6.4 Designing assessment	☐Band 1 ☐Band 2 ☐Band 3 ☐Band 4

图9: 教学评估标准 《课堂观察评价表》样例

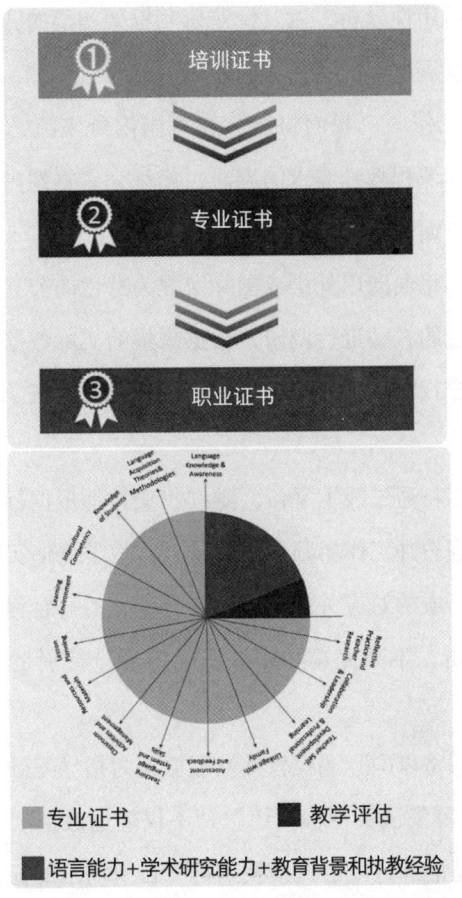

图10：教师认证体系　评价维度与三类证书关系图

5. 后续研究计划

在完成国际课程教师专业发展框架的过程中，我们参考了不同国家、不同地区的教师专业发展框架与教师能力标准文件，并与国内的教师资格制度、国家教师专业标准等进行了对比。经过文献研读、核心概念频度及适用性分析，以及针对研制框架初稿的调研与访谈，我们基本确定了发展框架的结构与内容。

在之后的工作中，我们将继续参考国内外主流、权威的评估体系，通过对国际课程教师需求的调研，修订完善框架内容。后续工作主要包含三个方面：

第一，我们将面向以外语或国际课程为特色的公立学校、国际学校以及培训学校的教师进行调研，根据采集的实际数据和实际情况对专业发展框架进行修订，力求制定的标准能够更为科学合理，具有实践指导价值。

第二，我们将通过线上平台，继续收集教师根据行为描述所得的自评结果，根据教师工作年限、教育背景、教学评估实际结果等指标与线上自评所形成的对应关系，检验现有框架的符合程度。通过大数据的收集与分析，不断完善和修订框架内容，特别是对教学行为的描述。

第三，我们将以国际课程教师发展框架为指导基础，不断匹配相关线上/线下教师发展类课程，让教师不仅能通过框架真实评估自身的教学能力，还能通过配套课程找到符合自身需求的提升途径。

最终，我们希望北外国际课程教师发展框架与培训课程体系能够切实辅助教师提高专业知识、专业技能与专业发展素质，最终实现课堂教学质量的提升，让师生受益。

参考文献:

2013 Framework for Teaching Evaluation Instrument [EB/OL]. The Danielson Group. https://danielsongroup.org/downloads/2013-framework-teaching-evaluation-instrument.

Australian Professional Standards for Teachers [R/OL]. AITSL. https://www.aitsl.edu.au/docs/default-source/teach-documents/australian-professional-standards-for-teachers.pdf.

Cambridge English Teaching Framework Competency Statements [R/OL]. Cambridge Assessment English. https://www.cambridgeenglish.org/Images/172992-full-level-descriptors-cambridge-english-teaching-framework.pdf.

The European Profiling Grid [R/OL]. The EPG Project. http://www.epg-project.eu/wp-content/uploads/The-EPG-PDF-publication_EN.pdf.

国家中长期教育改革和发展规划纲要(2010—2020年)[EB/OL]. 中华人民共和国教育部(2010-07-29). http://old.moe.gov.cn/publicfiles/business/htmlfiles/moe/info_list/201407/xxgk_171904.html.

教育部关于印发《幼儿园教师专业标准(试行)》《小学教师专业标准(试行)》和《中学教师专业标准(试行)》的通知[EB/OL]. 中华人民共和国教育部(2012-09-13). http://www.moe.gov.cn/srcsite/A10/s6991/201209/t20120913_145603.html.

国际课程教师发展模式研究

冯理[1]、赵鑫、何璇[2]

【摘要】国际教育市场发展对国际学校以及教授国际课程的教师的发展提出了新的要求。本文针对集中面授、远程线上和分层这三种国际课程教师发展的主要模式,评述了包括短期集中、长期分段、纯线上、混合式、分层式等五个类别来自不同类型承办机构的典型项目;通过对各个类别中核心因素的优劣势分析,为开设国际课程的学校提供教师发展项目的选择和实施建议。

1. 研究背景

随着国际教育市场的不断发展,以培养全球视野和世界公民为价值取向,以开展国际课程为特色的学校在中国蓬勃发展,国际课程的大量涌入为教师发展提出了新的要求。由于缺少官方统计,本文查阅了多项网络发布数据(如《中国国际学校图谱与区域手册(2018)》《2018中国国际学校发展报告》《中国国际学校蓝皮书:"一带一路"沿线地区中国国际学校发展战略报告(2017)》等)。统计显示,目前中国拥有国际课程授权的学校数量已排名全球第一,且近五年增幅巨大,平均年增长率达到5%—10%。在国际课程实施的过程中,教师

---

1. 北京外国语大学国际教育集团学术部教师发展中心主任。
2. 北京外国语大学国际教育集团学术部教师发展中心培训专员。

作为保障教育质量的一项核心因素，其专业素养将直接影响教育的最终成果。然而，国际课程受国家教育政策、学校性质、开设目的、学生生源等多方面因素共同影响，决定因素复杂，目前国内开设的课程包括美国、澳大利亚、加拿大、欧洲等多个国家和地区，面向不同阶段，来自不同考试和出版机构的多种课程体系。这种多样性一方面给教育工作者提供了更广阔的探索空间，另一方面也对学校促进和增强教师队伍发展提出了新的挑战。

在现有文献的搜集整理中，我们发现国内对于国际课程教师发展的研究目前主要集中于两方面：一是从国别比较的角度评述各国在课程实施过程中促进教师发展的不同举措，二是论述各国际机构为参与其考试或使用其教材的学校提供的教师发展支持。这两类研究表明，国内学者已经意识到国际课程教师专业发展的重要性，但从学校的实际操作角度出发，面对庞杂的课程体系和多样的教师发展模式，如何系统规划、合理选择，并配套相应的辅助措施实现人才的稳定发展，是从业者面临的现实问题。

基于上述背景，本文将选择目前面向国际课程教师比较集中的三类专业发展模式，即集中面授、远程线上和分层模式，分别概述其典型项目的基本情况并进行分析，以期为开设国际课程的学校提供教师发展项目的选择和实施建议。为了明确研究对象，本文所探讨的国际课程指在以外语和国际课程为特色的公立学校、公立学校国际部和私立学校使用的，主要为中国籍学生提供基础阶段教育的国际课程体系，包括但不限于 A Level、AP、IB 等。

为保证研究对象的代表性和适用性，本文依据三个原则对现有的国际课程教师发展项目进行了筛选。从服务对象方面，我们优先选取能够面向基础教育阶段国际课程教师，且覆盖范围较广的发展类项目。从教师所处阶段方面，我们着重关注对教师的持续化发展产生更重要影响的教师职后发展培训，而非职前师范教育。从培训实施主体方面，考虑到各学校内部的校本教研多依据自身需求设置，影响因素复杂多样，为了筛选出更具通用性的项目供所有学校参考，我们优先选取需要借助外界资源，并且可以在国内实施的培训项目。

基于以上三个原则，我们将目前认可度较高的项目按模式不同分成了三类，包括：

（1）以主讲教师与参训学员面对面为主的集中面授项目；

（2）以参训学员通过网络自主学习为主的远程线上项目；

（3）包含多种模式、面向不同教师群体的分层项目。

我们将从每类模式中挑选一至两个具有代表性的项目分别评述，关注项目设计中影响有效性的核心因素，包括项目时长与课时安排、主题设计与参与者需求、整体连续性、课程内容与活动设计、项目承办单位职责、学校角色等几个主要方面。最终，据此为学校提出项目选择和实施的建议。

2. 教师发展项目评述

2.1 集中面授模式

集中面授模式指培训提供方和参训教师以线下集中为主，通过面对面的方式开展的一种具备参与性和浸润性的培训模式。集中面授项目按照时长可以分为两类：短期集中式和长期分段式。

2.1.1 短期集中项目

短期集中项目指耗时较短、课程安排紧凑的集中面授形式,这类项目的时间跨度多为一天至一个月不等,最长不超过三个月。本文选取两类项目作为短期集中面授的代表进行评述:一是课程考试机构针对自己的考试或出版机构针对自己的教材推出的售后培训,二是由专业教师培训机构提供的教师发展课程。

由国际课程考试机构(如A Level、AP、IB各大考试委员会)或出版机构提供的培训主要分为三种:一是针对考试科目或教材的介绍性培训,旨在为授课教师提供该科目或教材的概括性的基础信息;二是针对相关考试的培训,如命题与考卷分析,目的在于让授课教师了解该考试具体考查哪些方面的能力,以便在教学中促进这些能力的培养;三是组织各校相同科目教师进行经验交流工作坊,为教师提供相互学习的机会。第一、二种培训以讲座形式为主,第三种以会议或论坛形式为主,时长多为一天至一周不等。以A Level考试中覆盖英国和中国学生数量最多的The Assessment and Qualifications Alliance(简称AQA)和Cambridge Assessment International Examination(简称CAIE)为例,其在中国的培训均涵盖以上三种,往往以地区为中心,相同科目的授课教师在约定的时间和地点见面,交流经验。

由专业教师培训机构提供的教师发展课程主要是基于学校需求开展的主题式培训。机构一般会提供一系列课程主题,包含培训目标、形式、时长等介绍,供学校进行选择,再根据具体需求进行一定调整。与考试和出版机构的培训相比,教师培训机构的项目通常时间稍长,几日至四周不等;形式也相对多样,包括讲座、小组活动、示范课准备、展示与评价等环节。考虑到上课时间有限,一些机构还会为教师提供课前或课后的拓展阅读材料，并安排与培训内容相配套的课后任务，巩固培训效果。

从课程内容来看，教师培训机构相较考试与出版机构的优势，在于其定制化内容能够更好地照顾到教师需求，提高培训效率与针对性。而由考试机构提供的培训以通用性和标准化为特点，由于参与学校众多，很难根据个性化需求作出调整，比较适合初始阶段，以了解通识性知识为目的的国际课程教师。

从课时安排来看，以上两类项目时长短、内容集中、易与教师日常安排匹配，能方便更多的教师参与。但也正是由于短期集中这一特点，较短的培训形式可能过于单一，培训过程中难以安排实践环节，也缺少后续的跟踪指导和评价。这就要求学校在组织参与类似项目后，鼓励教师将所学内容运用到实际教学工作中，安排相应的实践和反思活动；或在可能的情况下，邀请主办方进行一定的跟进指导和评价反馈，从而优化培训效果。

2.1.2 长期分段项目

长期分段项目指时间跨度较长（几个月到几年不等），在培训过程中将课程学习与实践分阶段结合的教师发展项目。我们以Cambridge Professional Development Qualifications（简称PDQs）和"国培计划·名师领航研修"（详见"教育部教师工作司关于组织实施2018年'国培计划'示范性项目的通知"）这两个项目为例，评述长期面授的基本情况。

PDQs是由剑桥大学国际考评部研发，伦敦大学学院教育研究院论证和支持，剑桥官方认证的培训中心负责具体实施的在岗培训项目，旨在促进教师专业发展。一个完整的PDQs主题含三个模块，每个模块为120小时，历时四至五个月，完成三个模块至少需一年时间。整个培训包含三个维度，由三类人员参与：培训师、学员与导师。培训师提供课上教学输入，学员参与课下个人或合作学习项目，导师与学员定期面谈，学员需在每个阶段完成不同的教学实践和反思。从整体课程结构来看，PDQs将课上培训与课下任务紧密结合，不同阶段既在主题上相互照应，又在专业难度上逐渐提升；分阶段的设计给予学员课上学习、课后实践、教学反思、课上研讨的循环式学习机会；课堂任务兼具独立学习与合作项目，个人档案包含课堂观察、学习记录、反思总结等多方面的内容。

"国培计划"全称为"中小学教师国家级培训计划"，由教育部、财政部于2010年发起，按年度实施，是面向全国中小学教师的最大规模教师发展项目，下分多个子项。本文选取"国培计划·名师领航研修"作为长期分段面授的另一个代表项目。相关政策规定，培训实施高校在设计培训课程时必须包含不少于两次、总时长不少于15天的集中面授培训，以及不少于80学时的网络研修，时间跨度在一年之内。在阶段设置上，项目采取分层递进的方式，先培训一部分骨干教师，再由骨干教师回到自己的学校培训其他教师。"国培计划"由各承办单位自行制定培训方案，确定课程主题，通过招投标完成申报；项目执行将接受参与学员和项目执行办公室的监督和评价。

与短期集中项目相比，长期分段项目的时长优势有力地保障了培训阶段的完整性和培训形式的多样性，需要学校作出长期规划。足够的时长使阶段式螺旋上升的主题安排形式成为可能，为课堂观察、教学实践、反思和研讨创造了机会，也能促使培训内容更好地与教师执教环境结合，提高教学探讨的深度和广度。经过系统设计的长期项目可以将知识学习分配至每个阶段，减少教师在繁重的日常工作之余需要完成的任务量；充分的课余时间有利于教师对所学内容进行更深入的理解，也使培训的跟踪指导、评价反馈成为可能。然而，长期项目通常需要学校提前作出规划，对长期参与的教师给出时间和政策上的支持。

长期性和系统性的特点也向项目承办机构的人员和专业程度提出了较高要求，需要学校特别关注。首先，承办机构需要具备一个稳定的专业授课团队，他们不仅需要严格按照项目发起机构提出的大纲和要求制定培训方案，而且需要在项目实施过程中发挥高度专业性：统一授课标准以保证课程连贯性；密切追踪教师在长期项目中的发展，评估教师是否达到要求并给出发展建议。同时，培训机构在方案制定阶段需要充分考虑到在长期实施过程中可能出现的问题及解决方法，例如课程阶段间连贯性的保证，与教师长期学习相关的激励机制，时间、地点等物理因素限制，等等。长期培训项目的效果除了受教师自身对知识的吸收实践影响外，很大程度上取决于承办机构的策划和执行水准。因此，学校在选择此类项目时需要注重对培训实施单位的考察与筛选，以保证培训效果。

2.2 远程线上模式

集中面授强调参与、浸润模式，倡导学员与授课教师的充分互动，但是由于经费、覆盖人数、地域等种种因素限制，难以保证全部教师都能参与。同时，随着教育信息化的快速发展，远程线上模式以其信息量大、传输速度快、交互性强等特点，正逐渐演变为一种在职教师学习的重要形式，与集中面授、校本教研相并列，成为我国基础教育阶段教师发展的"三驾马车"之一。下文将分别介绍线上模式的两个类别，即纯线上项目和混合式项目。

2.2.1 纯线上项目

"慕课"（Massive Open Online Courses，简称MOOCs）是大规模开放式在线课程的统称，通过不同的网络平台与全世界高校合作，旨在将学费较低甚至免费的优质课程提供给世界各地有需要的人。平台为学习者提供模块化在线材料，一般为简短的视频课程以及课中课后的练习，部分平台还支持互动问答等交互活动，使学习者能够通过网上论坛展开讨论、合作学习。

目前，很多"慕课"平台都已开设专门的教师发展课程模块，涉及多种学科的不同主题。以国外的平台Coursera[3]为例，此平台于2012年由斯坦福大学的两名教授创立，目前已与来自27个国家和地区的179所高校和机构进行合作，为全世界提供3000余门线上课程。在此平台搜索teaching一词，呈现的教师发展相关课程约有70门，包含教学知识、教学技能、专业发展等丰富主题。同样，国内的中国大学MOOC[4]由网易与高等教育出版社联合推出，主要向大众提供中国知名高校的纯线上课程，是较为典型的案例。该平台的课程由各校教务处统一管理，由高校确定创建课程的教师，教师制作发布课程，也参与论坛答疑、作业批改等在线辅导。至今，该平台的"教育教学"

---

3. https://www.coursera.org/about/partners.
4. https://www.icourse163.org/about/aboutus.htm#/about.

分类下共有192门在线课程，其中包含信息化教学、教学素养等面向不同学科的教师发展课程。上述两个平台的在线课程周期大多为4—6周，每周学习2—6小时，每节课的时长较短，符合碎片化课程学习的特点；并且在呈现教学内容的同时，都强调交互的学习模式，可以更好地服务于平台学习者。

与集中面授模式相比，远程线上模式在课程内容和课时安排方面都具有其优势。在课程内容方面，中外"慕课"平台的课程都着重强调资源的充足性和话题的丰富性，这样的优势为教师提供了个性化的选择空间。教师可根据自身需求，选择自己待改进或者感兴趣的方面，由此提高了自主性与学习兴趣。在课时安排方面，线上课程多以短视频的形式呈现，不需要大家像集中面授课程一样长时间保持专注，教师可以结合自己的安排，灵活调整学习时间，设置更加个性化的课程内容。同时，纯线上的课程提高了内容的标准化程度，能够辐射更大范围的教师群体；互动设计也促进了不同地域的教师间的交流，帮助学校用较小的支出实现教师发展的目的。

线上课程的内容设计、授课形式和网络技术条件是学校在选择该项目类型时需要主要考量的因素。在内容设计方面，短期的线上课程以各高校或机构单独开发为主，很难顾及课程之间的连贯性，而教师的自主选择更多以兴趣为主，容易忽略长期专业发展或学校课程建设的整体需要。学校在选择平台时需要了解其整体设计，以必修和选修课结合的方式，促进教师全面发展。在授课形式方面，部分线上课程只能提供讲座视频或录播课，在学员作业、论坛交流、课程辅导方面设计不足，导致线上课程的效果受到影响。这些因素提醒学校在选择线上课程时，要特别关注其能否达到或接近实际课堂的体验，能否促进师生、学生间的交流,以及能否通过网络促进真实学习的发生。在网络技术条件方面,得当的网络环境要求、简明的操作界面、合理的教学环节设计,也会降低学校在网速不佳、教师电脑操作能力不同或学习态度差异等方面存在的压力。

2.2.2 混合式项目

混合式培训是指通过线上与线下相结合的形式,实现面授与在线、自主学习与合作学习、现代信息技术手段与传统教师发展课程的优势互补。我们以 Cambridge Certificate in English Language Teaching - Primary/Secondary(简称CELT-P/S)和"国培计划"示范性项目这两个项目为例,评述混合式项目这两个项目的基本情况。

CELT-P/S是由剑桥大学英语考评部开发的中小学英语教师证书[5],旨在帮助教师通过在线学习和教学实践,拓展自身知识和技能,提高课堂教学质量。课程总时长为120小时,另有约30小时面授指导,为期6—12个月。其中线上课程包括教学相关的方法论、教学原则、教学活动介绍、各模块相应的教学实践作业(Portfolio Tasks)等;线下面授作为线上理论知识的延伸和补充,穿插在一定数量的线上学习模块之后,由项目培训师介绍与在线课程主题相关的应用拓展,为教师提供更多的教学实践案例。

混合式项目也是"国培计划"的重要实施形式。根据2018年"国培计划"示范性项目要求,除"培训团队高级研修"项目之外,其余

---

5. 相关网址请见:https://www.cambridgeenglish.org/teaching-english/teaching-qualifications/celt-p/和https://www.cambridgeenglish.org/teaching-english/teaching-qualifications/celt-s/。

三个类型（即"名师领航研修"项目、"紧缺领域骨干教师培训"项目、"网络研修创新"项目）都属于线上线下相结合的混合式培训。从通知中可以清楚地了解到，线下集中面授一般不少于10天，线上研修不少于30学时，项目持续时间在2至7个月不等。（教育部教师工作司，2018）2018年"国培计划"经评审，确定了清华大学等64所院校（机构）作为培训团队，由各承办单位自行制定培训方案，确定课程主题。

混合式培训能够以课程主题为主线，将线上和线下学习交替结合，互为补充。教师可以通过线上平台自主选择课程、展示学习成果、提出问题与疑惑、互评同伴作业，以满足个性化需求；同时，通过线下面授课程，教师可以在培训师的引导下观摩课例、讲课实践、研讨交流等。线下交流促进了线上课程的深化理解，线上学习数据也为线下面授指导提供了参考依据。网络平台不仅可以成为学习工具，如果应用得当，也可以继续对教师进行跟踪指导，促进教师在实践中的持续反思和研讨。两种学习方式有效结合，可以弥补短期集中面授和纯线上项目各自的不足。

然而，混合式项目对线上线下的结合也给项目设计和遴选提出了更高要求。如何通过整体设计综合两类课程的优势，回避各自的缺陷，是学校需要综合考虑的问题。集中面授在地域、人数、活动时间与形式方面的物理限制，对于教师不同需求和不同执教环境的考虑，线上课程对内容设计、授课形式、网络技术条件的要求，都关系到能否真正达到预期的培训效果。系统性的项目设计需要在能够保持面授与网络技术优势的同时，作好课程的融合、衔接，保证项目的整体性，做到线下面授课程团队与线上课程设计团队的优势互补。这些均是学校在选择课程中需要重点考察的要素。

2.3 分层模式

分层培训是指按照指定的依据(例如参与对象、培训形式、所在地域、课程主题等)将教师分层,对各层分别进行培训,或由各层教师逐级传递培训内容,以实现全员培训的模式。这样的模式可以让处于各个发展阶段的教师都得到学习和成长的机会,常见于教师参与人数较多的项目设计中。下文针对两个大规模培训的典型案例,剑桥大学国际考评部和教育部"国培计划"的整体项目设计,进行评述。

剑桥大学国际考评部的教师发展项目采用了多种分层设计。除了集中面授和远程线上两种授课形式外,它按教师发展水平将其分为三个层级(Introductory、Extension、Enrichment)[6],面向从新教师至有经验教师的不同群体,课程话题的深度和难度逐级提升。同时,在各个模块中,又按照学生阶段(包含剑桥小学、初中、IGCSE、AS & A Level等)和学科将课程分类。教师可以根据细致的分层设计选择适合自己的课程主题和培训方式,多样的形式也能够符合更大范围教师的不同需求。

"国培计划"作为中国最大规模的教师发展项目,也通过不同的方式将教师进行了分层。在学段方面,"幼儿园教师国家级培训计划"与基础教育阶段的中小学教师分开设计;在地域方面,包括"中西部农村骨干教师培训项目"和"中小学教师示范性培训项目"。其中,"中西部农村骨干教师培训项目"按照培训形式分为"送教下乡""乡村教师工作坊研修""乡村教师访名校"等五类;"中小学教师示范性

---

6. https://www.cambridgeinternational.org/support-and-training-for-schools/training/.

培训项目"按照参训教师类型分为"培训团队高级研修""名师领航研修""紧缺领域骨干教师培训"等。其中一些项目，如"名师领航研修"明确提出，采取分层递进的方式，先培训一部分骨干教师，再由骨干教师回到自己的学校培训其他教师。"国培计划"整个设计以多重分层的方式规划项目类型，各个项目的课程目标、实施方案，将根据培训对象的不同情况，由培训任务承办机构制定。

通过细化的主题设计，分层项目能够更好地照顾不同类型的教师需求，逐级的内容传达也将培训效果最大化，辐射带动了更广泛的教师群体。目前，分层培训多从以下维度划分教师群体：教师发展阶段、所在地区、教授学生学段、教授学科等。系统的分层可以保障参与某一项目的教师背景和需求类似，使培训更具针对性。在有培训需求的教师群体较大，但参训人员数量有限的情况下，鼓励参加项目的教师进行二级培训，分享所学内容和教学资源，这也有助于学校在较短时间内提高培训效率，实现教师整体发展。

另一方面，分层项目中层次划分的合理性、人员选派的科学性和知识传递的有效性是成功开展该类项目的几个核心要素。学校在参与较为复杂的分层项目时，需要更多关注每个项目的设计意图和课程内容，保证选派合适的人员参加。在二级培训的知识再次传递中，"中间层"教师的角色尤为重要。他们是否能够较为完整、准确地传达所学内容，是否能引导其他教师进行案例分析、问题讨论、教学反思，直接决定了二级培训的效果。"中间层"教师虽然体验了学习全过程，但这无法保证他们具备组织培训，并将培训内容、理念、方式等还原给其他教师的能力和技巧；特别是一些情感和实践的体验，很难通过二级培训传递。因此，学校在选择此类方式时，需关注项目主办方是否对

"中间层"教师进行了一定程度的培训技能指导，所派遣教师是否具备二级培训的能力，以及所选择的项目主题是否适合通过分层再次传达。

3. 项目选择与实施建议

面对国际课程的挑战和多样的教师培训模式，学校需要作出准确的判断，选择哪类课程模式和项目设计更适合教师发展。通过对集中面授、远程线上和分层三类教师发展模式中五个项目类型的分别评述，本文将在下文综合其中的要点，为学校提出项目选择和实施的整体建议。

3.1 项目设计的整体连贯性

无论是针对短期或长期的教师发展项目，都需要学校或项目承办单位作出整体规划，项目各阶段、主题或培训团队需为一致的教学目标服务。对于短期项目，整体连贯的设计能够避免零散无序的短期项目杂烩；碎片化的拼盘无法辅助教师长期发展，有序的安排才能保证课程内容符合循序渐进的教师专业能力进阶。在长期、分阶段的集中面授和远程线上项目中，主题的连贯性就更为重要了：各环节间的合理过渡才能帮助教师实现某一知识或能力的螺旋式上升；培训团队内部的充分沟通和相互照应才能串联不同阶段的各个环节，避免知识断层或内容重复，帮助教师顺利实现过渡，最终实现培训目标。

3.2 课程内容的针对性和实用性

教师发展项目的主体为已有一定教学知识和实践经验的教育工作

者，需要考虑到其作为成人的学习特点，即有明确学习目的，能够通过学习解决工作中的实际问题。无论是线下、线上或是分层模式，有效的教师发展项目应关注教师实际需求，强调教师主动参与，通过对课程内容的设置关注个性化问题；同时与教师的日常工作密切结合，能够激励、支持、辅助教师提高教学实践能力。

3.3 项目中包含多种活动形式

丰富的活动形式是优秀教师发展项目的另一个特点。成人的学习注重解决问题的实际方法，而非抽象的理论或知识性内容。然而教学理论是课堂实践的依据，能够帮助教师理解采用具体策略的原因，在面对教学场景时学会判断选择而非照搬某一活动形式。这一内容的掌握需要教师参与和思考，在实践中将理论内化，通过实践反思知识性内容的应用。因此，为增强教师在培训课程中的参与度，更好地达成培训目标，在教师发展项目中需要融入灵活多样的活动形式，例如课堂观摩、课后实践、教学反思、互动答疑、展示研讨等。如果设计得当，在教师发展的不同模式中均可以应用丰富的活动形式，将理论与实践、教学与反思、自主学习与合作学习等充分融合。

3.4 项目结束后的跟踪指导

短期内获得教师满意的反馈仅是培训项目的基础，能够帮助教师实现长期发展、帮助学校切实提高学生表现的项目，需要配合系统的跟踪指导。教学工作的实践性决定了大部分培训所学内容很难被及时应用，实践中可能遇到的问题或收获的反思需要时间的积累，在课堂中慢慢产生。持续性的跟踪指导可以帮助教师解答疑问，跟踪评价可以协助学校搭建教师展示与研讨的平台,从而促进同行间的专业交流,切实辅助教师长期持续性发展。

3.5 重视学校与项目承担团队的合作

学校和项目承办单位的沟通深度、合作紧密程度、合作的长期性与稳定性,在很大程度上会影响教师发展项目的效果。除校本教研外,大部分教师发展项目均需要借助外力。对于国内快速发展的国际课程类教师发展项目,学校对外力的需求尤为突出,各国际考试与出版机构、教师培训机构、高等院校等培训承办机构在国际课程的教师发展中扮演着重要角色。这些机构是否了解学校的发展重点、教师的需求、区域与学生的情况,是否愿意或能够根据需求提供有针对性的课程和长期而系统的跟踪服务,这些因素将在不同程度上影响教师发展项目的实际效果。

4.结语

本文针对集中面授、远程线上和分层三种主要教师发展项目模式,评述了包括短期集中、长期分段、纯线上、混合式、分层式等五个类别来自不同类型承办机构的代表性项目。针对每类项目,我们通过如下几个方面对其进行了优劣势分析:项目时长与课时安排、主题设计与参与者需求、整体连续性、课程内容与活动设计、项目承办单位职责、学校角色等。

在评述中,不同的项目模式均有其优势和劣势,适用于不同的学校情况、培训需求、课程主题,以及培训环境。面对多样的选择和丰富的形式，学校需要从不同维度考量项目的适应程度：项目在整体设计中是否具备连贯性，课程内容是否实用且针对其教师群体，活动形式是否有效多样，项目结束后是否有跟踪指导。总体而言，学校需要重视自身与项目承担团队的紧密合作，无论是线上或线下、短期或长期、单一主题或分层设计；综合考虑各因素并在实施过程中配套合理的政策和管理措施，才能促进学习效果的达成，解决当前国际课程教师发展的实际问题，实现教师专业水平和学生课业表现的提升。

参考文献：

AQA [EB/OL]. https://www.aqa.org.uk/.

CAIE [EB/OL]. https://www.cambridgeinternational.org/.

Cambridge Professional Development Qualifications [EB/OL]. CAIE. https://www.cambridgeinternational.org/support-and-training-for-schools/professional-development-qualifications/.

CELT-P (Certificate in English Language Teaching - Primary) [EB/OL]. Cambridge Assessment English. https://www.cambridgeenglish.org/teaching-english/teaching-qualifications/celt-p/.

CELT-S (Certificate in English Language Teaching-Secondary) [EB/OL]. Cambridge Assessment English. https://www.cambridgeenglish.org/teaching-english/teaching-qualifications/celt-s/.

Coursera [EB/OL]. https://www.coursera.org/about/partners.

Training [EB/OL]. CAIE. https://www.cambridgeinternational.org/support-and-training-for-schools/training/.

2018中国国际学校发展报告[R]. 新学说，2018.

教育部教师工作司关于组织实施2018年"国培计划"示范性项目的通知[EB/OL]. 教育部教师工作司(2018-04-10). http://jxjy.tstc.edu.cn/__local/5/98/80/54A71073721CB5A1A3B3F9C7A77_BDF656E1_841D29.pdf?e=.pdf.

全球化智库，南南国际教育智库研究院.中国国际学校蓝皮书："一带一路"沿线地区中国国际学校发展战略报告（2017）[R/OL]. http://www.ccg.org.cn/dianzizazhi/zhongguoguojixuexiaolanpishu.pdf.

中国大学MOOC [EB/OL]. https://www.icourse163.org/about/aboutus.htm#/about.

中国国际学校图谱与区域手册（2018）[R]. 顶思，2018.

国际化特色学校教师专业发展培训需求的调查报告

Ian Weber[1]

【摘要】教育国际化的趋势带来了国际化学校的快速发展,但国际化学校的教师发展、课程设置等在未得到统一标准界定的情况下仍处于摸索阶段。本报告将就教师专业发展这一问题进行调研并综合结果进行分析,最后提出教师专业发展的相关建议,希望能为国际化学校探索教师专业发展的路径提供可能的借鉴和参考。

1. 研究背景

随着教育国际化的趋势愈加明显,国际化学校在各地都得到了快速的发展。就中国大陆而言,这类学校往往具有以下特征:学校按照国际认可的课程大纲和资格证书提供教学内容,并强化二语学习;以多元化的课程设置为特色,培养具有国际视野,具备全球化语言、思维等能力的学生。国际化学校的数量逐年攀升,招生人数也逐步上涨。

然而,国际化学校的蓬勃发展带来了新的问题。正因为目前尚未出台统一的界定标准,国际化学校的课程设置和教师的专业能力发展

---

1. 北京外国语大学国际教育集团学术部教师发展中心高级培训师。译者:王腾飞,北京外国语大学国际教育集团学术部教师发展中心培训专员。

也处于一个探索阶段。国际化学校的教师需要怎样的专业能力发展和培训项目？通过何种途径和方式明确教师的专业发展需求？这成为保障教师持续、健康发展和维持其教学有效性的关键。

本报告以北京外国语大学某附属学校为研究主体，通过面对面访谈和需求调查量表结合的方式调研、收集了学校教师和管理者的专业发展需求和意见，并通过数据分析找到了目前教师专业发展中存在的差异和潜在的培训需求，为学校后续提供恰当、有针对性的教师能力发展培训打下了基础。此外，我们也希望所展现的调研分析方法和调研内容能够为目前国际化学校探索教师的专业发展方向提供一些借鉴和参考。

2.调研介绍

对于教师持续、健康的专业发展来说，其核心在于鉴别所需的专业发展内容和目标群体。从本调研报告分析得出的结论能够帮助回答以下问题：

（1）需要进行什么培训以及为什么？

（2）哪些方面需要进行这些培训？

（3）谁是培训的受众？

除此以外，在调研开展以前，我们进行了详细的项目规划。标准的10步需求分析方法还能够在未来工作中帮助我们确定以下问题：培训的具体实施方法是什么？培训的投入产出比如何？开展专业能力发展项目会带来怎样的组织效应？

2.1 研究方法

要回答上述问题,培训需求分析采用标准的10步法作为综合的数据收集策略,每个步骤都确定了收集数据的目标、问题、行动方式和使用的资源,用来明确存在的差距、培训的需求、最终的结论和建议。

2.2 执行策略

培训需求分析采用混合法来收集国际化学校学科教师和管理人士的相关数据。我们使用北京外国语大学国际教育集团研发的标准化教师发展评估和认证框架(SECTD,见附录A)作为评分调查工具,收集教职工对14项专业指标的反馈。标准化教师发展评估和认证框架将教师的能力分为专业知识、专业技能和专业发展三个维度,三个维度下设14项专业指标,每项指标均有对应的能力描述文本评价教师的专业发展阶段和水平。该框架的功能之一就是可以作为教师自我评价的工具使用;教师能够通过选择与14项专业指标对应的56项与专业知识、专业技能和专业发展相关的能力描述文本(见附录C)对自己的专业发展进行定位。本次培训需求调研访问对象由学院提名,由五名学科教师和两名学校管理者(校长和副校长)组成。

2.3 调研过程

根据标准化教师发展评估和认证框架提供的内容,我们制定了培训需求调查利克特量表。通过收集教师和管理者对不同能力描述文本的主观意见和客观评分,来衡量14项指标在教职工眼中的重要程度和潜在差异,以此判断可能存在的培训需求和专业发展方向。

需求调查表由两个部分构成：第一部分包含对调查表背景、填写目的、填写说明的简要介绍，此外，还包含其他需要调研对象填写的背景信息（教师等级、教授科目、是否为国际教师等）；第二部分包含了14项指标和对应的能力描述文本（见附录C）。调查要求调研对象对能力描述进行五档评分，利克特量表所设置的问题是"它们对成功的教学和工作表现有多重要？"，量表的评分等级为：1.完全不重要；2.有一点关系；3.有一定关系；4.相当重要；5.极其重要。在加权平均分表中能力描述的得分为4.0或更高表明，调研对象认为这些能力对他们的教学或工作表现至关重要；得分低于4.0或标准偏差值较大的能力，则被视为需要优先培训的能力，因为它们可能对学校的授课和学习效果造成潜在影响。但需要注意的是，调研对象所选择的分数不代表其对教学理念的理解水平，亦不能代表其实际的教学水平。

整个调研计划的第二步将更加深入地探索专业发展的需求。每一位调研对象都将参与一次时长为20—30分钟的访谈，在此过程中，我们按照访谈协议进行一系列提问（见附录B，访谈协议），问题涉及教师和管理者的一般背景信息，目前在教学和专业发展层面面临的挑战，招聘策略和流程（针对学校管理者），教职工的发展和留任问题以及培训经历等。为了保证内容的准确性，访谈内容被录制并妥善保存，以供将来参考之用。此外，在分析过程中，我们对与评分调查相关的或者与教师培训相关的评论都进行了笔录，确保能够描绘出更完整的学校培训需求画面。

2.4 数据分析

从问题中得到的数据在数据处理平台Survey Monkey上进行处理。

受访者对每一项能力描述反馈结果的加权平均分数和简单统计结果（最小值、最大值、平均值和标准偏差值）以图表和表格的形式展现。根据结果，以下指标得分低于4.0：家校联系、课堂活动和管理、资源和材料，以及实践反思和教学研究。其余10项指标和能力描述对应的统计结果都达到4.0分以上。如有必要，可提供相关统计数据和各项指标对应内容。

2.5 调查和访谈结果

受访教师均表示在加入学校的工作后，曾参加过教学评估活动和岗前培训项目，包括由校长参与的课堂观察，以及基于剑桥国际课程内容和教学法的岗前培训。所有受访教师都认为课堂观察和反馈对于提高教学能力是十分有益的，比如：

> "我经历过很多课堂观察，但我认为同行观摩对专业学习更有价值，因为其他老师能通过积极正向的讨论提供有益的、有建设性的反馈。一个很好的例子是我们的一个同事既是化学老师又是ESL老师，通过他的反馈，我在课堂上就如何教英语和科学得到了很多新的想法。"

老师们也表示，参与更多来自剑桥大学国际考评部的高级培训有助于未来长期的专业发展和教学表现：

> "或许参加更多来自剑桥的考试相关培训会有所帮助，因为有些评分的策略和给分的方式比较棘手。"

总体而言，评分调查的结果表明，受访者认为14项指标（及相关能力）中的大多数（10项）对于他们的教学实践"相当重要"或"极其重要"（项目具体内容见附录D）。这一结果意味着教师优先考虑这些能力在教学和工作中的表现。然而，需要进一步分析来揭示这些指标和能力描述的重要性和教师课堂实际教学表现之间的差距。同时，学校可以通过对比10项关键指标（和其对应的能力描述）与教学负责人对教师进行的课内评课结果，进行表现差距分析，确定每位教师实际所需要的培训内容。

调查结果显示，专业技能和专业发展维度下的与4项指标（家校联系、课堂活动和管理、资源和材料、实践反思和教学研究）相关的7项能力描述得分低于规定阈值（4.0分）。其中，显著发现之一是教师对"家校联系"一项的反馈较低，该指标下的三项描述——与家长的沟通、与学生家庭的联系、家庭参与——得分分别为3.86、3.71、3.86，均低于4.0分。最重要的是在"与家长的沟通"一项上所表现出的差异。此项对于让家长了解学生的学习进度，以及在学校、教师和家长之间建立信任和维持沟通联系至关重要。但结果表明，该项描述的标准偏差值为1.12，这意味着受访教师对该项的重要性理解存在明显偏差。教师群体之中存在的这种偏差可能会导致家长得不到有关孩子学习进展的足够信息。

"我在调研中注意到的一件事是与家庭的关系。我认为，即使对于学科老师来说，保持与父母的良好关系，并给予他们关于孩子的反馈也是很重要的。但是，当需要向他们说明学生没有得到好的成绩或者表现不好时,我们应该如何与他们交谈,并鼓励学生以积极的方式提高?"

针对这一发现,我们需要将培训重点放在与家长的人际互动上,提高与家长沟通联系的质量,拓展交流的方式,以此来提高学习效果、改善学校整体形象等。

第二项发现来自课堂活动和管理方面,其相关的两项能力描述均低于阈值。"布置课堂环境"和"使用课堂语言"两项的加权平均分为3.86;统计分析显示,两项表述的标准偏差值为0.99,这显示出受访教师对这两项能力的重要性存在较大的认知差异。在采用有效的课堂管理策略上,如果出现不一致性,就可能影响课堂质量,特别是教师—学生和学生—学生之间的互动,进而影响到学校的整体教学质量。其中一位教师指出,需要更多地了解布置课堂环境的策略,并采用差异化的学习方法来更有效地使用学习技巧:

"我要改进教室的座位安排,这样我可以根据主题把座位安排成不同的布局,以适应不同的活动和目的。比如说,学生进行小组讨论时,我可以把他们分成四组或采用最适合活动的安排。"

这位老师还指出,需要更多差异化学习策略的培训,以此满足不同学生的学习需求,特别是那些难以适应新的学习环境的学生:

"到目前为止,我面临的最大挑战是,同学们来自不同的背景,所以他们的英语和数学能力有很大差异。用不同方法进行差异化教学对我来说非常重要。到目前为止，我有三个班，其中一个班能力较差。因此在这个班上不仅要讲课，我也需要带着他们完成更多活动，比如带他们去计算机实验室完成作业。这就是我在未来的教学中需要改进的地方。"

对以上需求的培训建议是将课堂管理、课堂活动和教学方法（如差异化学习）作为培训重点，以此增强课堂互动的多样性，满足不同学生多样的学习需求，最终提高他们的学科能力和语言能力。

其他的老师也反映了对学生英语水平的关心，他们认为语言能力能否提高是取得学习成果的挑战之一。其中一位老师指出，有必要拓展目前学生的二语能力，提高学术写作技能：

"最大的问题之一是我们学生的英语水平，很多学生不能有效地完成写作和阅读任务，特别是我的班级里这种情况尤为明显。经济学的课程要求学生有一定的学术写作能力。对于一些学生，我们确实开设了英语二语学习班，但是还没有与学术写作相关的内容。因此，我认为到第二年或者第三年的时候，学校应该为学生提供这类课程。"

针对这一需求，我们可以采用微格教学模式开展对教师的学术写作培训，提高包括学术写作词汇、引用和参考文献、写作技巧、写作结构四项关键学术写作技能的授课能力，以及27项次级能力（如有必要，可提供该项能力的相关描述内容）。

第三项通过调查问卷分析得出的发现和教学资源及材料相关。该指标下"使用辅助教学材料"得到的分数为3.86，低于阈值，其标准偏差值为0.36，同样显示出教师对此项描述的反馈存在不同。该项结果可能意味着一部分教师过度依赖官方教材包，对能够满足学生差异化学习需求的辅助教材考虑和评估不足。我们可以就评估和选择使用辅助教材以及差异化课堂活动这一主题进行专业发展培训，以此满足不同学生的学习需求，并为学生创造一条无缝的路径，对接剑桥课程内容、课程体系和课程风格。

第四项发现和专业发展这一维度有关。实践反思和教学研究这一指标及其相关能力描述的反馈均值为3.71，其结果的标准偏差值为0.70，这意味着部分教师未能意识到实践反思和教学研究在增长教学知识和提高教学技能中发挥的重要作用。针对性的培训方式是增加学术研究和行动研究的专业发展项目，需强化其在教师持续专业发展、授课能力提升和学习效果提升过程中发挥的作用。

3.结论和建议

培训需求分析确定了为提高课堂内的执教表现，教师在培训中存在的几个需求偏好、重点和潜在培训机会。首先，受访教师指出，同行教师的课堂观察和评议对教学实践的提高有重要意义；此外，教师也迫切希望参加更多高级专业发展培训，如剑桥大学国际考评部组织的考试类培训，以此作为学校组织的内部在岗培训的补充。第二，教师普遍认为14项指标中的10项及其相关能力描述对于教学来说"极其重要"或者"相当重要"。然而，为了准确地理解教师的实际教学能力与选择不同指标和能力描述所代表的教学能力是否有差异或者有多大的差异，需要学科负责人或教学主管进一步开展课堂观察活动进行评估，以此找到实际表现的差距，并开展专业培训。第三，分析评价调查表格的数据，发现在家校联系、教学方法（如差异化学习）、课堂管理（如课堂互动）、学术写作指导、评估和选择教学辅助材料，以及学术研究方面有必要开展专业培训；参加上述方面的专业培训有助于教师提高课堂中的教学实践能力，提升教学质量，并鼓励学生拓展学习深度。

在调研分析的基础上，本报告提出以下七条建议，以满足教师的专业发展需求。

（1）为下列第三至第七条建议制订详细全面的培训计划，包括对短期、自主学习型培训的成本效益分析。

（2）通过将确定的10个关键指标（和相关的能力描述）与教学主管对课堂教学能力的评估进行对比，进行绩效差距分析，以确定每个教师的具体能力差异和培训要求。

（3）着重提高与学生家长互动沟通的能力，包括建立融洽的关系等，以此提高家校沟通效率，改善学生学习表现和帮助树立学校形象。

（4）着重提高课堂活动、课堂管理和教学方法方面（如差异化教学）的能力，使用目前可用的培训资源和项目——如剑桥教师专业发展项目（PDQs）——以及现有的线上培训资源，以加强教学能力。

（5）使用微格教学模式对学术写作技能进行培训，提高教师在学术写作词汇、文献引用、写作技能和结构安排四个主要方面的教学技能。

（6）就评估和选择教学辅助资源和活动进行培训，满足差异化教学的需求，同时做到更好地迎合不同学习者的学习风格，为链接剑桥课程内容、课程体系和课程学习风格创造一条无缝的学习路径。

（7）开展教学科研方面的培训，强化学校在持续专业发展、教学效果和学习能力提升方面的作用。

Appendix A: Standardized Evaluation & Certification for Teacher Development (SECTD)

Figure 1

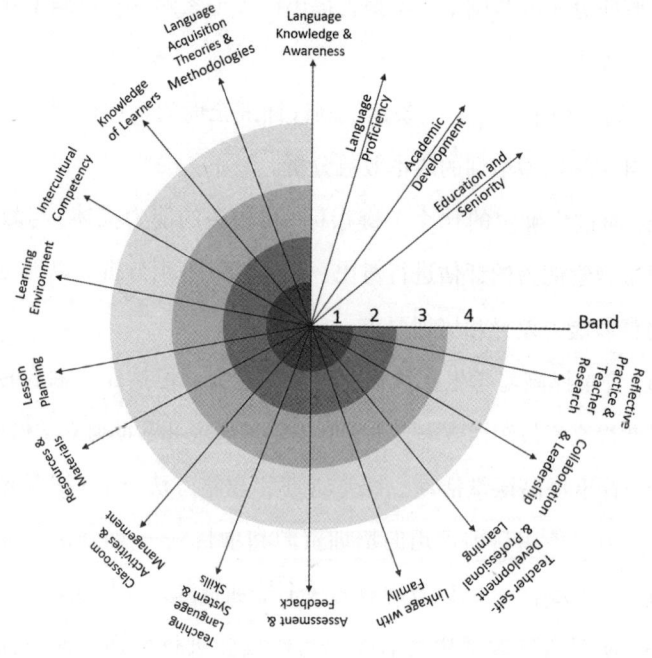

Figure 2

Standards of Teaching Skills		
Domains	Indicators	
Professional Knowledge	1.1	Language Knowledge and Awareness
	1.2	Language Acquisition Theories and Methodologies
	1.3	Knowledge of Learners
	1.4	Intercultural Competency
Professional Skills	2.1	Learning Environment
	2.2	Lesson Planning
	2.3	Resources and Materials
	2.4	Classroom Activities and Management
	2.5	Teaching Language System and Skills
	2.6	Assessment and Feedback
	2.7	Linkage with Family
Professional Development	3.1	Teacher Self-Development and Professional Learning
	3.2	Collaboration and Leadership
	3.3	Reflective Practice and Teacher Research

Appendix B: Interview Protocol

Introduction

Hi! My name is Ian Weber. I'm a Senior Teacher Trainer in the Teacher Development Centre of Academic Development, School of International Education at BFSU. I'm here to learn about <u>training needs in International Course Centres</u>. Thank you for taking the time to meet with me today.

The purpose of these sessions today is to <u>learn more about the relationship between teaching skills and competencies and job performance, and how to support your school with appropriate, targeted training that meets your needs</u>. There are no right or wrong answers, or desirable or undesirable answers. I would like you to feel comfortable saying what you think and how you feel. If it's okay with you, I will record our conversation, as it is difficult to write down everything while conducting the interview.

Everything you say will remain confidential. You will not be identified in any comments used in training reports. The purpose of that is only so we know whom to contact should we have further follow-up questions after this session.

Interviewees: Principal/Vice Principal

Q1. What is your position in the school?

Q2. How long have you been in this position?

Q3. What are your key roles and responsibilities in this position?

Q4. Tell me about what you feel are the key teaching challenges facing the school in meeting its broad aim and goals:
- **Aim**: Deliver international enrichment programs that are designed to fit within the Chinese national curriculum and provide students with an introduction to international education through proprietary English, Art and Science classes.
- **Goals**: The purpose of these programs is to ensure that students in the public school system have the skills and knowledge necessary to
  o Compete in a global market;
  o Be better prepared for international high schools should their families decide to take that path.

Q5. Tell me about the strategies and processes for hiring, developing and retaining teaching staff within the school.
- What prior knowledge, skills, abilities and personal characteristics do you think teachers should possess to be a strong candidate?

Q6. Walk me through what training your teachers have participated in over the past 12 months to enhance the standards and delivery of courses.

Q7. What aspects do you think impede or slow the professional development and improvement of teaching standards in the school?

Implement Skills/Competencies Rating Survey: Instruct the participants on how to complete the survey (10 mins).
- **Instructions**: This rating scale is designed to assess the importance of teach-

ing skills and competencies in general for successful job performance in your school. The rating for each skill/competency is assessed using a 5-point scale: 1 = not at all, 2 = a little, 3 = somewhat, 4 = considerably, 5 = extremely important. Please note we would like you to assess each skill/competency individually and rate it against the 5-point scale (NOT rank the skills/competencies in order of importance).

Q8. Tell me what specific skills/competencies do you feel teachers need to improve upon to enhance the standards of teaching in the school.
- Prioritize or rank the skills/competencies from the survey that require improvement through training in your school.

Q9. Tell me what specific skills/competencies do you feel teaching assistants need to improve upon to enhance the standards of teaching in the school.

Q10. How will you involve teachers, students and parents in identifying areas for teaching improvement?

Interviewer: Thank you for participating in this needs analysis. Your contribution is invaluable for improving teaching standards in the school and department.

Interviewees: Teachers

Q1. What is your position in the school?

Q2. How long have you been in this position?

Q3. What are your key roles and responsibilities in this position?

Q4. Tell me about what you feel are the key teaching challenges facing your department in meeting the school's broad aim and goals:
- **Aim:** Deliver international enrichment programs that are designed to fit within the Chinese national curriculum and provide students with an introduction to international education through proprietary English, Art and Science classes.
- **Goals:** The purpose of these programs is to ensure that students in the public school system have the skills and knowledge necessary to

- o Compete in a global market;
- o Be better prepared for international high schools should their families decide to take that path.

Q5. Walk me through what training you have participated in over the past 12 months to enhance the standards and delivery of courses.

Q6. What aspects do you think impede or slow the professional development and improvement of teaching standards in the school?

Implement Skills/Competencies Rating Survey: Instruct the participants on how to complete the survey (10 mins).

- **Instructions:** This rating scale is designed to assess the importance of teaching skills and competencies in general for successful job performance in your school. The rating for each skill/competency is assessed using a 5-point scale: 1 = not at all, 2 = a little, 3 = somewhat, 4 = considerably, 5 = extremely important. Please note we would like you to assess each skill/competency individually and rate it against the 5-point scale (NOT rank the skills/competencies in order of importance).

Q7. Tell me what skills/competencies do you feel teachers need to improve upon to enhance the standards of teaching in the school.

- Prioritize or rank the skills/competencies from the survey that require improvement through training in your department.

Q8. Tell me what specific skills/competencies do you feel teaching assistants need to improve upon to enhance the standards of teaching in the school.

Interviewer: Thank you for participating in this needs analysis. Your contribution is invaluable for improving teaching standards in the school and department.

Appendix C: Standards of Teaching Skills and Competencies Rating Scale Instrument

NAME:_____ INTERVIEW NO. :_____ POSITION:_____

Instructions:

This rating scale is designed to assess the importance of teaching skills and competencies for successful job performance in your school. The rating for each skill/competency is assessed using a 5-point scale: 1 = not at all, 2 = a little, 3 = somewhat, 4 = considerably, 5 = extremely important. Please note we would like you to assess each skill/competency individually and rate it against the 5-point scale (NOT rank the skills/competencies in order of importance). These skills and competencies are drawn from the newly developed BFSU professional development framework, which is designed to standardize the assessment of teaching skills across three domains - professional knowledge, professional skills and professional development - for career development. The domains are divided into 14 indicators; each defined by four skills and associated competencies.

		How important is this skill/competency for successful job performance? Place a tick (✓) in the appropriate box.	Not at all	A little	Somewhat	Considerably	Extremely
Domains	Indicators	Skills/Competencies	1	2	3	4	5
Professional Knowledge	1.1 Language Knowledge & Awareness	**1.1.1 Language Knowledge** (knows language systems, linguistic terms, learning problems, correction techniques)					
		1.1.2 Language Skills (knows concepts of 4 language skills, form/meaning/use/pronunciation, strategic error correction)					
		1.1.3 Language Awareness (knows language terms - tense/voice, language models, develops self-correcting skills)					
		1.1.4 Techniques Facilitating Learning (uses research, matches language level to proficiency/needs/styles)					

续表

How important is this skill/competency for successful job performance? Place a tick (✓) in the appropriate box.

Domains	Indicators	Skills/Competencies	Not al all 1	A little 2	Somewhat 3	Considerably 4	Extremely 5
Professional Knowledge	1.2 Language Acquisition Theories & Methodologies	**1.2.1 Theories & Methodologies - Teaching** (knows SLA theories, components, application, adjustment strategies)					
		1.2.2 Theories & Methodologies - Learning (knows SLA methodologies, components, strategies for teaching)					
		1.2.3 Theories & Methodologies - Language Acquisition (knows SLA teaching concepts, application, outcomes)					
		1.2.4 Progressive Application of Theories & Methodologies (knows/analyses teaching methods, applies to practice)					
	1.3 Knowledge of Learners	**1.3.1 Knowledge of Learners 1** (knows factors affecting learning, developmental learning theories, adjusts to needs)					
		1.3.2 Knowledge of Learners 2 (knows age/motivation, development characteristics, applies teaching responses to needs)					
		1.3.3 Strategies Based on Learners - General (knows growth-to-pace of learning, abilities, development theories)			✓		
		1.3.4 Strategies Based on Learners - Specific (matches language skills/proficiency, needs analysis, monitors growth)					

续表

How important is this skill/competency for successful job performance? Place a tick (✓) in the appropriate box.

Domains	Indicators	Skills/Competencies	Not at all 1	A little 2	Somewhat 3	Considerably 4	Extremely 5
Professional Knowledge	1.4 Intercultural Competency	1.4.1 **Intercultural Awareness** (knows common words/phrases, cultural connotations/contexts, avoids stereotypes)					
		1.4.2 **Intercultural Knowledge** (knows cultural issues, history, values, customs, beliefs, verbal/nonverbal, sharing)					
		1.4.3 **Intercultural Skills** (sources information, introduces the culture, manages stereotyping/prejudices, issues)					
		1.4.4 **Intercultural Attitude** (adapts, develops tolerance/understanding/diversity, employs positive attitude)					
Professional Skills	2.1 Learning Environment	2.1.1 **Classroom Environment** (knows the effect of inclusiveness, develops safe environment, encourages mutual respect)					
		2.1.2 **Interaction with Learners** (knows arrangement methods, manages behavior/interactions, motivates learners)					
		2.1.3 **Culture of Learning** (nurtures care/respect, appropriate conduct, directs curiosity, motivates learners)					
		2.1.4 **Being Supportive** (recognizes curiosity, uses differentiation, reinforces civility/respect, scaffolds learning)					

续表

How important is this skill/competency for successful job performance? Place a tick (✓) in the appropriate box.

Domains	Indicators	Skills/Competencies	Not at all 1	A little 2	Somewhat 3	Considerably 4	Extremely 5
Professional Skills	2.2 Lesson Planning	**2.2.1 Planning a Lesson** (knows components, sequencing relates to syllabus/content/pedagogy, improves practice)					
		2.2.2 Knowledge of Lesson Planning (knows subject concepts/skills, assesses difficulties, promotes active learning)					
		2.2.3 Planning & Practice (applies/adapts plans, establishes coherency, interaction patterns, differentiated learning)					
		2.2.4 Improving Lesson Plans (diversifies/sequences outcomes, knows linguistic/communicative functions, research)					
	2.3 Resources & Materials	**2.3.1 Using Teaching Aids** (uses equipment/teaching aids effectively, manages issues, designs/adapts supp. materials)					
		2.3.2 Using Supplementary Materials (uses course package, selects/evaluates materials, matches to proficiency)					
		2.3.3 Using Different Resources to Differentiate (matches resources/materials, learning styles/abilities, reflects)					
		2.3.4 Resources for Professional Development (reflects on practice, engages in research, supports, guides other staff)					

续表

		How important is this skill/competency for successful job performance? Place a tick (✓) in the appropriate box.	Not at all	A little	Somewhat	Considerably	Extremely
Domains	Indicators	Skills/Competencies	1	2	3	4	5
Professional Skills	2.4 Classroom Activities & Management	2.4.1 **Setting Up Classroom Activities** (knows components/process, transitions, manages/scaffolds/sequences activities)					
		2.4.2 **Using Classroom Language** (uses fluent/sequenced/accurate instructional language, reflects/adjusts to situations)					
		2.4.3 **Managing Classroom Arrangements** (arranges/adjusts/aligns resources/activity/environment, models good practice)					
		2.4.4 **Establishing Classroom Routines** (creates procedures/routines for proper behavior, categorizes/uses feedback)					
	2.5 Teaching Language System & Skills	2.5.1 **Teaching Vocabulary** (knows practice/presentation principles/techniques, uses activities/strategies/connections)					
		2.5.2 **Teaching Grammar** (knows concepts/principles, function of grammar, uses lesson procedures, learned knowledge)					
		2.5.3 **Teaching Listening & Speaking** (checks skills, uses techniques, selects appropriate texts, designs activities for form)					
		2.5.4 **Teaching Reading & Writing** (knows principles/techniques, reading steps, uses appropriate activities/approaches)					

续表

How important is this skill/competency for successful job performance? Place a tick (✓) in the appropriate box.

Domains	Indicators	Skills/Competencies	Not at all 1	A little 2	Somewhat 3	Considerably 4	Extremely 5
Professional Skills	2.6 Assessment & Feedback	2.6.1 **Assessment & Feedback** (uses techniques to assess performance, matches assessment to needs, adapts strategies)					
		2.6.2 **Using Assessment in Instruction** (identifies gaps, uses regular assessment, analyses errors, moderates activities)					
		2.6.3 **Participation of Learners** (communicates assessment approaches, evaluation criteria, guides/encourages learners)					
		2.6.4 **Processes Results** (conducts/marks tests, analyses assessment data, evaluates learning, uses data for improvement)					
	2.7 Linkage with Family	2.7.1 **Communication with Families** (understands/uses effective strategies, responds/sensitive to parents' needs)					
		2.7.2 **Relationship with Families** (recognizes role of family, maintains relationships, manages conflict, enriches learning)					
		2.7.3 **Family Participation** (recognizes parents' education role, engages/involves family in learning)					
		2.7.4 **Support from Teachers** (recognizes accomplishments/needs, assists/guides families, supports development)					

续表

		How important is this skill/competency for successful job performance? Place a tick (✓) in the appropriate box.	Not at all	A little	Somewhat	Considerably	Extremely
Domains	Indicators	Skills/Competencies	1	2	3	4	5
Professional Development	3.1 Teacher Self-Development & Professional Learning	**3.1.1 Knowledge of Professional Development** (knows concepts/aspects, accesses resources, maintains knowledge)					
		3.1.2 Knowledge of Educational Policies & Practice (knows policies, relationship to practices, maintains knowledge)					
		3.1.3 Actions Professional Development (knows resources/needs, attends activities, supports colleagues)					
		3.1.4 Receptivity & Participation (accepts/obtains feedback, participates in training, maintains active leadership role)					
	3.2 Collaboration & Leadership	**3.2.1 Collaborates with Colleagues** (engages in teamwork/observations, uses colleagues feedback, evaluates activities)					
		3.2.2 Interacts with Others (engages in observations/professional discussions/leadership, maintains relationships)					
		3.2.3 Service Beyond Classroom (supports colleague's efforts, engages in group activities/leadership roles, volunteers)					
		3.2.4 Developing Leadership (shows mutual respect, assists colleagues identify needs, acts as teacher-trainer, leads)					

续表

How important is this skill/competency for successful job performance? Place a tick (✓) in the appropriate box.

Domains	Indicators	Skills/Competencies	Not at all 1	A little 2	Somewhat 3	Considerably 4	Extremely 5
Professional Development	3.3 Reflective Practice & Teacher Research	**3.3.1 Sources of Reflection** (reflects on planning/strategies, learner/mentor interactions, new pedagogical approaches)					
		3.3.2 Reflective Practice (reflects using feedback, assesses practice/effectiveness, uses alternate strategies)					
		3.3.3 Knowledge of Teacher Research (knows importance/ways to use research, understands issues/concepts, reflects)					
		3.3.4 Teacher Research in Action (knows the role of research, maintains knowledge/organization memberships, conducts research)					
Professional Knowledge (Subject Teachers)	1.1 Subject Matter & Language Knowledge	**1.1.1 Subject Matter Knowledge** (knows the subject matter, familiar with the curriculum, applies/adapts/maintains knowledge)					
		1.1.2 Curricular Knowledge (knows curriculum/grade level, 3-year teaching plan, A-Level content, applies knowledge)					
		1.1.3 Language Skills (knows/understands language skills, assesses/applies instructional language, responds to errors)					
		1.1.4 Language Techniques (accesses reference material, understands language-proficiency relationship, solves problems)					

续表

		How important is this skill/competency for successful job performance? Place a tick (✓) in the appropriate box.	Not at all	A little	Somewhat	Considerably	Extremely
Domains	Indicators	Skills/Competencies	1	2	3	4	5
Professional Knowledge (Subject Teachers)	1.2 Knowledge of Theories & Pedagogy	1.2.1 Theories & Methodologies (knows subject theories/terms, understands main theories, applies methods, reflects)					
		1.2.2 Pedagogical Content Knowledge (knows methods, uses inquiry-based learning, develops materials, adapts strategies)					
		1.2.3 Language Teaching Methodologies (knows/uses/applies teaching methodologies, adapts strategies to context)					
		1.2.4 Progressive Application of T&M (understands English/teaching strategies, analyses/adapts teaching methodologies)					
Professional Skills (Subject Teachers)	2.5 Teaching Language System & Skills	2.5.1 Teaching Grammar & Subject Vocabulary (knows/uses principles/strategies, relates activities to textbook content)					
		2.5.2 Use of Language (explains subj. terms, uses clear language for concepts, extends knowledge, applies to practice)					
		2.5.3 Reading & Understanding (knows concepts, uses teaching strategies, selects relevant texts, encourages reflection)					
		2.5.4 Solving Problems & Making Presentations (knows the aim of language learning, introduces ways to think/solve problems)					

Appendix D: Domains, 10 Indicators and Skills/Competencies

Domains	Indicators	Skills/Competencies
Professional Knowledge	Language Knowledge & Awareness	Language Knowledge
		Language Skills
		Language Awareness
		Techniques Facilitating Learning
	Language Acquisition Theories & Methodologies	Theories & Methodologies - Teaching
		Theories & Methodologies - Learning
		Theories & Methodologies - Language Acquisition
		Progressive Application of Theories & Methodologies
	Knowledge of Learners	Knowledge of Learners - General
		Knowledge of Learners - Specific
		Strategies Based on Learners - General
		Strategies Based on Learners - Specific
	Intercultural Competency	Intercultural Awareness
		Intercultural Knowledge
		Intercultural Skills
		Intercultural Attitude
Professional Skills	Learning Environment	Classroom Environment
		Interaction with Learners
		Culture of Learning
		Being Supportive
	Lesson Planning	Planning a Lesson
		Knowledge of Lesson Planning
		Planning & Practice
		Improving Lesson Plans
	Teaching Language System & Skills	Teaching Vocabulary
		Teaching Grammar
		Teaching Listening & Speaking
		Teaching Reading & Writing

续表

Domains	Indicators	Skills/Competencies
Professional Skills	Assessment & Feedback	Assessment & Feedback
		Using Assessment in Instruction
		Participation of Learners
		Processes Results
Professional Development	Teacher Self-Development & Professional Learning	Knowledge of Professional Development
		Knowledge of Educational Policies & Practice
		Actions Professional Development
		Receptivity & Participation
	Collaboration & Leadership	Collaborates with Colleagues
		Interacts with Others
		Service Beyond Classroom
		Developing Leadership

专栏三
创新探索篇

国际化特色学校的挑战和解决方案

主持人

叶 明
北京外国语大学国际教育集团教育合作事业部总经理

刘 莎
北京外国语大学国际教育集团教育合作事业部运营总监

本篇章吸纳了中国、美国和英国在国际化特色办学一线的管理者的反思，他们从全球、国家、地区、学校的不同角度，提出在国际化特色办学中我们共同面临的挑战以及解决方案，涉及理念、政策、主权、管理、人才、文化等多个层面，让我们看到国际化特色办学的全景图。尽管有些观点存在特定时间和环境下的时效性和局限性，但仍然可以引发这一领域办学者的思考：我们如何在面对每天不断出现的状况的同时，依靠顶层设计和长远规划，形成有章可循的模式，不等挑战来临就有应对之举，不等问题出现就有解决之道；我们如何在与海外学校交流的同时，用他们可以理解的方法和语言，传递我们的立场和做法，让国际化跨越简单引进的阶段，形成双向交流，真正实现融通的格局。

奔跑在理想的道路上
——宁波外国语学校国际部办学的实践与思考

周长安[1]

改革开放四十余年来，中国大地发生了翻天覆地的变化，各行各业的改革风起云涌，发展日新月异，都取得了举世瞩目的成就。我认为，我国教育改革开放四十余年取得的主要成就突出地表现在四个方面：一是办学条件现代化，二是基础教育普及化，三是高等教育大众化，四是各学段的教育不断向国际化推进。

打开国门，随着国际交流与合作的深入与拓展，教育国际化进程的起步最早表现在英语热和英语教学的兴起，然后是全方位的影响和推进，最核心的是教育观念转变、办学体制改革、课程和课堂教学变革、招生制度改革与升学通道多元化等。如质量观和人才观，从上世纪80年代的"双基""又红又专"到90年代的"素质教育""全面发展"，又到本世纪的"全人教育""核心素养"。又如课程改革，在国内课程和教材不断改革的同时，上世纪90年代开始先后引入A Level、IB、AP等著名国际课程。我们宁波外国语学校（以下简称"宁外"）正是在这种教育国际化的大背景下创办于1991年，又于2011年新建国际部引进美国高中AP课程。

---

1. 北京外国语大学附属宁波外国语学校校长。

一、回头是一路的故事——拾级而上

宁外国际部一路走来，是探索图强的故事，是改革发展的故事，也是拾级而上的故事，主要成绩体现在三个方面。

1. 办学规模稳步扩大

我校国际部AP中心创办于2011年，4月开始招生，9月正式开学。办学8年来，班级规模由当初的2个年级3个班扩大到现在的3个年级9个班；学生人数由当初的68人增加到现在的230多人；外籍教师由当初的5位增加到现在的15位，他们主要来自美国，还有英国、加拿大、德国、新西兰、澳大利亚、保加利亚等国家；中方教师由当初的6位增加到现在的20多位；升学指导团队教师由当初的3位增加到现在的10位（其中1位是语言培训教师）。

2. 办学质量不断提高

自2013年第一届学生毕业，国际部至今已有六届学生毕业，70%以上的学生进入美国排名前50位的大学、文理学院和英国、加拿大等国排名前15位的大学，几乎100%的学生进入美国排名前100位的大学、文理学院和英国、加拿大、澳大利亚等国排名前30位的大学。其中有3名学生被剑桥大学录取，2名被芝加哥大学录取，3名被加州大学伯克利分校录取。还有许多学生被美国的加州大学洛杉矶分校、康奈尔大学、范德堡大学、卫斯理学院，英国的帝国理工学院、伦敦大学，加拿大的麦吉尔大学、多伦多大学，瑞士洛桑酒店管理学院和中国的香港大学等全球顶尖学府录取。国际部还培养出了几位特优学生，如2015届被剑桥大学录取的郭轩同学成绩一直名列计算机学院年级第一，读了两年本科就考上了剑桥大学博士；2017届被剑桥大学录取的何奕君同学获"国际AP学者"称号（全球在美国本土以外仅1名男生和1名女生）；2018届被芝加哥大学录取的杨棠棠同学获2016年度全国"最美中学生"称号，并进入美国哈佛大学辩论赛国际组八强；2018届被美国卫斯理学院录取的刘心语同学在2017年"21世纪杯"全国英语演讲比赛中获浙江赛区高中组冠军、全国一等奖。

3.办学实力快速增强

宁外创办国际部，一是为了创造一个更大的国际化教育平台，二是为了给宁波孩子读世界名校提供优质的通道。宁外国际部不忘初心，砥砺前行，登上一个又一个台阶，办学水平和社会声誉不断提高，逐渐成为宁波国际化教育的窗口和名片。自2015年挂牌为"北京外国语大学附属宁波外国语学校"以来，在北外国际教育集团的引领下，2017年我校成为剑桥合作学校和北外国际课程中心宁波分中心。在中国大陆名校出国留学最强中学排名中，我校连续多年保持浙江省前茅、宁波市第一名。尤其是从2018年8月起，宁外终止了与上海狄邦教育集团的所有合作，真正掌握了国际教育的办学自主权，是与狄邦合作的全国26所名校中极少有的走上独立自主办学道路的一所学校。

国际部办学实力快速增强突出地体现在四个方面：一是外籍教师、中方教师、升学指导教师这三支团队力量越来越强，经验越来越丰富；二是不断积累的实践与思考促进教育观念和育人模式的转变，国际化教育的领导和管理水平明显提高；三是构建起中西融合的多元化的课程体系，特别是开设24门AP课程为学生提供了宽广的个性化选择范围，增强了国际化教育的核心竞争力；四是随着"引进来，走出去"，学校的国内外交流与合作越来越开放、越来越广泛，使学校树立起良好的形象，拥有了越来越多的优质教育资源。

二、低头是坚实的脚步——且行且悟

宁外国际部的脚步为什么如此坚实？因为我们总是学习、实践、思考，再学习、再实践、再思考，且行且悟，取得了六方面的成功经验。

1. 坚持正确的办学方向和方法，培养具有本土情怀和国际公民素养的国际化人才

领导者在决策过程中，关键是把握好正确的方向和方法。首先是方向问题，其次是方法问题，方向就是愿景和目标，方法就是脚步和足迹。八年来，宁外国际部坚持社会主义办学方向和党的教育方针，坚决维护中国的教育主权。教育过程紧紧围绕学校外语教育实验、素质教育示范、国际化教育窗口的三个办学目标，对国际部学生的品行提出"中国心、世界眼、民族魂、国际范"的要求，坚持社会主义核心价值观引领，重视民族传统文化教育，维护我国高中课程的重要地位，中西融合，促进学生德智体美劳全面发展。我们的办学理念和模式深受学生和家长好评，也得到了国外大学的尊重和赞誉。

2. 坚持教师是第一教育资源的观念，建成一支专业、和谐的教师团队

现代人本管理理论的核心思想是："一切管理均应以调动人的积

极性、做好人的工作为根本。"我校国际部的教师队伍包括四个团队，即领导管理团队、外籍任课教师团队、中方任课教师团队和升学指导教师团队。各团队分工明确，岗位职责差异很大，且都是国际部办学不可缺少的部分。人员的专业水平、敬业精神如何，以及能否团结合作，将直接决定国际部的生命力。为此，学校首先组建起一支性别、学科、年龄、风格合理搭配的志同道合的领导管理团队，给予充分的信任和权力，在某些方面实行"一校两制"政策，让他们拥有较大的管理创新空间。15位外籍教师来自7个国家，差异不言而喻，是一支比较难把控的队伍。我们以相互尊重、相互包容、相互学习为前提，经常邀请他们参加学校各类活动，利用中国传统节日联谊聚会，让外教在生活上逐步中国化，喜欢上中国、喜欢上学校，但工作上严格要求，及时沟通交流，坚决维护我们的教育主权和法规。至今，两位外教获得了宁波市茶花纪念奖，许多外教表示愿意在宁外工作到退休，一位外教已在我校成长为AP中心学术校长。我们对升学指导教师团队也一样，加强培训，使团队力量不断增强，负责人更是被聘为全球升学指导联盟导师委员会委员（中国仅4人）。

3. 坚持构建多元丰富的课程体系，提高办学的核心竞争力

课程决定了学生学什么，是学校教育的核心竞争力。所以，国内的国际课程班必须立足本土，博采众长，洋为中用，做到国际课程的本土化创新。我校国际部课程包括AP课程、中方普高课程、升学指导课程、语言和SAT培训课程、社团活动课程等，已形成一个完整的体系。国际部首先开设了丰富多样的AP课程（24门，名列全国AP中心前茅），并开设了语言和SAT培训课程，为学生根据自身兴趣和潜力作出优化组合的选择创造了有利条件，充分保证每位学生都能找到兴趣的契合点。我们还因材施教，要求英语能力强的学生从高一开始直接进入人文类课程，激发学生的学习内驱力；要求其他学生从高二开始，从各自考虑的专业及未来学习的目标和领域出发，在广泛的AP课程设计和组合中进行选择。其次，完善的中方普高课程体系既维护了教育主权，又扎实了学生的学科素养。再次，围绕生涯规划的升学指导课程让学生更好地认识自己，了解世界，听从自己的内心，发展兴趣特长，从而形成申请的专业百花齐放的态势。第四，高尔夫、赛艇、模拟联合国、足球、篮球、话剧等丰富多彩的社团活动课程助推学生的个性化发展，也提升了学校国际化教育的品质。

4. 坚持开放办学、诚信办学和自主办学，扩大国际教育的优质资源

开放办学既是理念也是方法，我校按"高层次合作，多元化课程"的思路，已与10个国家的10多所中学和著名大学签约建立合作办学关系，鼓励国际部学生参加各类国际大赛、冬（夏）令营活动，支持教师和升学指导教师经常参加国际会议和培训，每年选择性地接待100多所世界名校的招生官来访。与国外大学多渠道的零距离接触，加深了他们对宁外的了解、信任和认同，也让学生了解作为国际化人才应具备的素养及自己的努力方向，加深对国际教育的理解。

"人无信不立，业无信不兴。"诚信是一个人的第二张身份证，是学校可持续发展的必要条件。我校国际部始终坚持诚信办学，坚决要求各类学生材料的呈现必须真实、全面，成绩证明不加分，申请文书必须学生自己写，所有学生的申请材料都上网。2014年，美国《高等教育编年史》杂志专门报道了宁外AP中心的诚信故事。2018年1月，芝加哥大学招生官在信中说："鉴于宁外AP中心往届毕业学子在芝加哥大学的优秀表现，在今后的申请中，宁外学子申请芝加哥大学的材料必会优先查看。"

公办学校国际部办学，在办学体制和办学规模上必须牢牢掌握教育主权，坚持中方课程的重要地位，重视民族传统文化的教育。如果与另一方合作办学，要努力争取办学的自主权，维护国家和人民的利益，要尽力跳出由第三方商业运作主导的合作模式，直接与国外学校对接合作，引进先进的课程理念和教学方式，不断提升国际化教育水平，促进学生德智体美劳全面发展。我校于2018年8月终止了与上海狄邦教育集团的所有合作，全面自主办学，为全国公办学校国际化教育走上自主办学道路提供了成功的经验，起到了积极的引领作用。

5. 坚持因材施教，向管理创新要质量

国际部学生家庭经济条件都比较宽裕，从小就享受优质的教育资源，见多识广，思想活跃，自我意识强，不喜欢受严格的约束。为此，我校国际部从高一抓起，加强对学生行为规范的引导管理，强化学生的规则意识，重视礼仪教育，实行成长导师制，实施公民教育课程，对学生的品行进行量化评价。我们同时开展生涯规划指导，帮助学生认识自我，获取自我规划、自我发展的内驱力；树立"家长是学校重要教育资源"的观念，强化家校联动效应，各年级每月组织一次家长沙龙，每学期组织一次外教与家长一对一面谈交流，转变家长的教育观念，提升家长的教育能力，缓解家长的教育焦虑，充分发挥家长在学校宣传、教育管理中的特殊作用。

6. 坚持打造美丽校园，增强全面育人的熏陶力量

　　教育的根本任务是立德树人。陶行知先生认为，学校在教育培养人的过程中靠的是两种力量，即促进的力量和熏陶的力量。我校认为，熏陶这种柔性的力量能渗透到人的血液和骨子里，对人的长远发展有更大的影响作用。因此，我们坚持开展美丽校园建设，美化校园环境，美化人与自然的关系，美化人与人的关系，建立起平等亲和的师生关系；每年组织美丽办公室、美丽课堂、美丽寝室的评比，构建"以美育人"的观念文化，让美浸润校园；"用美的教育点亮学生美的人生"，以美的环境、美的课程、美的课堂为载体，让同学们在优雅的环境中提炼美，在言传身教中感受美，在学科教学中渗透美，在品德教育中内化美，在课外活动中创造美，使我们的校园山美、水美、人更美。宁外校园精致美丽，课程丰富美丽，课堂生动美丽，学生阳光美丽，教师幸福美丽，2016年被评为浙江省"美丽校园"。我们的校友都怀念宁外的校园生活，喜欢成群结队地回母校看望老师，欣赏风景，甚至拍婚纱照。许多校友说，他们会经常梦见宁外校园生活的情景，乘飞机回宁波在东钱湖上空看到母校非常漂亮的校园时，会禁不住热泪盈眶。

三、抬头是清晰的远方——展望未来

　　八年奋斗取得的成绩和经验来之不易，特别是走上了完全自主办学的道路，无疑是我校国际部发展史上的里程碑。但理想的目标还在远方，前进的道路上还有许多困难和挑战，我们不能满足于现状而故步自封，必须坚定目标、明确方向，不止步于跑道，不偏离跑道。

1. 国际化学校目前的发展形势

在基础教育阶段，国际化学校包括外籍子女学校、民办国际学校、公办学校国际部（班）和中外合作办学机构。本世纪以来，经济全球化促进了文化资源和教育资源在国际的合理配置，从而推进国际化教育要素的加速流动。从全球新兴经济体的社会现状来看，以选择性教育和个性化教育为特色的国际化学校正符合新兴阶层日益提升的教育消费需求。因此，我国的国际化学校一直呈良好的发展态势是必然的，特别是近几年公办学校国际部被政策制约后，民办国际学校目前市场空间和发展潜力被政策面、社会面、资金面普遍认可，将持续蓬勃发展，成为未来国际化学校的主力。

当然，国际化学校在发展过程中也有不利因素。虽然我国的民办教育政策继续放宽，但政策法规、管理机制等方面都滞后于现实发展的需求，在审批、投建、课程对接、中外师资引进各方面都会遇到问题和障碍。其次是同质化现象严重，导致生源、师资的需求在短时期内高度重叠，各学校面临较大竞争压力。再次是准入门槛高，主要体现在资金、土地和手续三方面：资金投入大、合适土地获得难、审批流程长。

2. 公办学校国际部目前的发展形势

由于本世纪中国经济进入高速发展期，居民可支配收入增加，教育观念也不断转变，越来越重视子女的教育培养，因而越来越多的家庭开始放眼海外，加大对子女教育的投入力度。特别是在沿海经济发达城市，出国留学的人数逐年递增，潜在的生源还有较大的空间。这无论是对民办的国际学校还是对公办学校的国际部都是有利因素。但因各种因素的导向，近几年公办学校国际部开始进入沉寂期，新审批的项目被停止，已批项目的招生人数和收费受到控制，使得现有国际部持续转型成民办学校，导致其数量缩减（特别是北京、上海等地）。另外，随着境外优质教育资源和品牌学校持续进入中国，更多世界级办学团体将在中国扩建分校或新建学校，加大布局力度，这对公办学校的国际部来说又是一个挑战。由此可见，我们公办学校国际部今后办学的重点是如何做强，如何开辟一个冬天里的春天。

3. 扎根中国，融通世界，继续提高我校国际化教育的水平

面对困境，我们公办学校国际部必须扎根中国大地，充分发挥公办学校在品牌、政策、资源等方面的优势，在文化价值观、课程、教学等各方面进行融合与变革，使本土化与国际化交互促进，坚持中西教育思想结合、中外课程结合和中外教师结合，重点作如下努力：

第一，着力提高生源质量。要加强宣传，强化品牌效应，拓宽生源渠道，广泛吸引宁波市内外的生源，同时扩大开放和合作，每年引进一定数量的国际交换生，加速推进国际化进程。国际部生源20%多来自本校初中部，而目前初中部生源遭遇四面围堵，因此长远之计是寻找一切机会创办一所民办附属小学。

第二，着力提升教师队伍素质。我校国际部已拥有一支比较成熟的教师队伍，但专业素养有待提高。外籍教师重在优胜劣汰，整体优化；我们会尝试新聘A Level课程教师和一名经验丰富的文书撰写指导教师，还会聘请优秀的海归教师，以及高薪聘请学术型教师。中方教师重在培养班主任，建设一支专业的班主任队伍。升学指导教师重在于工作实践中以老带新，提高专业能力。

第三，着力打造课程优势和学科特色。我校已构建起由四类课程组合而成的中国特色的国际教育课程体系，今后的主要着力点是：一、在24门AP课程的基础上提升艺术类和人文类课程质量，增加心理学课程，下决心开设A Level课程供学生选修；二、提高对国际课程的领导力和执行力，不断探索国际课程本土化的创新途径；三、增加语言和SAT培训课程，提高升学指导课程质量，丰富体艺类和信息技术类社团活动课程；四、推进基于数字平台的学习，显现充满活力、富有效率的教学个性。

第四，着力增强对国际化教育的领导管理力。实践证明，高水平的领导管理是追求卓越的牵引力，而良好的师生关系和家校关系是追求卓越的内驱力。今后我们将重点提高教学的领导能力和应对挑战、危机的管理能力，优化学校与家长的沟通方式和质量，增强教师对学生的引导管理能力，健全学术委员会、家长委员会、学生自主管理委员会和生涯规划指导委员会，完善"多位一体"的教育管理生态系统。

在经济全球化、文化多元化、社会网络化的时代背景下，教育国际化已成为世界的潮流，学校发展必然要顺应这个潮流。我们国际化学校必须扎根中国大地，融合中西文化，探索有中国特色的国际化教育道路。苏格拉底说得好："世界上最快乐的事，莫过于为理想而奋斗。"我们将满怀豪情，继续奔跑在理想的道路上……

问渠那得清如许，为有源头活水来
——福田区基础教育国际化的思考及探索

聂俊青[1]

本文从深圳市福田区教育国际化的角度，来分享基础教育国际化的途径和做法。"问渠那得清如许，为有源头活水来"，我们来一起寻找这"源头活水"吧。

教育是国之大计和民生。首先说教育是国之大计，因为教育体现了国家的意志，体现了我们国家对未来人才规格的要求；教育同时又是民生，因为教育反映了我们千千万万个家庭对子女的期望。所以说，不管是从国之大计的角度，还是从民生的角度，我们教育国际化的道路都必须坚定地走下去，而且要走得更远、更好。

深圳市福田区近几年在教育国际化方面取得的成果可以用四个百分之百来概括。第一个百分之百是我们所有的学校都有境外的姊妹学校，并且都和姊妹学校建立了良好的沟通关系；第二个百分之百是我们所有的学校都有教师参与海外教育培训；第三个百分之百是我们所有的公办学校都有外籍教师，大部分的私立学校也有外籍教师；第四个百分之百是我们所有的学校都做到了满足学生多元化语言学习的要求。

---

1. 深圳市福田区教育科学研究院副院长。

这四个百分之百是如何实现的呢？我们用这几个词来概括一下：政府引领、学校主动、多维推进、品质为重。

政府引领，即是从顶层设计的角度来抓规划，来探索标准。《福田区教育发展"十三五"规划》，以及《福田区深化教育领域综合改革方案》，都规划了2016年到2020年的五年发展，并把教育国际化作为基础教育的重要元素列入其中。在方案和实施上，我们作了统筹，在战略目标、战略措施、具体路径等方面列明了具体要求。为推进落实，我们还制订了福田区推进基础教育国际化的行动计划，同时和一些高端的研究机构在合作探索福田区教育国际化的质量指标体系。这个过程的确比较难，因为要面对很多教育国际化的未知因素，可借鉴的又比较少，要投入很多的人力来进行实践研究。2011年，我们成为教育部基础教育课程教材发展中心的"全国基础教育国际化综合示范实验区"，这是一个莫大的荣誉，同时也是很大的压力。我们作为实验区开展了一系列的活动；在这个基础上，2017年，我们携手中国教育科学研究院，合作共建"教育综合改革实验区"。可以说，这些措施都是我们在区域性的教育国际化的引领方面所做的工作。

第二个方面是学校主动进行特色发展，有共性，有亮点。首先是重视外语学习。福田区在课程改革方面推进了好多年，最近更是在国家课程的校本化提升方面进行了大量的探索和切实的实验，思考如何依托学校的特点来开展工作。我们成立了福田区外语学校联盟，参考更多先进地区的英语教材版本，以实现融合式教学。联盟的这些学校都进行了非常有益的探索，形成了自己学校外语教学课程的体系和结构。不少学校开设了德语、法语、西班牙语、日语等小语种课程。其次，我们加强了外语师资队伍建设。可以说我们正在用最优秀的老师来培养更优秀的学生。福田区从2012年就开始实施国家教育部"教育国际化实验区"工程的海外培训工作。海培工作难度比较大,从准备到实施要做好多工作。海培采取的是1+2形式,三个月全脱产学习,其中两个月在国外,主要是在美国、加拿大、英国,真正融入海外的一些名校当中,进行浸润式的学习。到现在为止,已经有153名中小学校长和骨干教师完成了海外培训。第三是我们实现了百分之百的外籍教师进校园,这也是非常不容易的。从2013年开始,我们全区所有的学校都聘请了外教,而且每个学校还不止一名外教。我们要求每一个年级每一个班都要有外教课,因此全区一百多所公办的中小学,再加上一些公办幼儿园和一些私立学校,都有了外籍教师。对外籍教师的管理,我们教育局出台了自己的方案,采取外籍教师评级制度,以保证整体教学达到一定的效果。我们还聘请了一些小语种的外教,以及一些学科的外教,把纯英语语言的外教教学扩展到了其他语言和用英语教授其他学科的外教教学。此外,我们还积极开展了国际理解教育。福田区做了一个课程建设的工程,编撰了教材《国际理解教育》,这部教材在深圳市教育局首次进行的好课程遴选中位列榜首;它在我们部分学校进行使用时,也取得了非常好的效果。

第三个方面是多维推进,做到以点带面,找抓手,见成效。这里我们一共有四个方面的措施。一是广泛开展姊妹校的缔结活动,睁开眼睛看世界。二是积极推进粤港澳大湾区的教育互动。深圳有得天独厚的教育国际化条件,福田区作为深圳市的中心区,是首善之区。因为深圳市的政治中心、文化中心都在这里,所以福田区在教育国际化方面责无旁贷。我们组织了多次教育国际化活动,像粤港校长论坛、深港校长论坛、赴港交流活动等,粤港澳大湾区的沙龙活动等也多次举行。三是推动国际化学校建设。推动国际化学校建设难度非常大，好在我们大家怀揣梦想，一直在信心坚定地往前走。四是注重引进国际优质课程资源。比如福田区外国语高级中学的"我们的课堂"，以及"生涯教育"，这两个都是我们的典型代表。还有其他的一些课程项目在引进、在拓展。

第四个方面是品质为重，做到厚积薄发，抓痛点，促发展。经过多年的发展，教育国际化在我们深圳市福田区已经是深入人心，这其中包括了社会、家庭，以及我们的教育管理者，还有我们绝大多数的教育工作者。但是接下来我们怎么样把教育国际化作为一个整体来提升，作为福田教育发展的一个方向来推进？这可能需要更多的思考。教育国际化不是教育的简单细化。我们需要以一种真正的国际精神，在东西方教育相互的接触和交流中培养面向未来的国际化人才。我们应该真正有这种情怀，不做单边运动，而是立足于中国文化的沃土，面向世界，面向未来。我们培养的真正的人才应该是可以立于世界人才之林的，是可以为我们祖国的发展做出贡献的。所以我们在引进、学习的同时，也要坚定我们的文化自信，一种东方智慧的自信。我们福田教育也在思考，怎么样用中国文化的影响力来影响我们的姊妹校，让中国文化走出国门，到广阔的世界中去。

接下来的工作重点就是寻找源头活水。我们有以下几个方面的工作需要支持和资源：

一是提升教师的国际化素养。真正搞教育国际化，一定要有优秀的教师；没有优秀的教师很难培养出优秀的学生。这是我们的共识。

二是促进课程与国际化的深度融合。其实学校也好，一个区域性的教育机构也好，关键是课程。课程的构建影响学生的培养，影响学生的品质。所以我们需要思考的是，怎么样用好的课程来促进与国际化的深度融合。

三是资源的引进。福田作为深圳的中心城区和传统的教育强区，压力很大。作为首善之区，一定要办首善教育，这还有很长的路要走。

福田教育融入世界、着眼未来是历史的使命，我们责无旁贷。

国际化特色办学五宗难

张剑澜[1]

余辞官办校长之职,兴办国际化特色学校,旨在秉持为理想而战之初衷,通过办学实现为当地注入新思维、新活力之元素。余二十余载执着教育,虽在宏观层面的时间久一些,但还是有一份回到校园的情结。问道办学,问道教学,问道育人,想着要去改变一些人与事,心中不免激动。要改变是最难的,要改变是有阻力的。人的最大问题是不愿改变。我们在做着引领人、引领改变(leading people, leading changes)的事业,确是伟大,也确有艰辛与难处,遂罗列国际化特色学校办学的五宗难。

第一宗,谓观念。教育观念不同,则改良难度巨大。教育圈内一些人尚缺国际化的眼界,一味纠缠于高考及荣誉。于考试言,需北大、清华证其成功,需不断演算日臻精熟,需天天训练困乏其身。于荣誉言,需步步为营不断进阶,需名师特级方显高级,需登堂入室讲座阔论。余对此不喜不恶,因不知基层具体。到学校掌印后,实在不忍学生如此机械地过着学习生活,实在不屑那些类似闯关游戏一样的评定。中山先生发扬儒家智、仁、勇"三达德"的人格论。所谓的"智",在于"别是非,明利害,识时势,知彼己";所谓的"仁",

---

[1] 北京外国语大学附属龙游湖外国语学校校长。

即"博爱",即"为公爱而非私爱",包括救世、救人、救国三仁;所谓的"勇",即有主义、有目的、有知识之勇,在于"长技能,明生死"。不说西方,不说国际,先谈中国,现状也离智、仁、勇相去甚远。我们教育的孩子除了做题外,能"别是非,明利害,识时势,知彼己"吗?能"博爱于人"吗?能拥有主义之勇、知识之勇吗?观念之变,就如革面洗心,不易。不改,怕是数年后仍然滞后。不改,怕是难以吸引人才久居。不改,何以让民族走上国际舞台,何谈国际化。此艰辛乃艰辛之首,众念若成,事业可成。

第二宗,谓人才。从宏观层面看,一些地区出人才,的确不假——教育名家、学科带头人、知名教师,让人羡慕。现实中的困扰却是,这些地区的人才不断外流,外流的速度远大于产出的速度。外流的是成熟的好苗子或是已有光环的名师,留在家乡的人却动辄便言高地也,张口便说精细化,在众多观念上全然围绕成绩是检验教育的唯一标准。外流的人才到其他地域也存在观念融入的问题。这些老师抓成绩有一套,但那不过是证明会考试,课堂研究、教法研究、试题研究能力强。这些只是教育的一部分,解题能力可以通过训练迅速提升,但解决问题的能力却不能通过这样的机械训练轻易获得。然而,解题得分似乎是这些教师的普遍价值追求。这一点从微观层面也得到验证:在我们教师招聘的面试过程中,大量的应聘者曾有扎实的基础教育背景,通过高考进入国内的高等院校,有的还出国留学,再进一步走入职场。但就现状来看,这些应聘者的文化基础并不算很好,如英语口语发音不正确、文学历史的基本素养欠缺、艺术涵养不高……这些都显示出区域教育的问题。这些应聘者都出自知名高校,有的985,有的211,为什么他们的基础素养会如此不尽如人意?国际化特色学校的人力资源如何储备？这个问题也着实困扰着我！就人才层面看，无论从宏观还是从微观都能看出国际化特色学校办学的艰辛不易。

第三宗，谓管理。管理的目的在于有效配置资源，并获得管理支持达到组织目的。国际化特色学校创校之初的管理尤为艰难，政府、投资主体、校长、教师、建设单位之间完全都是新的组合。管理文化的迥异，观念的冲突，视野的长短，都是一些难以在短期内解决的问题，而学校建设又迫在眉睫，所以这对管理和伦理来说，是很难协调的两难。无效会议的增多，汇报接待的增多，导致关心的人很多，指点江山的人很多，但真正做实事的人很少。在当下一些地区跨部门管理与合作的概念尚未成熟、实践不够的前提下，管理效率将成为很大的问题。

其次，国际化特色学校投资方的管理也极为重要。如果能采用现代企业管理模式，就可以在管理流程设计过程中、财务管理过程中、后勤管理过程中规避很多问题。如财务控制非预算化，导致无效工作增多；管理组织不能履行职责，最终都要投资人拍板。这使得管理者得不到激励，得不到管理成果，没有管理绩效的概念，只有成本的概念。

最后也是最关键的一点，就是没有管理的意识。大家常常认为老经验若是成功的，就能指挥一切，殊不知隔行如隔山，尤其是教育这样专业的领域。教育管理，包括教学管理、教育资金管理、教育后勤管理等等，是一个小型的社会群落管理；它有相当的复杂性，是一门绝对的科学。如果用好管理理论及方法，就可以达到事半功倍的效果。

第四宗，谓民众。民众的反应和表现一定与地方的文化有一致性。例如在一个十分崇尚应试教育的地方，一定有一股文化的力量驱使民众接受。这是一种怎样的力量呢？就如同大山里的孩子走两个小时的山路去上学，为的是走出大山，不再回来走山路，地方的教育则是为了考出本地，不再回本地。民众的想法一代传一代，想让每一代人都离开家乡过上好日子。这样的文化导向会使人才外流，在当地的教育圈亦会形成怪象。

在招聘教师的环节中，我经常遇到条件不错的教师，他们提出的要求就是一定要有所谓的编制。编制就是一个护身符，让他们感到安全；又如一剂补药，让他们不管有没有用，先喝上再说。民众的思维、想法、需求都需要教化，需要教育者，尤其是以教育为第一要务的教育学家们不断传道、授业、解惑。这是一个改变旧文化、创造新思维的过程，也是国际化特色学校办学无法规避的难点。

享誉世界的美国教育学家菲利普·W. 杰克逊是继杜威之后世界伟大的教育学研究者之一。他把教育定义为：一种促进文化传播的社会活动，其明确的目标是让受教育者的性格和精神福祉（人格）发生持久的好转、变化，而且，间接地，让更广泛的社会环境发生好的转变，最终延伸至整个世界。这段定义促使我再次思考国际化特色学校所在区域的社会文化结构，以及当地的教育。教育是促进文化传播的社会活动，如果我们的教育促进保守、非开拓性的文化精神的生长，新思想、新事物就很难生存发展。这也就难怪中国一些地方的民办学校不容易生存。教育的目标是让受教育者的性格和人格发生持久的好转、变化，虽然不易，但国际化特色学校在这方面应该有所作为。

第五宗，谓科学。国际化特色学校想要迅速立足，必然涉及其课程的多样化，这就有一个课程安排的科学性问题。这也是国际化特色学校办学的一个难点。

用什么课程更科学？怎么排课更科学？怎样的作息时间更科学？怎样的选修课程更科学？我想这可能是国际化特色学校的办学者，尤其是校长们最关心，也是经常被问及的问题。深刻影响着现代教育的一支力量，是我们称之为科学的工业。工业和教育前后脚来到这个世界，但它们之间有着巨大的差别：生产需要整齐划一，而教育需要因材施教。生产线可以根据产品生产需要设定每一个环节，但任何学校教育都无法对学生进行每一个环节的设定。如果说工业生产是原料和技术的函数，那么教育就是特定时空和人格的函数。不言而喻，教育的函数要复杂得多。

科学强调精确、必然、因果、确定性、唯一性、放之四海而皆准。教育更多地强调博弈、机遇、偶然性、调节、适应、微妙变化。只靠科学，似乎不能在教育的舞台上胜任任何角色。古人说：诗无达诂。其实文章本身常常是支撑多种理解的。西谚云：一千个人眼中有一千个哈姆雷特。对哈姆雷特的理解可以有高低之分，但一种解释未必排斥另一种解释。

如果我们思考一下老子的这句话，或许会有一些启发："天得一以清，地得一以宁，神得一以灵。"这里的"一"我们可以理解为教育之根，具体而言，就是提升生命质量，寻求教育之根。国际化特色学校办学的目的不在于盲目追求所谓的科学性、标准化，而更在于回归教育的本真。

允许多元共生才有活力，允许突破常规才可能创新。

国际化特色办学自主权问题的思考

肖贵达[1]

宁波外国语学校中美合作高中课程教育项目（简称为"AP中心"）自2011年启动以来，始终毫不动摇地坚持国家、省教育厅、市教育局引进国际课程班的初衷和本意；始终毫不动摇地坚持围绕学校的三个办学目标之一——把学校建设成为教育国际化窗口学校，并稳步推进；始终坚持立足于培养外语见长，个性鲜明，全面发展，兼具中国心、民族魂、世界眼、国际范的国际化人才，保证学生具备较强的国际理解力、国际适应力、国际课程学习力和国际可持续发展力。

在上级领导和北京外国语大学的关心、支持下，宁波外国语学校AP中心从无到有，稳步发展，已逐渐成为学校国际化教育的窗口，已成为宁波市有意向选择国际课程的学生和家长的首选，并已逐渐成为宁波市高中国际教育的一张名片。

当然，有时候光鲜亮丽的外表背后总有一些不为人知的痛，是孤独，是无奈，有时甚至是令人不知所措的惊慌，尤其是在办学过程中。我们深感教育主权和学校办学自主权是做到基础教育国际化的核心要素。

---

[1]. 北京外国语大学附属宁波外国语学校副校长。

一、对基础教育国际化道路上教育主权问题的思考

教育主权是国家主权的重要组成部分,是主权国家所享有的处理对内、对外教育事务的最高权力。教育主权肩负着民族文化、民族传统传承的责任,涉及教育的目标问题,即把学生培养成什么样的人。

这几年,美国AP课程[2]的引进为学校的教育教学改革带来了很多正能量,但也对学校的教育,尤其是思想道德教育造成了一定的冲击和影响。学校出现了一些令人担忧的现象:重AP课程,轻中方课程;重个人发展,轻集体发展;重权利意识,轻义务意识;重学科成绩,轻道德参与,等等。我们必须把教育主权至上的理念放在首位,百年大计,教育为本,任何时候都必须明确以下几点:

第一,坚持我国教育的根本任务不动摇。我们要坚持在社会主义核心价值观指导下,立德树人,培养德智体美劳全面发展的社会主义事业建设者和接班人。

第二,坚持教育国际化的目标不动摇。要深刻理解教育国际化的目标:在经济全球化背景下,各国充分利用国内和国际两个市场,优化配置教育资源和要素,抢占世界教育的制高点,培养出在国际上有竞争力的高素质人才,为国家经济社会发展服务。要牢记教育国际化不是教育西方化,而是国际教育中国化,即"洋为中用"。

第三,坚持中方课程支撑不动摇。课程是学校的核心,从某种意义上决定着把学生培养成什么样的人。完善的中方课程体系为切实维

---

2. 美国AP课程全称为Advanced Placement Program,即大学先修课程,是那些优秀的美国高中学生在完成普通高中的学习任务后,提前学习美国大学专业课程的一种课程,由美国大学理事会(College Board)开发,已在美国17000多所高中里普遍开设。

护教育主权、坚持办学方向和社会主义核心价值观引领提供了强有力的平台，有利于在国内的土壤上根植好中国心，培养兼具中国情怀和国际视野的学生；同时，完善、均衡的中方课程有利于培养学生的学科素养，尤其在理科方面，对学生学习国际课程起到了很强的补充作用。所以，我认为中央和地方要求在国际高中课程班开足、开齐中方课程不仅是必要的，而且是十分正确的。

二、对基础教育国际化道路上办学自主权问题的思考

办学自主权是学校教育质量提升、教育创新和教育持续健康发展的关键要素，以提升学生核心素养为主旨的课程变革、课堂改革的教育责任和实施主体是学校。但在目前的基础教育国际化道路上，许多学校都采取由第三方（教育中介）商业运作主导的合作模式。

不可否认，在中外合作办学之初，由第三方商业运作主导的合作模式对引进海外教育资源和拓展国际视野确实发挥了一定的作用。但随着时间的推移，这种合作模式的弊端逐渐显现。在项目运行中存在着严重的不公平、不和谐问题，且存在一定的办学隐患；学校几乎承担了全部的管理责任和义务，却缺乏应有的办学自主权，外教、课程、申请等资源掌握在第三方手中，学校管理处于被动状态，缺乏活力。甚至在现有的合作模式下，第三方的人为因素直接导致其介绍的海外学校与中方合作办学方在合作广度和深度上存在严重问题，这在一定程度上有违省教育厅、市教育局引进国际课程班的初衷和本意：中外合作办学的目的不仅是把国内学生送到国外的著名大学深造，更重要的是引进国外先进的课程理念和教育教学方式，推动学

校课程体系改革，提升学校国际化水平，培养兼具中国情怀和国际视野的高中生。

当然，令人欣慰的是，随着国际教育的进一步发展，中外合作办学资源当下呈现出多样性、透明性和开放性趋势。在新形势下，政府应倡导国内外合作学校直接对接，充分交流，优势互补。由教育中介主导的中外合作办学模式已不符合现在的形势，必须增强国际高中在中外合作办学中的办学自主权，让国际高中真正地站起来，并不断强起来。

但在国内现有的办学机制下，由于众多主客观条件的限制，普通高中要完全依靠自己的力量真正站起来很难。在2015年，宁波外国语学校提出，宁波外国语学校国际部要做大做强，要站起来，必须要寻求高层次合作，而且是体制内的合作。只有高层次合作，才能高平台发展。为此，学校通过努力，借助北京市北外附属外国语学校这一优势平台，在北外国际的支持和帮助下，拥有了独立、自主的升学团队和外教团队，使得宁波外国语学校国际部完全、真正地站了起来。

以格言谚语指引我们对中国国际教育的思考
Maxims to Guide Our Thinking about International Education in China

Rehema Marie Clarken[1]

【摘要】优秀的格言谚语在潜移默化中指引我们的思考。中国古代格言"三人行,必有我师焉"和巴哈欧拉名言"人就好比富矿,隐含无价珍藏。唯教育能掘而显之,使人类从中获益"可提醒教育者保持谦逊品性,挖掘学生潜力。

1. 引言

我们记下的格言谚语,通常在潜移默化中帮助我们塑造对周围世界的看法。因此,我们必须留意所听到的思想,并加之以系统的评估,然后才能彻底将它们纳为己用。关于教育的习语和格言太多了,有些有用,有些没用;所以在本文中,我将分析两句有关学习的名言,并解释它们是怎样对教育者起作用的,以及应提供怎样的教育。首先,我将分析一句有关教师的中国传统格言,并解释我作为一个西方人是如何理解它的。其次,我将探讨巴哈欧拉(Bahá'u'lláh)的一句名言,它将教育比作挖掘宝石,并在设计学校课程时考虑这一思想的

---

1. 北京外国语大学国际课程中心学术校长。译者:江欣杨,北京外国语大学国际教育集团办公室外事专员。

含义。通过反思这些来自过去的智慧话语，我们可以展望21世纪的全新教育体系。

我们今天所教的学生必须为生活和工作的新时代作好准备，他们的工作会不断发展变化，因此他们的各项技能必须不断提升。学校和教师不仅要让年轻一代通过传统学科（如语言、数学、科学等）学习过去的知识，而且还必须让学生具备快速、有效学习的能力。换句话说，学生必须有一种学习的心态，这能让他们在漫长的人生与多种职业中不断适应与成长，因为他们可能比过去几代人更长寿，工作类型也更多。

作为一名校长，保证学校的教学质量是我的职责，所以我必须定期、长期听课，与信任的老师讨论课程。我并不期待新教师立刻成为专家、名师，但希望他们具有成为一名出色教育者所必需的素质。Perkins和Blythe（1994）强调了"灵活的表现标准"，即当我们能够将自身的知识和各项技能应用于我们所处的环境时，我们就理解了某件事。这一点对教育者和那些想要接受教育的人来说至关重要。为此，我首先要求教师具备教授指定课程的基础知识。其次，我要求新员工作为教师和个人有足够大的意愿和能力去成长和发展。如果新教师满足这两个基本要求，他们就可以成为教师队伍中的成员；然而，如果他们缺乏上述条件之一，就不太可能成为成功的教师，也不太可能对学校做出积极贡献。为了说明这一点，我来举两个我曾共事过的不同类型老师的例子，介绍一下他们的职业生涯发展。以下举例融合了真实人物，并为保护所涉人士的匿名身份在细节上有所调整。

快速学习者：May是一名年轻教师，刚毕业，拿到了所学专业的硕士学位；此外，在校期间，她一直担任低年级学生的有偿家教。显然，她在自己的专业上受过良好的教育，对教学感兴趣，而且有与学生小组合作的经验。在来这所学校工作之前，她从来没有在高中工作过，也没有管理过大型班级。然而，她拥有一种学习的心态，明白自己还是新人，需要成长，以成为一名教师，一名合格的教育者。为此，她每个月都要花几个小时去不同教师的课上听课，观察他们在组织、训练和教育方面的方法。此外，她还邀请了更有经验的老师来听她的课，并请老师提出改进建议。May之所以能取得成功，是因为她能够虚心接受建议，并将建议中的改进方面融入她的下一节课。她刚入职时虽然年轻，经验不足，但几个月之后就能在课堂上表现得很好；在我看来，这说明她有能力在几年内成为部门主管。

三十多岁便在精神上提前退休的人：Ron是一位经验丰富的老师。他在教育行业工作了十多年，在过去五年里，他教授同样的课程和教材。毫无疑问，他是一位好老师，因为他对课本和考试都很熟悉，而且还有一个可以在课堂上使用的PPT和讲义数据库。然而，他如同进入了自动驾驶模式，按照准备好的教案教学，年复一年，没有变化。学生们并不怎么抱怨他的课，因为知道这位老师以往的教学成绩不错；但学生们还是经常因为教学节奏单调、上课缺乏激情而在他的课上昏昏欲睡。他业务娴熟，因此其他老师听他的课时在教学方法上挑不出问题，但均评价他的教学沉闷乏味，缺乏必要的亮点，无法让学生全心投入，并建议他添加一些游戏、活动等来活跃课堂气氛。尽管Ron精通自己的授课科目，而且为讲课作了充分准备，但他并不是一个善于团队合作的人。他宁愿自顾自事，而不是通过分享已经准备好的课程材料，比如讲义和PPT来帮助年轻同事。他不愿真心投入教学和参与学校的活动，这使得他只能成为一名较好的老师，而不太可能成为一名优秀教师或晋升到管理职位。

以上例子说明拥有一种个人、职业和团队成长心态的重要性。一所充满活力的学校是由愿意努力工作、团结起来发挥集体优越性的个人发展起来的。为达成这个目标，个人和集体都必须乐于学习，挖掘自身潜力和集体潜力。那么，我们该怎么做呢？我们必须用正确的格言指引生活，并让这样的格言塑造行动。

2. 三人行，必有我师焉。

在汉语中，有一句人们耳熟能详的格言，"三人行，必有我师焉"。我是这样理解的：无论我走到哪里，只要还有不少于两个人在场，我就一定能从中找到值得学习的方面；但我是他人学生的同时，也可能成为在场其他人学习的对象；此外，随着场景和在场人员的变化，师生身份将在我们所有人之间不断产生并动态转换。因此，教师和学生之间的二元区分是传统学校产生的充斥刻板印象的现实。然而，生活中复杂的现实并不像教室里构造的现实那么简单，所以我们不应该继续把教室打造成等级森严的二元空间，这种二元空间强化了过时的传统观念，即知识是由老师传授给学生的。我们应该承认Piaget（1963）的真理，他断言人类从出生到成年阶段都在成长发展，很多成长发生在幼儿园开始之前，与正式接受教育无关，并在离开校园后继续。因此，这种建构的课堂现实并没有让学生为学校之外的世界作好准备，而在外面的世界里，他们可以从各种各样的人和环境中学习。

人们普遍认为，教室里的信息单向地从教师流向学生，但这未必是事实，也未必是理想的情景。毫无疑问，那些生活经历更长、教过几十年课的老师拥有年轻人没有的经验和信息。他们花了大量时间学习研究所授科目，练习如何以创造性的方式分享知识。然而，这种终身学习并不意味着他们了解该学科或不断变化世界的全部内容。在这样一个信息新时代，个人几乎不可能了解清楚某件事情的所有方面；因为相关研究与日俱增，只有计算机才能穷尽所有文献——而且只有在程序设定合理的情况下才能做到这一点。

因此，教师在学生面前要谦虚，要鼓励学生超越老师，更多地了解周围的世界；还应该鼓励好学勤奋的学生阅读该领域最新发表的研究成果，学习老师还不知道的关于世界的新知识。实际上，在高中阶段，老师希望最优秀的学生能够超越自己，去研究他们感兴趣的内容和新想法；因为在进入大学后，他们需要清楚了解自身的兴趣所在，投身研究领域。

教育者的谦逊是一个经常被忽视的品质。我们常常钦佩那些发表了最新的期刊文章或出版了著作的学者，我们渴望阅读他们的作品，讨论他们的观点，但我们很少思考为什么他们提出的观点如此具有革命性。研究课题始于一个问题，我们必须询问自己不知道和最想发现的东西；我们必须谦恭地承认，我们不知道答案，而且前人的答案或多或少还不完备，包含偏见，并不充分，且仍可改进。意识到这一点后，我们走上了人迹罕至，甚至前人所未至的道路，开始寻找线索来满足我们的好奇心。这种学习之旅必须从这样的认识开始：以我们现在所了解的一切来看，我们仍不知道答案，我们必须虚心地投入到对问题的探索中去。

因此，我认为每个学生在高中阶段都应该上一门专门的研究课程来认识学术研究的艺术。在过去，当我教授这门课程时，学生会选一个较为精确的研究方向，并利用所有可用的资源进行探索。理想情况下，学生可以在他们大学想学的专业中找到一个研究方向，这个方向与他们熟悉并热衷的爱好有关，也与我们生活的社区或地区直接相关。通过让学生聚焦于社区中的学术和个人兴趣，学生研究文章的读者和学生作者本人之间就能产生共鸣。这样的研究是有生命力的研究，这样的研究文章中就充满了学生作者写下的独一无二的具体细节。这最大限度地减小了剽窃的可能，因为学生不可能轻易编造，也不愿编造自己生活的细节。显然，这样的研究任务增进了我对社区和学生的了解，因为研究中有来自周围人和地点的丰富案例。

为了促进这类课题，有必要创建一组高度支架式的任务集。Wood（1986）将支架式教学描述为一种"通过降低不确定性，并将复杂任务分解为更易于管理的步骤或阶段，帮助学生组织活动的方法"。因此，在研究性写作教学中，必须引导学生找到合适的主题、可靠的来源，并进行真实的写作；此外，为了防止剽窃并保证原创性，需要花大量时间练习总结技巧、转述方法、引语习惯和引文系统。

几年前，我利用Temple的《中国的天才：3000年的科学、发现和发明》(*The Genius of China: 3000 Years of Science, Discovery & Invention*, 2013)，为我在北京的高中学生创建了一个研究课题。《中国的天才：3000年的科学、发现和发明》是对Needham的百科全书《中国的科学与文明》(*Science and Civilisation in China*, 1954)中排在前100位的条目的总结。这个研究项目可以让每名学生选择一项与他们想学的大学专业或目前爱好相关的发明；此外，它深深扎根于中国，让学生在他们的学习中找到当地联系。最后，学生们能够不限于四大历史发明——造纸术、火药、指南针和印刷术，去了解其他历史发明（如马镫)的细节。

在做这个研究课题的过程中,我们不仅学习了很多关于中国发明历史的知识,而且还学习了如何进行学术研究,以及如何通过写论文和演讲来呈现它。在这类课题中,我教授了学生关于学术写作、互联网研究和引文风格的知识;我的学生通过当地的资源和历史,用英语向我解释了中国的奇迹。通过这种方式,老师和学生分享信息,互相帮助,从而打破了原本的等级关系。

只要有三人或三人以上在一起,无论那是不少于三人的老师,不少于三人的学生,还是不少于三人的师生组合,在这组人中,必然会有人对他人有所教导,也有人能向他人学习。我们只要保持谦虚,就能有所收获。我们必须让学生认识到,即使是最有学识的教育者也没法答出每一个问题,有时让学生思考多种答案的可能性比给他们提供标准答案要好。提问技能和推理能力是思考的基础。此外,我们必须提醒老师,他们能继续学习,而且必须继续学习;因为世界在变化,研究在增多,我们在学校学习的内容可能会过时、无趣。即使基础知识是不变的,我们也应不时调整将这些知识纳入理论框架的方式。

3. 人就好比富矿,隐含无价珍藏。唯教育能掘而显之,使人类从中获益。

我作为一名教育者常遵循的第二句话是巴哈欧拉(1990)所说的:"人就好比富矿,隐含无价珍藏。唯教育能掘而显之,使人类从中获益。"每个人身上都充满了未被发现和挖掘出的潜力,但具体到每名学生和教师,我们通常就忽视了这一点;相反,我们事先认定大多数学生和教师进入学校时已然充分意识到自己的特质，且无法改善自身缺陷。这就导致了学校体系的出现，体系通过各种标准化测试和精心编排的节目来测试已培养并修饰好的技能；而不是创造有意义的学习环境，去试着发现个人身上未知的内部潜能，试着发现提取或挖掘潜能的方法，在实践中打磨这些宝石般的能力，并最终将人们身上这些丰富多彩的能力充分展现给世人。

我在密歇根的一个矿区长大。大约150年前，这里出现了铜矿开采的热潮；如今，当地依然开采铁矿以供出口。我成长于矿山与矿工之间，耳闻目睹采矿业的发展，花过一定时间思考这非常复杂费时的采矿流程：首先，人们需要花费大量时间和精力去寻找新的自然资源和珍贵矿产的产地；然后，工人要开展危险困难的工作，深入地下，将矿石挖掘出来，而矿石刚从地下挖掘出来时，其形态基本无法被直接使用，所以必须加工精炼；最后，炼出的金属被送到工厂，用于制造我们当代生活中有用的产品。

当我们把这一过程与教育进行比较时，就会发现二者颇有共同之处。巴哈欧拉说："人就好比富矿，隐含无价珍藏。"这表明，每个人都有其自身的巨大价值，可以像珍贵的矿物或宝石那样被挖掘。目前，全世界的教育体系并不是在此前提下运作的；相反，我们的教育体系要求学生掌握特定数量和种类的知识。我们从事教育的目的是让学生在被授予学士帽之前，必须展示出他们的语言、数学和科学技能，这就好比王室的王冠必须镶有许多钻石、红宝石和绿宝石，才能适合加冕典礼。而关键问题在于对特定数量和种类的知识宝石的偏重。为此，我们将那些无法产出特定结果的学生视为有缺陷的人。然而，事实并非如此，我们应该寻找他们需要发展的其他才能。

作为教育者，我们需要更多培训，以发现深藏在每个学生身上的不同矿物和宝石的种类和数量。多元天赋经常被提及，但却很少被深入应用在课堂和学校课程结构中，这实在是一种耻辱。Gardner（1993）的多元天赋理论指出，人们的天赋多种多样，有人身体敏捷，有人乐感出众，有人擅长语言，而这只是七种不同天赋的几种。这些技能和能力在人群中以各种数量随机分布。可遗憾的是，大多数教育体系并没有时间和资源来寻找和开发学生身上如各种矿物和宝石般的隐藏潜力。体育、音乐、艺术等课程通常只是选修课、课外活动或部分人群的个人爱好。这很不幸，因为这些领域的学习理解方式可能会带来更进一步的学习——如新的挖掘方式帮助矿工获取曾被认为无法开采的矿石或宝石矿脉一样——有助于学习困难的学生去理解以传统方式教授时曾经超出其认知能力的概念。

其次，教育者必须找到创造性的方法来教育自己负责的学生。在了解到孩子们有能力学习特定学科或技能的情况下，我们该如何以他们能学进去的方式来指导他们呢？许多事情会阻碍人们对新概念的理性理解和内化。例如，那些在长时间听课时注意力难以集中的学生可能会在使用计算机程序时做得更好。在计算机程序里，教学材料被分割为简短模块，并立即进行理解测试，还会模拟现实生活中的应用。有阅读障碍倾向的学生可能无法像同龄人那样快速有效地读写，但当信息被口头解释或图形化显示时，他们可能就能够掌握教学内容。因此，教师应该在课堂上使用各种各样的教学方法，教育者应该提供可让学生和家长在家里一起使用的分门别类的课外学习材料。

教师开发出多种开采和加工宝石的方法后，仍然必须要求学生将这些宝石以一种可衡量的结果展示出来。目前，在世界范围内，主流测试模型对成功的定义十分狭隘，许多意义上的成功被排除在外。在试卷上提出一系列问题，要求限时作答的考试方案，会对具有特定类型的回忆和反应能力的人给予奖励。因此，它让许多学识渊博的人看起来不那么聪明，因为他们无法通过选择题或书面答案展示他们的教育成果。许多人更适合在与现实生活相关的课题中展示他们学到的一切，这些课题与他们的日常生活和当地社区有着易于理解的联系。因此，一些学校体系和国际课程在它们的评估标准中逐渐加入了更多课题和实验。

例如，作为一名英语教师，我必须让学生为21世纪的文化要求作好准备。学生要是打算上大学，就必须能够用英语进行大学水平的交流。然而，学习一门外语并非易事，因为很难维持学习动机，所以我们有必要创造一种鼓励持续互动参与的学习环境。Vygotsky（1994）的理论，即最近发展区理论，指出当我们处在材料难度水平与我们当前能力水平相差不远的环境中时，我们就会学习。因此，作为一名英语教师，我选择词汇多元、内容丰富的书来激发学生的想象力，促使他们努力理解刚刚超出自己阅读能力的课文。这样的书可以作为一种额外奖励，促使学生在小组课题中互相帮助，共同成长进步。

学生应该阅读那些广为人知、深受喜爱的经典名著，因为当他们与来自世界各地的人打交道时需要有一个共同的参照系。例如，在我十年级的英语课上，我们用《多莱尔的希腊神话》（*D'Aulaires' Book of Greek Myths*, 1962）一书来探索希腊神话。因为在西方文化中，人们经常引用常见神话中的人物和地点，当代娱乐节目也充斥着神话故事。

一本经典著作可以有益心智，可只靠一本书并不能构成一门课程，因此，围绕阅读材料设计课程和课题是很重要的，这样做可以让学生从不同层次，通过各种方式参与课堂。例如，我通过世界各地著名雕像的照片向学生介绍希腊神话中的神，这些雕像还包含着珍贵线索，定义了各种象征符号和令人难忘的神话。接下来，我们会读不同的传奇故事——有时是全班逐行朗读，有时是分小组逐段朗读，有时是一次读一个故事，有时是由我大声读给全班听。然后，我们用最新故事的视频片段和一系列问题复习课程材料，回顾要点；同时，还进行相关内容的写作和讨论。

希腊神话单元的最后一个课题需要学生进行小组合作，把他们最喜欢的神话改编成五分钟的电影。课题长达一个月，学生要深挖最喜欢的一个故事，写剧本，寻找服装和道具，练习戏剧表演，录制视频和音频，然后在最后提交前编辑整部作品。虽然耗时，但这种电影制作经历促使学生了解希腊诸神，使他们更好地理解故事。此外，这个课题还创造出了一项令学生铭记多年的学校作业。最后，这些视频还会成为日后的学生学习希腊神话的课程材料。

4. 总结

总之，我们所遵循的格言决定了我们对周围世界的看法；因此，在我们将这些至理名言融入个人教育理论之前，评估它们的用处是至关重要的。有关教育的格言谚语有很多，但并不是所有格言谚语都能提供有益的建议。因此，我们必须不断地、坦诚地评估自身想法，以确保它们仍然适合我们的思维，并能与我们一起成长。中国古代有许多涉及学习、知识和智慧的具有启发性的格言，如"三人行，必有我师焉"。这样的格言蕴含着丰富的思想，其中许多思想至今仍具有现实意义,值得新一代学者去探索和重新解读。

　　此外,世界上其他伟大的传统文化中都有适用于当下、充满智慧的格言,譬如巴哈欧拉所言:"人就好比富矿,隐含无价珍藏。唯教育能掘而显之,使人类从中获益。"这个世界非常需要我们以具有创造力和创新性的办法来解决问题。人类拥有开发新发明和新技术的智力资源,新发明和新技术会改善地球环境,提高我们的生活质量,并增长社区财富。然而,如果我们不认真重新思考世界各地的教育实践,从每个人身上开发出矿物和宝石般的独特潜能组合,那么我们将错失大量尚未开发的智力资源。因此,教育者身在其位,而责任在于发现学生天赋,挖掘学生潜能,改进学生思维,最终让学生作好准备,向世界展示自己在多年学习中发展起来的独特天赋和能力的组合。

◆ ◆ ◆ ◆

1. Introduction

　　Sayings and quotes that we remember help us to shape our ideas about the world around us - often subtly and unconsciously. Therefore, we must pay attention to the ideas that we take in and evaluate them systematically before wholeheartedly adopting them as our own. There are a plethora of idioms and maxims about education; some of them are useful, but others are not, so in this paper I am going to interrogate two different quotes about learning and explain how they are useful to those who educate and what to be educated. First, I will examine a traditional Chinese saying about teachers and explain how I understand it as a Westerner. Second, I will explore a famous quote by Bahá'u'lláh that compares education to mining for gems and consider the implications of this idea when constructing a school curriculum. By reflecting on these words of wisdom from the past, we can envision a new education system for the 21st century.

The students we teach today must be prepared for a new age of living and working, where their jobs, and therefore, their skill sets must continually grow and develop. Not only must schools and teachers prepare the younger generations with the knowledge of the past in the form of the traditional academic subjects such as language, math and science, but we must also give students the ability to learn quickly and efficiently. In other words, students must have a learning mindset, which enables them to adapt and grow throughout their long lives and multiple careers, as they are likely to live longer and have more different jobs than past generations.

As a principal, it is my duty to ensure the teaching quality within the school, so I must regularly and continually observe lessons and talk about curriculum with the teachers in my trust. What I look for in a new teacher is not that they are an expert now, but instead that they have the qualities necessary to become an excellent educator. Perkins & Blythe (1994) emphasize "flexible performance criterion" that states we understand something when we are able to adapt our knowledge and skill sets to the situations and environments in which we find ourselves. This is crucial for educators and those who want to become educated. To this end, I first evaluate whether teachers have the basic subject knowledge to teach the courses that they have been assigned. Second, I try to gauge how much employees are willing and able to grow and develop as teachers and human beings. If new teachers meet these two basic requirements, they can become members of the teaching staff; however, if either is missing, it is unlikely that they will become successful teachers, nor is it likely that they will positively contribute to the school community. To illustrate this point, let me give you two examples of different kinds of teachers I have worked with and what has become of their careers. These are amalgamations based on real people who have been disguised to protect their anonymity.

The quick learner: May is a young teacher who just graduated with a master's degree in her field; in addition, while she was in school, she always served as a paid tutor for other younger students. She is clearly well-educated in her subject, she is interested in teaching, and she has experience working with small groups of pupils. Before working in this school, she had neither worked in a high school nor managed large classes. However, she has a learning mindset and she is aware that since she is new to this profession she needs to grow as a teacher to become an effective educator. To this end, she has spent hours each month going to visit different teachers' classes to observe their methodologies when organizing, disciplining and educating. In addition, she has asked more experienced teachers to visit her classes and give her advice on ways to improve. Yet, the thing that makes this teacher a sure success is her ability to humbly accept advice and to integrate suggested modifications into her very next lessons. Though young and inexperienced upon being hired, she has become sufficient in the classroom within a few months; in my estimation, this demonstrates that she has the ability to become a department head within a few years.

The thirty something going into early mental retirement: Ron is an experienced teacher. He has been working for more than a decade in his field and he has been teaching the same curriculum and course books for the past five years. Without doubt, he is a good teacher as he knows the textbooks and the examinations well, and he has a database of PowerPoint and handouts to use for his classes. However, he is on autopilot, teaching from a prepared script without variation from year to year. The students do not complain much about his classes because they know that he has a proven track record for teaching, but they often fall asleep in his lessons because of the monotonous rhythm and lack of inspiration. When other teachers observe his course, they cannot find fault in his methods as he knows what he is doing, but they all comment that it is boring and lacking the necessary spark to keep students engaged and that he should add something to make the class come alive such as games and activities. Despite being well-versed in his subject and well-prepared for his lectures, Ron is not a team player. Instead of helping younger colleagues by sharing already prepared course materials like handouts and PPTs that they could use, he would rather do his own thing. This lack of engagement with his teaching and the school community makes it unlikely that he will ever be anything besides a good teacher - he will likely not become a great teacher or move up into a management position.

The above examples are to illustrate the importance of having a mindset for personal, professional and community growth. A dynamic school is created by individuals agreeing to work hard and come together to make a group that is better than any of the component parts. To this end, each person and the community must be willing to learn and develop new potentialities within and amongst themselves. So, how do we do this? We must live by the right words and allow these words to shape our actions.

2. Among any three men walking, I will find something to learn for sure.

A common Chinese expression is "三人行，必有我师焉". My interpretation of this idiom is this: wherever I go, I will find something to learn whenever I am in the company of at least two other people, but at the same time that I am a student, I may also be the one to learn from for one of the other individuals present; furthermore, as situations and people change, the teacher-student dynamic will continually evolve and rotate amongst us all. Hence, the binary distinction between teachers and students is a stereotypical reality perpetuated by traditional school arrangements. However, the complex realities of life are not as simple as the constructed realities of classrooms, so we should not continue to make our classrooms become such hierarchical, binary spaces that enforce outdated traditional concepts where knowledge is given by the teacher to the student. We should acknowledge the truth of Piaget (1963) which asserts that humans grow through stages of development from birth through adulthood and that a great deal of maturation happens before kindergarten begins, occurs irrespective of the formal education received, and continues after schooling ends. Thus, this constructed classroom reality does not prepare students for the world outside of school where they will learn from all sorts of people and environments.

It is common to think that information in a classroom flows one way from teachers to the students, yet this is not necessarily true, nor is it the ideal set-up. Without doubt, teachers who have lived longer and gone to school for decades have experiences and information that younger people do not. They have spent a great deal of time researching and learning about their subjects, and they have practiced how to share that knowledge in creative ways. However, this lifelong learning does not mean that they know everything about their subjects or the ever-changing world. In this new age of information, it is almost impossible to know everything about anything because every day more and more research is accumulating and only computers can keep up with scanning all of the literature - and that is only if they are properly programed.

Therefore, it is essential that teachers are modest in front of their students and encourage their students to go beyond them to learn more about the world around them. Dedicated students should be encouraged to read the latest published research in the field and learn something new about the world that their teachers as of yet do not know. In fact, at the high school level, teachers hope that their best students are reaching beyond them to study special points of interest and emerging ideas, as they will need to understand these clearly when they get to university and immerse themselves in their fields of study.

Humility among educators is a much-overlooked attribute. We often admire the scholars who have published the latest journal article or book, and we are eager to read their work and discuss their ideas, yet we seldom think about why their ideas presented are so revolutionary. Research projects start with a question: we must ask about what we don't know and most want to discover; we must humbly admit that we do not know the answer and that all previously given answers are somewhat incomplete, biased, inadequate, and preliminary. With this realization we come to the path less traveled, or never even taken, and we begin to look for clues to satisfy our curiosity. This voyage into learning must begin with the knowledge that for everything we know we still do not know the answer, and we must humbly submit ourselves to the question quest.

Therefore, I believe every student should take a dedicated research course in high school to learn the art of academic research. When taking this course in the past, my students would choose a narrow topic and explore it with all of the available resources at their disposal. Ideally, students find a topic in their intended university major, which is connected to a hobby that they know and love but is also directly related to the community or area in which we are living. With students made to focus on academic and personal interests in our community, there is a guaranteed shared space between the writer and the reader, so the research takes on a life of its own, and the paper is full of particular details that are uniquely combined by the author. This minimizes chances for plagiarism as students cannot easily, and have little desire to, fabricate the details of their lives. Inevitably, these research assignments enlighten me about my community and my students, as they are rich sources of facts and examples from the people and places around me.

To facilitate this kind of project it is necessary to create a highly scaffolded set of assignments. Wood (1986) describes instructor scaffolding for students as a way to "assist them in organizing their activities, by reducing uncertainty, breaking down a complex task into more manageable steps or stages". Therefore, when a teacher teaches research writing it is necessary to lead students to appropriate topics, reliable sources, and authentic writing; in addition, to prevent plagiarism and ensure originality, a great deal of time needs to be spent practicing summary skills, paraphrasing methods, quotation customs, and citation systems.

A few years back, I created a research project for my Beijing high-school students using Temple's *The Genius of China: 3000 Years of Science, Discovery & Invention* (2013) which is a summary of the top 100 entries from Needham's (1954) encyclopedic volumes entitled *Science and Civilisation in China*. This research project enabled each student to choose one invention that is related to their intended university major or a current hobby; furthermore, it was deeply rooted in the place, China, allowing students to find local ties to their studies. Finally, students were able to move beyond the four great historical inventions: paper, gunpowder, compass, and printing, and learn about the specifics of other historic inventions such as the stirrup.

While doing this research project, not only did we all learn a great deal about the history of Chinese inventions, but we also learned about how to do academic research and present it through writing a paper and giving a speech. In this kind of project, I taught the students about academic writing, internet research, and citation styles, yet my students were able to explain the wonders of China to me in English by exploring these inventions through local sources and histories. In this way, teacher and student disrupted the hierarchical relationship by sharing information amongst ourselves for mutual benefit.

When there are three or more people together, three or more teachers, three or more students, a mix of students and teachers, then surely there will be someone to teach us and someone to learn; we just have to be humble and modest enough for the instruction. We must cultivate in our students the understanding that educators, even the wisest, are unable to answer every question and that sometimes it is better that they let learners ponder the possibility of multiple answers instead of feeding them the standard solution. Questioning skills and reasoning abilities are fundamental to thinking. In addition, we must remind teachers that they can and must continue to learn, as the world is changing, and the research is growing, so what we studied at school can become outdated and uninteresting. Even when the basic information is the same, how we incorporate that knowledge into a theoretical framework needs some readjustments from time to time.

3. Regard man as a mine rich in gems of inestimable value. Education can, alone, cause it to reveal its treasures, and enable mankind to benefit therefrom.

The second quote that I live by as an educator is this one by Bahá'u'lláh (1990): "Regard man as a mine rich in gems of inestimable value. Education can, alone, cause it to reveal its treasures, and enable mankind to benefit therefrom." Each individual is full of undiscovered and untapped potential, yet we rarely treat each and every student and teacher as having as of yet undeveloped skills and abilities; instead, we assume that most students and teachers come into the school fully aware of their attributes and unable to ameliorate their deficiencies. This leads to school systems which tests already developed and polished skills through standardized tests and well-rehearsed performances as opposed to creating meaningful learning environments that attempt to find as of yet unknown internal resources, discover how to extract or mine them, practice refining these gems, and finally enable the community to display these vast and varied treasures to the world.

I grew up in a mining region in Michigan. About one hundred and fifty years ago, there was a copper mining boom, and today iron ore is still mined for export. With mines, miners and mining all around me, I had some time to think about the mining process which is quite involved and time-consuming. First, a great deal of time and energy goes into discovering where new pockets of natural resources and precious mineral can be found. Then, laborers have the dangerous and difficult job of going deep into the ground to try to excavate it. Once the mineral is taken out of the ground, it is rarely in usable shape, so it must be processed and refined. Finally, it is sent out to factories to be formed into usable products for our contemporary lives.

When comparing this process of mining to educating human beings we find a rich analogy. Bahá'u'lláh says: "Regard man as a mine rich in gems of inestimable value." This asserts that each and every human being has something of great value within themselves that could be mined as a precious mineral or gem. Currently, the world's education systems do not operate under this premise; instead, they ask students to produce specific quantities of particular kinds of knowledge. We run education so that students must show language, math, and science skills before awarding them a graduation cap, much like a royal's crown must contain so many diamonds, rubies, and emeralds in order to be fit for a coronation. This preference for specific quantities and kinds of gems of knowledge over others is one key problem. To that end, we then treat those individuals who cannot produce those specific results as being somehow deficient as students. However, this is just not true; instead, we should look for what other talents that they have to develop.

As educators, we need far more training in how to discover the varieties and quantities of different minerals and gems that lay deep within each of our students. Much talk is given over to multiple intelligences, yet it seldom makes its way deep into the classroom and the structure of the school curriculum, and this is a real shame. The theory of multiple intelligences (Gardner, 1993) states that people can be smart in many different ways; they may have physical agility, musical adroitness, or linguistic acuity, to name just a few of the seven different intelligences. These skills and abilities are naturally present in variable quantities amongst the population. Regrettably, most education systems do not have the time and resources to look for and develop the variety of minerals and gems that lay as hidden potential within each student in their charge. Courses such as physical education, music and art are usually elective classes, extracurricular activities, or private hobbies for a portion of the population. This is unfortunate because these ways of knowing could possibly lead to further ways of learning that may help struggling students to finally understand concepts that were once beyond their cognitive ability when taught in a traditional way - much like how a new excavation innovation helps miners access a vein of minerals or gems once considered out of reach for mining.

Next, educators must find creative ways to teach those in their charge. Once we know that children are capable of learning a specific subject or skill, how do we instruct them in ways that they can learn? Many things get in the way of intellectually processing new concepts and internalizing them in understandable ways. For example, students who have difficulty paying attention to long class lectures may do much better working with computer programs that present the material in shorter chunks and immediately test for comprehension and give simulations of real-life applications. Students with dyslexic tendencies may not be able to read and write as quickly and efficiently as peers, but they may be able to grasp content when the information is verbally explained or graphically displayed instead. Therefore, teachers should use a variety of teaching methods in the classroom, and educators should offer an assortment of outside learning materials that students and parents can use together at home.

Once teachers develop a variety of ways to mine for gems and process gems, they still must ask students to display those gems as measurable outcomes. Currently the world over, the predominant testing model narrowly defines success to the exclusion of many. Testing schemes which usually ask a series of question on a timed, exam paper have the unfortunate effect of rewarding individuals with this particular type of recall-and-response ability. Therefore, it leaves vast numbers of knowledgeable people looking like they just are not that smart because they are unable to display the fruits of their education through multiple-choice questions or written answers. Many people are better suited for showing everything that they have learned in real-life projects that have understandable links to their everyday life and local community, so some school systems and international curricula are implementing more projects and experiments into their assessment criteria.

For example, as an English teacher, I must prepare students for the requirements of the literacy in the 21st century. If students are planning on attending university, they must be able to communicate in English at the college level. However, learning a foreign language is no easy task as motivation can be difficult to sustain, so it is necessary to create a learning environment that encourages constant interaction and participation. Vygotsky (1994) theory, the zone of proximal development, states that we learn when we are in an environment where the material is at a difficulty level that is not too far removed from our current ability. Therefore, as an English language teacher, I choose vocabulary-rich and content-rich books that capture students' imaginations to push them to work to understand the texts that are just above their reading level. As an added bonus, the books lend themselves to group projects where students can work to assist one another to grow and develop.

Students should be exposed to well-read and well-loved classics because they need to have a common frame of reference when they meet a multitude of people from around the world. For example, in my grade 10 high school EFL class, we are using *D'Aulaires' Book of Greek Myths* (1962) to explore Greek mythology, as the characters that populate and the places that locate the common myths are referenced throughout western culture and the mythical stories fill contemporary entertainment.

As inspirational as a classic can be, a book is not a curriculum, so it is important to build lessons and projects around the reading materials in such a way that allows students to engage with the content at different levels and through a variety of means. For example, I introduce the gods and goddesses with photos of their famous statues found around the world; these statues also contain valuable clues about the gods and goddesses defining symbols and memorable myths. Next, we read the different legends-sometimes as a class line by line, other times in small groups paragraph by paragraph; sometimes individually one story at a time, and other times I read aloud to the whole class. Then, we review the material with video clips of the most recent story and a series of questions to remind the students of the key points. Simultaneously, we write about it and talk about it.

The final project for the Greek mythology unit requires small groups of students to work together to adapt a favorite myth into a five-minute movie. This is a month-long process of exploring a favorite story, writing a script, finding costumes and props, practicing the drama, making a video and audio recording, and then editing the entire piece before final submission. Though time-consuming, this movie-making experience pushes the students to engage with the Greek gods and goddesses in ways that make them better understand the stories. In addition, it creates an unforgettable school assignment that they will remember for years to come. Finally, the video projects become the teaching materials for the future generations of students learning Greek mythology.

4. Conclusion

In summary, the maxims we live by determine what we think about the world around us, so it is crucial to evaluate these words of wisdom to determine how useful they are before we incorporate them into our personal theories of education. There is an abundance of educational quotations, yet not all of them impart good advice. Thus, we must continually assess our ideas openly and honestly to be assured that they still fit our thinking and can grow with us. There are many enlightened ancient Chinese idioms about learning, knowledge and wisdom such as "三人行，必

有我师焉". These phrases contain a wealth of ideas of which many are still relevant today, so they should be explored and reinterpreted by new generations of scholars.

Furthermore, other great traditions around the world have astute and applicable words of wisdom to share as in the quote from Bahá'u'lláh: "Regard man as a mine rich in gems of inestimable value. Education can, alone, cause it to reveal its treasures, and enable mankind to benefit therefrom." The world is in great need of creative and innovative solutions to our problems. Humanity has the intellectual resources to develop new inventions and technologies that will improve the environment on our planet, the quality of our lives, and the wealth within our communities. However, if we do not seriously re-envision the education practices around the world to mine the unique combination of minerals and gems within each and every human being, then we will be missing out on vast tracks of untapped intellectual resources. Educators are then in the special position of discovering the capacities of the students in their charge, helping their students mine and refine their thinking, and finally preparing individuals to show the world the unique combination of talents and abilities that they have developed throughout their years of education.

References:

Bahá'u'lláh. Gleanings from the Writings of Bahá'u'lláh (pocket-size ed.) [M/OL]. US: Bahá'í Publishing Trust, 1990. http://reference.bahai.org/en/t/b/GWB/gwb-122.html.

D'Aulaire, I., & D'Aulaire, E. P. D'Aulaires' Book of Greek Myths (1st ed.) [M]. New York: Doubleday, 1962.

Gardner, H. A rounded version [M] // Gardner, H. Multiple intelligences: The theory in practice. New York: Basic Books, 1993: 13-14.

Needham, J., & Wang, L. Science and Civilisation in China [M]. Cambridge: Cambridge University Press, 1954.

Perkins, D., & Blythe, T. Putting Understanding Up Front [J/OL]. Teaching for Understanding, 1994, 51(5): 4-7. http://www.ascd.org/publications/educational-leadership/feb94/vol51/num05/Putting-Understanding-Up-Front.aspx.

Piaget, J. Stages and their properties in the development of thinking [J]. Social Research, 1963, 30: 283-299.

Temple, R. The Genius of China: 3000 Years of Science, Discovery & Invention [M]. London: Andre Deutsch, 2013.

Vygotsky, L. Extracts from thought and language and mind and society. Section: Interaction between learning and development (from Mind and Society) [M] // Stierer, B., & Maybin, J. Language, Literacy and Learning in Educational Practice, 1994: 51-58.

Wood, D. Aspects of teaching and learning [M/OL] // Richards, M., & Light, P. Children of Social Worlds. Cambridge: Polity Press, 1986: 191-212. http://www.nottingham.ac.uk/~ttzelrn/understanding-learninge/unit4/documents/Wood_1986_000.pdf.

克服全球化教育领域的障碍
Overcoming Obstacles in the Global Education Landscape

Daniel Emmerson[1]

菲尔斯特德学校成立于1564年,坐落于伦敦和剑桥城外,迄今有455年的历史。我们学校有1000多名学生,其中预科学校约有520名学生,中学约有540名学生;中学的学生中有20%是国际学生,他们来自世界上30个不同的国家。这意味着我们这所历史悠久、传统深厚的学校有着丰富多样的学生构成。

教育和全球化教育中的积极事物有利于积极的发展趋势。全球化教育可以用以下方式定义:它涉及海外体验式学习机会;它的重要组成部分是学生交流和教师交流项目,但不限于此;它着眼于跨文化合作,即在我们旅行到不同地方,与来自不同文化背景的人共事时,我们一起工作和学习新事物的方式。

学生交流本身是起促进作用的非常有用的渠道。孩子们去海外体验教育项目时,就会沉浸在丰富的前所未见的教育机会中。教师进行交流时,当然就能够把知识传播给更多的人,传播给他们教室里的所有学生。国际研究项目让学校能够互相分享国际和海外项目的数据和

---

1. 英国菲尔斯特德学校国际部主任。译者:江欣杨,北京外国语大学国际教育集团办公室外事专员。

信息，以促进各方面积极进步。在线数字学习可能是未来的学习形式，我们的学生将会在线参与大部分课堂活动。当学生在线学习时，他们当然就会有更多机会与来自世界各地的学生合作。

全球研究和全球公民项目在英国、美国、加拿大和澳大利亚正明显变得更受欢迎。在发展中国家和人口快速增长的国家，这些项目的价值也在上升。

发展全球化教育有哪些障碍？有外部障碍，即学校中不受我们控制的事情；也有内部障碍，即对我们的学生造成最大阻碍的事情，这是学生无法参与全球化教育的原因。

首先是学费负担。也许学生的背景使得他们没有机会进入我们的学校，因为对很多孩子和家庭来说，学费太贵了。如果他们没有机会进入我们的学校，那么他们可能也没有和我们的学生一样多的机会去参加全球化教育项目。

学生的意识是我们学校许多学生的主要障碍。菲尔斯特德学校是一所收费学校，这里的学生有经济条件参加这些项目，但他们可能没有意识到，并非所有人都有他们的条件，他们可能不会明白参与全球化教育的重要性和价值。

近年来的教师短缺以及在中国学校招聘并留住教师的困难是一个世界范围内的问题。我们需要鼓励学生并告诉他们教育和教学的价值，鼓励他们在毕业后考虑从事教学工作。

政府，特别是英国政府，会干涉学校课程，干涉的方式阻碍了全球化教育的发展。我们的教育部部长最近对英语文学教学内容的限制就是一个例子，限制后我们的教学就只能考虑英国作品和GCSC课程大纲中的英国文学，而不会涉猎美国文学了。

这种做法使学生无法获得思考国际问题时所需的视角。在英国，诸如英国脱欧所代表的政治隐喻同样对国际化思维没有积极影响，而作为脱欧结果的移民法及其实施也不利于全球化教育的发展。但这些都是不受我们学校控制的事情。

我们的校园内部也存在障碍，导致校园内的学生不愿参与全球化教育活动。首先是心理健康问题。菲尔斯特德学校在校园中心位置新建立了一个福利中心，它为许多出于考试压力和其他各种原因负担过重的学生提供了心理咨询机会。压力过大会导致潜在的心理健康问题；学生如果有心理健康问题，就不太可能想去探索他们舒适区之外的事物，即使这样的探索对想要获得关于不同文化和不同生活方式的知识和洞察力的学生来说至关重要。

社交媒体成瘾也是障碍之一。目前我们的重点是鼓励学生寻找社交媒体互动的替代方式。社交媒体成瘾会让他们失去探索世界的信心。学生增长的压力当然既来自校园里，也来自校园外。我们的学生毕业后不仅要与英国的其他学生竞争剑桥大学、牛津大学、诺丁汉大学、埃克塞特大学等英国顶尖大学的入学名额，还要与来自中国、印度、加拿大、美国等国家的学生竞争。这给他们造成了巨大的压力，我们需要帮助他们克服压力。

还有学生不愿学习的障碍。在全球化教育中，学生不愿学习的行为问题会影响其他学科教学，这也会对全球化教育造成困难。

那么，该如何克服这些障碍呢？我们能做些什么来改变我们的学生，让他们能作好准备，融入更广阔的世界？这些都是全球化教育中最本质的问题。作为教育领域最前沿的学校之一，我们有能力解决这些问题。

首先是让学生在上大学前体验不同的生活方式，促进学生交流。我们的一所位于丹麦的合作学校进行了一项有趣的研究，他们考察了交换生和非交换生的平均绩点，结果很有趣。似乎那些成绩不是最突出的学生（在GCSE和A Level考试中得C或B的学生），如果去另一个国家交换两个月，然后回国，他们的绩点会提高一个点，这段经历对他们的成绩产生了积极影响。而如果学生已经得了A星或A，去其他国家交换，然后回国，他们的绩点会下降0.5个点，这是因为这些学生在海外通常最积极尝试新事物；有趣的是，这些学生在回到自己的学校后，只用了三到六个月的时间就能重新得到A星或A。

另一个办法是允许教师进行合作与交流，这里的教师交流不仅指长期交流，在海外工作一周或两周的老师也可以体验到在一个不同的国家和学校工作是怎样的感受。这也会对教师产生很积极的影响，因为教师可以很迅速、很容易地向他人学习。

此外，还可允许学生参加海外合作学校的会议和活动。学生回到自己学校汇报所做的事情，会产生很积极的影响。我们还能做更多的事，比如在这些学校的教师之间建立沟通渠道。如果没有资金支持教师交流，可以通过Skype甚至微信与海外同事对话，讨论在学校可能还没解决的特定问题，或想与学生或班级开展的特定项目。还可以为世界各地的人提供机会，让他们沉浸在你的教学中。分享想法是至关重要的。

最后，我们可以有补充课程。有证据表明，课外俱乐部或辅助课程的课外活动都是非常有用的。我们刚刚在学校建立了一个全球化研究项目，该项目和体育、娱乐或表演艺术活动并行。这是学生可以与老师讨论政治和哲学领域问题的一个机会；他们可以接触到谈判艺术、政治领导力、全球公民、过渡司法等内容，并在全球化研究项目中讨论这些非常复杂的主题。

◆ ◆ ◆ ◆

Felsted School is a four-hundred-and-fifty-five-year-old institution, which was founded in 1564. It is located just outside of London and Cambridge. We have over one thousand students in our school, about five hundred and twenty at our prep school, and five hundred and forty at our senior school. Twenty percent of our students at our senior school are international students. They come from thirty different countries around the world. This means that we have a very rich and diverse makeup within our very traditional and historic institution.

Positive things that are happening in education and global education play into those positive trends. Global education can be defined in the following ways. It involves experiential learning opportunities overseas. This doesn't only incorporate student and teacher exchanges, although they're very much a part of that. It looks at cross-cultural collaboration, i.e. ways that we work together and we learn new things, when we travel to different places and engage with people from different cultural backgrounds.

Student exchanges themselves are very useful channels, for facilitating. When children go and experience educational programs overseas, they immerse themselves in that rich new educational opportunity. When teachers go on exchange, they are able to disseminate their knowledge to a larger audience, including all of the students in their classrooms. International research projects are for schools to share data and information about international and overseas programs with each other again to promote the positive aspects. Online digital learning is probably the future and where our students will take part in the majority of their classroom activities. When students learn online, they of course, have more of an opportunity to collaborate with other students from different parts of the world.

Global studies and global citizenship programs are becoming certainly more popular in the United Kingdom, in the United States and also in Canada and Australia in particular. There's also a rise in value for these particular programs in developing countries and also countries with high population growth.

What are the obstacles for developing global education initiatives? We have external obstacles, things that are outside of our control in our schools, and then internal obstacles, things that hinder our students the most, which are why students cannot participate in global education initiatives.

The first is affordability. Perhaps students come from backgrounds where they cannot come to our schools because of the fees that are too expensive for a lot of children and a lot of families. If they cannot come to our schools, then they might not have as many opportunities to take part in the global education projects.

Student awareness is the key obstacle for a lot of students at our schools. Felsted is a fee-paying school. Its students have the financial means to take part in these programs, but they might not have the awareness. They might not understand the importance and the value of taking part in global education initiatives.

Teacher shortage over the last few years and the difficulties of recruiting and retaining staff at schools in China is a worldwide problem. We need to encourage our students and speak to them about the value of education and teaching to encourage them to look at teaching careers once they graduate.

The government, particularly in the UK, interferes with curriculum in ways that hinder global education progress. There was an example recently of how our Minister for Education limited the English literature so that we were only looking at British books and British literature within the GCSC syllabus as opposed to American literature.

This doesn't give the students the perspective that they need when they're looking at thinking outside of their own country. Political overtones, again, in the United Kingdom, such as BREXIT, do not give a positive implication as far as thinking internationally is concerned, and neither do the immigration laws and practices that come as a consequence of BREXIT. But these are things that are outside of our control at schools.

There are obstacles inside our institutions. These are the things that stop students from taking part in global education initiatives inside our own school walls. The number one concern is the mental health issue. We have a welfare center at Felsted which is newly established, at the heart of our school. It provides counseling opportunities for a lot of students who are overburdened with the stress of examinations and for various different reasons. And this leads to potential mental health problems. If the students have mental health problems, they are less likely to want to explore things that are outside of their comfort zone, though such exploration is crucial if students wish to gain knowledge and insight concerning different cultures and different ways of life.

There is also social media addiction. It is important at this stage that we encourage our students to find alternatives to social media interaction. It's a problem that can hinder, again, their confidence when they're looking to explore the world. Increased pressure comes, of course, from within the scope, but also from outside of the school. When our students leave Felsted, they are not only competing with other students in the UK for places at Cambridge and Oxford, Nottingham, Exeter, the top universities in England, but they're also competing with students from China, from India, from Canada, from the US. And this creates a huge amount of pressure for them, and we need to help them overcome it.

There is resistance to learn. So behavioral issues are also problematic when it comes to global education, but only in the same way that this impacts other subjects.

So how can these obstacles be overcome? What can we do to make a difference to our students so that they are ready to engage with the broader world? Each of these areas is embedded within global education essentially. As institutions at the cutting edge of the education sector, we feel the solutions are well within our grasp.

The first is allowing students to experience different ways of life before they go to university, to facilitate student exchanges. There was an interesting study conducted by one of our partner schools in Denmark in which they looked at the grade point average of students that went on exchange and stayed at home. And the results of this were very interesting. It seemed that if the students, who were not the top students (C or B graders for the GCSEs and A-levels), went on exchange for two months to a different country and came home, their grades would go up by one point. The experience had a positive impact on their academics. If the students already had an A star or an A grade, and they went on exchange and then came home, their grades went down by half a point. This is because those students were typically the most motivated to try something new when they went overseas. What's interesting about that is that it only took three to six months for those students to regain their A star or A grade after they returned to their home school.

Another solution is to allow teachers to work collaboratively and cross-culturally. Teacher exchange here not only refers to teachers coming across for a long period of time. Teachers working overseas for one week or two weeks can feel what it's like to be in a different country and in a different school. Again, this has a hugely positive impact because teachers can learn from others quite quickly and quite easily.

Besides, we can allow students to attend conferences and events at partner schools overseas. When they return to the school and report on what they have done, this has a hugely positive impact. There are a few more things that we can do. Creating a dialogue between faculty members of these schools is one of them. If there is no funding for teacher exchanges, it's always possible to facilitate things like Skype calls or even Wechat conversations with colleagues overseas about particular problems you might be having at your school or particular projects that you might want to work on with your students or your classes. To provide opportunities for others around the world to indulge in what you are teaching is another solution. Idea sharing is absolutely crucial.

Finally, we can have curriculum supplements. Additional clubs or co-curricular activities that our students can do outside of their subject areas have proved to be incredibly useful. We've just set up a global studies program at Felsted. And this runs alongside things like sports and recreation, or performing arts. And it's an opportunity for students to discuss areas with their teacher, such as politics and philosophy. They look at things like the art of negotiation, political leadership, global citizenship, and transitional justice. And they discuss these quite complex subject matters within the confines of a global studies program.

国际化特色学校管理中所面临的挑战和解决方法
Challenges and Solutions in Managing an International College

Mark Jones[1]

高尔中学位于威尔士南部沿海的斯旺西市，距离伦敦大约3小时车程。斯旺西市位于威尔士，这是第一个复杂的问题，因为英国是由伦敦通过英国政府控制的；但在威尔士，我们有自己的政府，有时他们做事和伦敦有一点不同。我们必须应对与同一个国家的两个政府打交道的挑战。

高尔中学的情况很特殊，因为我们的经费只是部分来自政府拨款，政府给了我们一半的钱，另一半通常来自企业。当地的公司会付钱给我们来培训他们的员工，他们来自建筑、工程、艺术餐饮等行业。我们学校会接受这样的员工，他们通常一周会过来上一到两天课。除此之外，我们还有大量16—18岁的全日制学生，政府为他们的教育拨款。所以学校的情况比较复杂，政府给了我们一半的钱，而公司给了我们另一半。

英国的复杂之处在于，父母送子女去读书的选择有很多。斯旺西市有9所不同的学校，提供绝大部分职业教育课程，也教授A Level课

---

[1]. 英国高尔中学校长。译者：江欣杨，北京外国语大学国际教育集团办公室外事专员。

程。尽管斯旺西市还有另外8所学校，但这座城市有三分之二的学生会来我们学校，因为我们开设了规模和种类齐全的高质量课程。从某种意义上讲，斯旺西市是一个正常的活跃市场，家长可以选择把学生送到哪里。我们开设了很多课程，也和学校、大学、公司有广泛合作，我们花了很多时间做这些工作。

我们学校有4500名全日制学生，其中有1500名在我们学校的一个校区里学习A Level课程，这是威尔士规模最大的A Level课程。但我们也有8000名非全日制学生，他们大多有工作，平日上班，每周来我们这里上一两天课。我们的教职工人数最近超过了1000人。我们的7个校区分布在这座城市，不同校区专门针对不同课程领域。

我们的使命之一是确保学生充分发挥潜能。对于有的学生来说，来我们学校上学就是为了能考入顶尖大学；对于另外一些学生来说，是为了能在当地企业里的顶尖岗位工作。还有一些学生，尤其是那些学习困难的学生，来我们学校上学就是为了确保能发展技能，特别是英语和数学方面的技能，并能在上学期间有所进步；或许他们无法考上顶尖大学，但也能考上不错的大学。所以一切都围绕着确保这些学生能有最好的机会取得进步。我们就是这样做的，相信通过提供尽可能高质量的教学就能达成目标，我们在这方面付出了大量投入。

我们的A Level课程在戈赛嫩校区授课，绝大多数国际学生都在这个校区和英国学生一起学习。戈赛嫩校区有500名全日制学生，我们开设了包括化学、生物、数学等科目在内的40门A Level课程。我们可以将12—15名学生分在一组，分成10、12或15个不同的小组，这样做的目的是，更受欢迎的科目的老师可以分层教学。我们的A Level化学老师只教A Level化学，但该老师教授不同的模块。老师们也为不同小组教授不同模块，这样做可以将专业知识传授给学生，确保他们有最好的机会进入最好的大学。

学生们在学校里做些什么呢？他们不仅上课，还得到了大量其他的支持，既有学术支持，也有小组辅导，有时还有一对一辅导。我们还设立了"80分以上计划"等项目，目标是让更有能力、更有才华的学生进入最好的大学。我们也有专门针对想学医的学生的项目。学生如果需要额外支持，那么他们在学期里会接受额外的针对读写能力和计算能力的培训。我们还以咨询形式提供很多其他方面的辅导。因此，学生的课程安排是十分平衡的，他们既学习了相关科目，也参与了我们认为他们需要的额外辅导。

那么，我们面临哪些挑战？与中国学校所面临的挑战类似，目前我们的主要挑战是学生人数。斯旺西市的年轻人数量正在增长，其他一些学校的学生也会转学过来，所以眼下我们学校的申请人数大幅增加。结果，在过去的三年里，我们的学生人数增加了三分之一，这让我们面临寻找新校区的挑战。两年前我们有5个校区，现在有7个。这也意味着我们面临员工招聘的巨大挑战。一旦我们招聘了教师，确保了他们的高薪资，我们就期待他们能保证最好的教学质量。新进教师需要参加一个内容详尽的教学项目，该项目也向如北京外国语大学这样的合作伙伴开放；其他学校的老师也可以来参加项目。所以我们不仅招聘新教师，还为他们提供深入的入职培训，全程观察并评估他们的表现。但跟上学生人数的增长确实是我们目前面临的挑战之一。

另一个挑战是入学学生所持的资格考试证书种类繁多。大概三四年前，学生会带着有限的几种资格考试证书入学；而现在，学生手里的资格考试证书种类更多了。更多能力强、才华出众的学生入学，但水平较低的学生也增多了。所以我们必须非常仔细地研究课程设置，考虑按能力分组，即把水平相当的学生分在一起。我们正在考虑为那些为了升入高级班而付出更多努力的学生提供额外支持。我们也不害怕对学生说，这个课程不适合你，你可能需要学一年初级课程才能升入高级班。学生希望学到确保自己能进步的课程，我们希望确保学生学到的是最适合个人水平的课程。所以如果学生入学后想要用英语考A Level，但这些16岁学生的水平还不够高，我们就会调整他们的课程，把他们分进初级班，以确保他们在考试前学到足够的知识技能。因为获得成功是教育过程中非常重要的一部分，我们不想让学生失败，当然也不想让他们一直在我们的规定里学习，但他们要想达到自己的目标必须付出努力。

我们发现资格考试还有其他变化——英格兰和威尔士的一些资格考试不同，与我们合作的不同资格考试机构的考试也不同。英国的资格考试种类过多，应当减少。就A Level课程而言，英格兰现在倾向于采用两年制课程；威尔士则坚持采用一年制课程，这意味着威尔士的学生在上了一年课之后就会参加考试，这有助于实力雄厚的大学评估出这些学生有多优秀。因此，我们一直在与威尔士和英格兰的政府合作，为学生选择最好的课程。我们主要采取威尔士的课程，有时也会兼用英格兰的课程。

我们也与合作伙伴和相关机构开展合作，以确保开设的课程满足需求。我们还与大学和企业合作，以明确他们想要什么样的学生，并确保我们的学生获得最好的升学和就业机会。所以我要重复的是，我们花了很多时间和校外组织合作以确保我们的学生能够获得最好的升学和就业机会。我们在课程中不断增加此类内容。我们一直努力确保学生能够获得合适有效的支持、一对一小组活动和时间安排表,并确保他们不是一直上课,而是有机会在课外参与一对一小组活动。

同时,我们也希望确保学生得到充分的锻炼和挑战,希望他们做到最好。课程规模扩大,内容越来越多,学生因此失去了自我发展的机会,这是我们目前真正面对的挑战。

我们有很多学生考上了大学,每年约有1000名学生进入大学,其中有200名进入排名前20的大学组成的罗素集团。而在过去的七八年中,每年我们都有8—10名学生被牛津大学或剑桥大学录取,这代表了我们的国际形象。

我们有一个特定的"牛津剑桥"项目,确保学生有足够的时间了解招考要求,参观牛津大学和剑桥大学,获取学术知识。我们还有一个特定的医学项目,针对那些想从医的学生。

我们是剑桥大学承认的英国14所HE+中心之一,剑桥大学为作为HE+中心的学校提供额外支持。例如,每年剑桥大学都会在我校为更有能力、更有才华的约250名学生在周末举办讲座,这些讲座资源均由顶尖大学提供。

所以我们一直在增强应对挑战的意识。总之,我们面临众多挑战,不断变化的课程带来的挑战尤为艰巨。但我们确保把学生放在一切的中心;确保在学生支持和课程上花足够的时间;希望能夯实根基,继续努力为学生创造最好的机会,帮助他们进入最好的大学。

◆ ◆ ◆ ◆

Gower College is located at Swansea, on the south Wales coast, about three hours from London. Swansea is in Wales. And this is the first complexity because the nation is controlled by London through the UK government. But in Wales, we have our own government, and sometimes they do things a little differently from what they do in London. And we have to deal with the challenges of dealing with two governments in the same country.

Gower College is in a very unique situation because the government part funds as the government gives us about half of our money, the other half generally comes in from employers. So local companies, industries will pay us to train their employees, the people who work in the construction industry, the engineering industry, the arts catering industry, etc. We will take their employees who generally will come for one or two days a week to the college and we will train them. In addition to that, we have large numbers of sixteen-to-eighteen-year-old full-time students for which the government funds. So it's a complex position where the government gives us half the money and companies give us the other half.

The complexity in the UK is that parents have a wide range of choice in terms of where they send their children. So within Swansea, there are nine different providers, colleges, schools of particularly A-levels-covered college. Swansea tends to do most of the vocational work. And even though there are eight others, two thirds of the students in Swansea will come to us because of us having all size and range of courses with high quality. So in some ways, it's a common active market. Parents can choose where they want to send their children. And we have a wide range of courses. And we have a wide range of partnerships with schools, with universities, with companies. And we spend a lot of time doing that work.

We've got four and a half thousand full-time students, one and a half thousand doing A Levels in one of our campuses and that's the biggest A

Level taught in Wales. But we also have eight thousand part-time students. Most of those are employed. So they work for companies, and they will come to us for a day or two a week. We have more than one thousand staff just over these days. And we spread across seven campuses across the city. Different campus is specialized in different curriculum areas.

Our mission is to ensure that the learners achieve their full potential. For some learners, that's all about getting into the top universities. For other learners, it's about getting into the top jobs with local employers. For some learners, particularly the learners who struggle, it's all about making sure we develop their skills, particularly in English and mathematics, and allow them to make progress through college; maybe they cannot be enrolled at top universities, but at good universities. So it's all around making sure those students have the best opportunities to progress. And that is what we do; we believe we can achieve our goals by delivering the highest quality of teaching and learning that we can possibly provide. And we put a huge amount of investment into that area.

Gorseinon campus is where we deliver our A Levels and where we have the vast majority of our international students who come and study in the course, in the college alongside UK students. Gorseinon has a half thousand full-time students. So we deliver a range of forty A Level courses, including courses like chemistry, biology and mathematics. We can have ten, twelve, fifteen different groups with around twelve to fifteen students in each group. The purpose of doing this is for the teachers of those more popular subjects to implement stratified teaching. Our A Level chemistry teacher only teaches A Level chemistry, but he teaches different modules. Also they teach different modules to different groups. But what that does is that it brings in expertise ensuring that the students have the best opportunity to get to the best universities.

But what are the students doing there at the college? They not only receive the curriculum, they also receive a huge amount of other support, both academic supports and tutorial supports delivered in small groups, or sometimes also delivered on a one-to-one basis. But that's where we also deliver programs like our eighty plus program, which is targeted at getting the more able and talented students into the best universities. We have specific programs for students wanting to study medicine. And if students require additional support, then they're given that during their course week as well, in terms of additional literacy and numeracy. And we have a whole range of other support in terms of counseling. So the students get a balanced curriculum between being taught the subjects and having the additional support that we believe they need.

So what are the challenges? They're fairly similar to China's situations. A main challenge at the moment is numbers. So within Swansea, we're seeing an increase in young people. We're also seeing students transferring from some of the other schools. So at this moment in time, we've seen a huge increase in the numbers that are applying to the college. As a result, in the last three years, we've seen the college increased by a third. It gives us the challenge of finding new campuses. Two years ago we had five campuses. Today we have seven. But it also means that we have a big challenge in terms of recruiting staff. And once we bring in staff to make sure that they are working at the high level, we expect sharing of best practice. New teachers go through a detailed teaching program, which we also offer to other partners like BFSU. Teachers from other institutions may come and take part in those programs as well. So we don't just bring new teachers in. They're given in-depth induction, and their performances are reviewed and observed all the way through. But it is indeed one of our challenges at the moment to keep pace with a huge change in numbers.

The next challenge is that we've seen students enter the college with a wider range of entrance qualifications. About three or four years ago, students would enter with a certain range of what we called qualifications. Now we've seen students enter with a wider range of qualifications. We've seen more able and talented students entering. But we're also seeing students coming at the lower end as well. And so we have to look very carefully at our curriculum. We're going to have to look at streaming, putting students who have equal abilities together. We're looking at putting additional support in place for the students who may struggle a little more to make sure we progress them up the level. And we're also not afraid to say to the students, that's the wrong course; the students may need to do a lower level course for a year so that we can get the students up onto the course. They want to ensure their progress. We want to make sure the students have the best chance. So if they come in and want to do A Level in English and their qualifications at the age of sixteen are not strong enough, then we'll do something about them. And we may put them on a lower level course to make sure they get the skills before they progress. Because being successful is a very important part of the education process, we don't want our students to fail, and we certainly don't want to put them on courses, but they're going to struggle.

Some of the other changes we find are that there are some differences between the qualifications of England and Wales, and among the different qualification agencies that we work with. There are far too many qualifications in the UK. It should be a far smaller number. In terms of A Levels, the approach in England now is towards a two-year program. In Wales, it sticks to one-year programs, which means the students in Wales take examinations after one year, which helps the strong universities to assess how good those students are. So all the time, we're working with governments in Wales and in England to choose the best curriculum for our students. Sometimes that's Welsh curriculum in the main; sometimes it is English curriculum.

We're also working with partners, with the agencies to make sure those courses meet the needs. We're also engaging with universities and employers to identify exactly what they want from our students, so that students have the very best chance. So again, we spend a lot of time working with organizations outside of the college to make sure our students have the very best chance. These additional things are being added to the curriculum. All the time we're trying to make sure that students have a fit effective support, one-to-one group activities and the timetable, and make sure they're not in classes all the time so that they can do other work outside in small groups on the one-to-one basis.

Also, we're looking to make sure that the students are stretched and challenged. We want them to achieve the very best they can. The curriculum expands and more and more content is added to the courses, taking away that opportunity to really stretch those individuals. So that's a real challenge for us at this moment in time.

We have a lot of students then going on to universities, around a thousand students every year, of whom two hundred will go to the Russell Group of the top twenty universities. And every year for the last seven or eight years, we've got about eight to ten students entering either Oxford or Cambridge, which says a lot about our international profile.

We have a specific Oxbridge program, ensuring that those students have enough time to understand the exam requirements, visit Oxford and Cambridge and acquire academic knowledge. We have a specific medical program that focuses on the students who want to do medicine.

We've been recognized by Cambridge University, by being one of the fourteen HE+ centers within the UK, which means Cambridge gives additional support to those particular colleges and schools. For example, every year a number of Cambridge lectures are given on weekends to teach our more able and talented students, around two hundred and fifty of them. Those are lectures that have come from those top universities.

So we're raising awareness all the time. In conclusion, there're lots of challenges out there, particularly in terms of ever-changing curriculum. But we're ensuring that we put the students at the center of everything we do. We make sure we spend enough time on support as well as the curriculum. And hopefully that's the underpinning baseline on which we can continue to build at the college to pursue the very best chance into the best universities.

探索国际教育集团化办学的集团优势

罗靖[1]

就国际化特色学校的集团化办学,本文提出三个方面的思考。

第一个方面,哲学上有经典三问,也是我们思考问题的一个起点:Who am I? Where do I come from? Where am I headed?

第一,Who am I?根据相关国际化特色学校教育数据的统计,目前中国共有800多所国际化特色学校,这也意味着这个市场不是很稀缺,有很多供应商。然而,其中一些集团化运营的学校就有所不同了,它们是有着相同基因、共同特色的一群学校。这是思考集团化运作的原点和基础。

第二,Where do I come from?现状剖析第一点,国际化特色学校供给提速明显。根据新学说的统计和估计,2015—2017年中国新增国际化特色学校137所,其中民办国际化特色学校有110所。相比之下,2010—2015年民办国际化特色学校仅增长122所。越来越多的跨界投资进入教育领域。跨界投资并不可怕,它会带来很多跨界的机会、思考和提升。这是现在国际化特色办学的一个背景,从中有值得抓住的机遇和资源。

第二点,也是办学的一个痛点,就是人才瓶颈。优秀校长和师资

---

1. 新华联文化旅游发展股份有限公司教育事业部总监。

稀缺，且培养速度较慢，难以匹配中国优质教育需求的增长。国际化特色学校对教师的要求相对高于普通学校，并且未来以民办学校为主。如何在没有"编制"的条件下吸引高素质的中国教师，是国际化特色学校吸引人才需要重点突破的瓶颈。此外，外籍教师对于国际化特色学校来说是不可或缺的资源，然而外教招聘难、薪酬高、人员流动性大，这是普遍存在的问题。前两点合起来看，在人人都想占有份额的国际化特色学校市场中，各所学校都在疯抢优质的教师资源。

第三点是课程。首先，国家现在强调教育主权问题，已经禁止了整建制引进国际课程，加强了对课程核心价值观的管理。中国的国际课程正在从全盘移植转向融合创新。在各种国际化特色学校会议上，很多发言人都在讲如何把国际化的课程本土化，将本土化的课程提炼，然后国际化。文化是双向的，一定要把握国际化特色学校的课程，特别是校本课程的特色、特长，进行有机的融合和创新。此外，我们要留意，学校的受众，包括学生，还有消费者，即学生家长，在想什么。现在就读于国际化特色学校的学生从以外籍学生为主转变为以本土学生为主，而且并不是所有学生进国际化特色学校的目的都是去国外读书。本土学生的教学诉求从由出国目标主导转变为育人和培养综合能力，国际化特色学校的课程正转向多元化、规范化、本土化。学校培养的是高素质的、有批判和创新精神的、有家国情怀和国际视野的人才。综上所述，我们的课程还面临创新的压力。作为国际化特色学校的一员，不论从哪个方面，我们现在都面临很多机遇，同时也面临很多挑战。

第三，Where am I headed？未来几年国际化特色学校增长的主要动力在哪里？根据行业报告的分析，中产阶级是国际化特色学校的消费主力。中国的中产阶级正在崛起，因此国际化特色学校的教育市场是一个春天的市场，值得我们去投入。二三线城市是国际化特色学校发展的乐土，这里人口多，外向型的发展不如一线城市充分，但市民的国际化教育消费意识在增强。在二三线城市可以看到一个现象，那就是国际化企业的投资和进驻增多，从而提高了对当地国际化人才的需求，带动了对国际化教育的消费需求。另一方面，中国本土的优秀企业正走向世界，这也促使这些企业员工的子女选择在国际化特色学校就读。新华联集团就是一个跨国企业，在海外有多家下属公司和办事处。很多高管的孩子都会有接受国际化教育的一个阶段，或者是初高中，或者是大学，或者是研究生阶段；高管也会有在职进修。从市场的角度，我认为国际化教育的未来是光明的，简言之，市场有潜力，消费意识在增强，二三线城市是"蓝海"。

从看一个市场到看一个单体，国际化特色学校一般的战略发展路径是怎样的？初期是以单体学校为核心进行拓展；然后集中于区域内扩容或复制；在累积了资本、口碑、师资还有管理经验之后，向外延伸布局，进行跨城市、跨区域的发展，甚至进行全国拓展，这是一个很自然的现象。在这样的背景下，作为国际化特色学校的办学者，各家在战略发展和扩张时，如何才能做到成本更低，效果更好？单体的国际化特色学校或拓展的分校有必要在这么快速的一个市场发展阶段去完成自己的原始积累吗？有没有更快更好的成长模式？

无论是国际化特色学校还是其他形式的教育，肯定是品质淘沙。中国市场总是遵循这样的规律，不管是教育行业，还是其他行业：政策鼓励或放松的时候，大量投资涌进来；然后政府开始规范市场，行业开始洗牌，优胜劣汰，只有强者或适者得以生存。这几年，国际化特色学校如雨后春笋般地增长，可能在不远的将来，这个行业会经历一轮或几轮洗牌、沉淀，然后重新分化格局。我们现在就要居安思危，预见未来可能出现的问题。

第二个方面，To be or not to be？为与不为，是值得思考的如何选择的问题。在作选择之前，先看看学校的一些"生产要素"。

其一，教师资源。不论对于学校投资者还是管理者，教师资源都是着重考虑的资源，包括教师的人数、工作强度、工作效率、薪酬标准、育留的措施与成本，师生比等。从单体学校的角度，有时很难对前述问题给出更优化的解决方案，也很难绑定优秀教师与学校共成长，共发展。一些新开办学校的师生比约为1∶3，随着学生的增多，师生比变为约1∶5。这对于新开办的学校很正常，所有的学校都有一个起始阶段；然而从投资人的角度来看，师资成本还是很高的。学校要开设很多选修课，有的还实行走班制、分层教学、定制课等，还要考虑教师队伍的梯队建设，这些都涉及上述师资的有效配置和经济投入问题。

其二，管理资源。学校有效运转的管理架构、机制，以及各级各类管理者，也是学校的重要资源。如何优化和充分发挥管理资源的价值，也是值得思考的问题。

其三，课程资源。学校要开发多少门课程才够？每门课程要开设几个层级，设定怎样的深度才好？开发庞大的课程体系，成本是多少？政策在调整，行业在变化，知识在翻新，诉求在转变，课程需要不断地研发、更新，我们能否跟上这一趋势？我们能靠一所学校来支撑所有的课程投入吗？

其四，国际资源。一所国际化特色学校到底要与多少个国家的多少所学校建立友好合作？要签多少个合作项目？要支撑多大规模的生涯规划和留学指导团队？要如何保持这些国际资源的更新？也许现在与我们签约的国外名校蜚声国际，合作的项目和专业名列前茅；然而学校与专业的排名在不断变化，有些学科甚至随着行业变化而被淘汰，在这种情况下，我们还要合作吗？送学生去就读还有吸引力吗？即使我们的国际资源选择精准无比，这些投入都是必要而高效的吗？

其五，有形资产。学校都会有教室、桌椅板凳、设备设施的投入。为了彰显学校的素质教育和特色化办学，我们还有很多机构，如创客中心、科研基地、设计中心、工匠作坊、高端实验室、艺体中心等等，这些全部都要自己投资吗？多少数量、什么品质、如何提高使用效率、如何平抑成本及折旧摊销……这么多问题和压力，我们都要自己扛吗？

从投资的角度来说，关于生产要素的优化配置问题，我认为不要局限在一所学校去思考，要放到社会上，放到更广阔的空间里去思考。我分享这个话题的原因就涉及集团化办学的优势，即可以进行资源共享。To be or not to be？应重点思考但不限于以下三个方面的抉择：

第一，自给自足，还是资源互补？从上市公司的数据来看，民办国际化特色学校的教师薪酬占成本的40％—60％。也就是说，如果不充分利用教师资源，会对资源造成严重浪费。再看《国务院关于鼓励社会力量兴办教育促进民办教育健康发展的若干意见》，文件中明确鼓励"公办学校与民办学校相互购买管理服务、教学资源、科研成果"；也支持"政府补贴、政府购买服务"等。我们必须认识到边际效应，通俗地说，就是要提高学校各类资源资产的边际收益和综合使用率。我们应该考虑使师资、课程甚至有形资产在集团化办学的体系里互通互惠，充分发挥各所附校中各类资源资产的综合使用率，同时提高收益。

第二，到底是要重资产薄收益，还是要轻资产精收益？这也是运营中的一个问题。不只民办教育要考虑投资和回报，公办教育也可以这样思考。仍从上市的民办国际化特色学校的数据来看，折旧摊销占成本的10%—20%。一个典型的案例是，一所学校建得非常漂亮，在一栋四层的3000多平方米的初中部教学楼里，总共只有七个学生在上课，这是对资源的极大浪费和消耗；无论教学楼的使用效率如何，它折旧摊销的成本都在发生。如果将这些资产放在集团化办学的平台上，就会有很多机会开展校际交流游学、暑期交流、教学示范、课程体验等活动，还可以有偿提供辐射社会的教育资源供给，从而将资产盘活，充分利用，减少重复的、不必要的投资建设。轻资产、重品牌、精收益是民办学校的一个发展方向。在政策、市场、办学、投资等因素的引导下，集团下的各所学校作为一个整体，可以有意识地共同进行资产交错配置和资源共享，从而提高资源资产的综合配置经济效益。

第三，是独善其身，还是抱团发展？国际化特色学校竞争激烈，由一所学校来抗衡整个市场的竞争往往不是最有利的处理方式，即使是某地赫赫有名的学校。而在小成员大集体的格局下，集团下的各所学校可以进行区域深耕，集团总部可以进行全球布局，并进行统筹支持。这就会产生马太效应，即强者愈强、弱者愈弱的现象，它尤其适用于教育行业。教育的准入门槛不高，但是把教育做到极致，做到一个行业的排头，门槛是很高的。当我们将各地的精英学校联合起来的时候，集团办学的品牌力、战斗合力和市场竞争力是不易复制和逾越的。因此，抱团发展是学校发展更好的选择。

具体来看，各所学校进行区域深耕的优势在于以下四点。其一，各所学校在各个区域里处于相同的市场环境，对生源、政策、教育消费习惯等更熟悉，地方品牌优势也更显著，具备较大的区域优势。其二，不论是学校内部扩张，还是在区域内进行学校延展或复制，由于校区间距离短，管理和教育人才的输出和使用更加便利。其三，把本校做好了，成熟学校会成为稳定的资金来源，成为教学研发的输出中心、师资的储备中心，以及管理人才的培训中心；本校是我们的基础，是我们优良基因的孵化器。其四，借助地方资源打造办学特色与优势更加便利；办学讲究与地方优秀文化资源相结合，这样可以开发很多有特色的课程项目，并在集团办学平台上分享，而不用每所学校都开发同样的课程，避免师资等资源资产低效重复的投资配置。

另一方面，集团总部进行全球布局、统筹支持有以下几方面的优势。其一，在加强品牌维护与宣传、提高品牌知名度和美誉度方面，集团总部高举高打、整合策动品牌升级和市场推广，各所学校犹如站在巨人的肩膀上，以整体形象向全世界、全社会展示风采。其二，在打造集团办学特色方面，集团总部可以为集团下的各所学校赋予独特的基因。其三，在专业服务方面，集团总部可以提供发展战略、外语课程设计、资源包、教学平台、教学支持、教师培训与评估、学生水平评价、师资派遣、科研指导、国际合作、国际外语考试、国内外研学游学、出国留学等多项服务。其四，在统筹支持方面，集团总部可以组织各所学校进行教学竞赛、课题研发、对口交流、资源共享等等。

第三个方面的思考是：To give is to get。给予即获得，用一个更通俗的表达就是，众人拾柴火焰高。

各所学校之间的共享，一是在课程方面。可以由集团组织，或由自愿组团的几所学校中的一所牵头，就共同开设的一些课程，合作进行示范课程的开发、课程教学的评比等，并在集团平台上推广应用这些好的课程及教学模式，让集团下的每所学校都受益。从另一个角度来看，这种联合的课程开发和教学评比活动，也能更有效地跨学校激活教师资源、提炼教学成果、培养教师梯队等，可谓一举多得，而且远比单个学校能策动的资源更多、效果更好。这样可引导同一类课程的教师不断进行精准的知识交流，研发出更好的课程教学内容模块、课件，甚至是与课程相匹配的教学资料包等，还能更有效地进行课程的分层开发、延展开发、更新升级等，这是集体智慧发挥的作用。

二是在教师方面。例如，距离较近的几所学校可以进行教师的联合培训，也可以进行学校间的教师对口交流，还可以共同分学科、分层次地支持教师分批进行校外培训，如到集团总部、某所学校、有教师培训成功经验的国际合作学校进行培训和教学实践。常言道，赠人玫瑰，手留余香，学校分享的过程也是收获的过程。用好的待遇来留住老师是一个方面，如果老师能感受到自己是优秀群体中的一员，那么他跟着一群人飞速奔跑的时候，是最容易激发事业心的时候，也是最能够提升专业素养和职业价值的时候。在这样的情况下，他们可能有更多更充分的理由留下来，跟着学校成长，跟着学科成长，跟着国内优秀的国际化特色学校成长。

三是在学生方面。可以在一些课程中实现学分互认；在学校之间开放一些课程，如特色选修课程；通过暑期游学、交换生、短期课程等形式，让学生在学校之间流动起来。还可通过远程教学、多点同期教学等形式，将想学习的学生和更好、更专业的教师对接起来，在使学生受益和优化学习体验的同时，也优化了附校间的教师资源配置，节约了成本。帮助学生在必修课之外选到适合自己特色特长和发展兴趣的课程也很重要。然而由一所学校来开设所有学生所需的所有课程，这无疑是很困难的，也是很不经济的。资源共享、学分互认是一个解决之道。

四是在管理方面。每所学校在办学过程中都会遇到困难，集团可以建立定期的、专题式的交流机制，到某所学校进行专项诊断，帮助该学校解决某一方面的困难。

五是在特项方面。各所学校都开设了众多特色课程以及教学中心，学校可以集中起来，在某些领域深耕特色课程，投资建设教学中心，然后再互通有无，相互分享。

六是在招标采购方面。新华联是一家多元化投资的集团公司，业务和项目遍布各地、多国。公司有专门的部门组织集中招标和采购，这样可以节约大量的谈判成本、交易成本和时间成本。联想到各所学校，单独招采有较大的不便和局限性。如果学校联合起来，在某个集中的招采平台上进行集团化采购，各所学校都会受益。

如此，进行集团化运作，集团下的各所学校都将相得益彰，互惠共荣。